趋势的力量

李迅雷 著

中信出版集团 | 北京

图书在版编目（CIP）数据

趋势的力量 / 李迅雷著 . -- 北京 : 中信出版社，
2021.5（2021.12重印）
ISBN 978-7-5217-2976-4

Ⅰ. ①趋… Ⅱ. ①李… Ⅲ. ①中国经济—经济发展趋势—研究 Ⅳ. ① F123.2

中国版本图书馆 CIP 数据核字（2021）第 050576 号

趋势的力量

著　　者：李迅雷
出版发行：中信出版集团股份有限公司
（北京市朝阳区惠新东街甲 4 号富盛大厦 2 座　邮编　100029）
承 印 者：北京楠萍印刷有限公司

开　　本：787mm × 1092mm　1/16　　印　　张：22.25　　字　　数：300 千字
版　　次：2021 年 5 月第 1 版　　印　　次：2021 年 12 月第 6 次印刷
书　　号：ISBN 978-7-5217-2976-4
定　　价：68.00 元

推荐序

李迅雷老师是中泰证券首席经济学家，与他相识是在我到中泰证券任职以后，公司在羊城广州举办“中泰证券文化大讲堂”活动时。此前虽未谋面，但也拜读过他已出版的《我国新金融发展研究——背景、现状和政策》《经济数据背后的财富密码》等著作，久闻大名，颇为敬仰。初见李老师，讶然于他的气质，无大家之桀骜，只见高大帅气、谦谦君子之风。大讲堂上，他以“中国宏观经济走势与大类资产配置”为题侃侃而谈，逻辑严谨，为投资者缕析条分，犹如灯塔，以其光坚定守望，虽不耀眼但给予投资者温暖、希冀和方向。其后言及有新书即将付梓，敦请我作序，慨而应允更是十分期待。

迅雷老师新作终于面世了。什么是趋势？记得孙中山先生有句名言：世界潮流，浩浩荡荡，顺之则昌、逆之则亡。这是指人类文明和进步的大趋势，趋势一旦形成，就浩浩荡荡，一发而不可收。投资大师乔治·索罗斯也说，“趋势一旦形成便会自我加强”。这是指资本市场由于资金买入引起的上涨往往会吸引更多资金买入而导致更大的涨幅。

那么，中国经济的趋势有哪些呢？在不同经济社会的不同发展阶段，趋势也有所不同。在这本书中，迅雷老师从总量变化出发，把中国经济划分为增量经济时代和存量经济时代，他认为当前中国经济已经进入存量经济主导的时代。同时，从经济学最基本的供需关系角度把经济划分为商品短缺时期、商品过剩时期、资产短缺时期、资产过剩时期，他认为目前中国经济已经到了资产过剩时期但核心资产短缺。

通过这样的划分，找出了不同时代或时期的趋势特征，从而为自上而下地寻找资本市场的投资方向提供了宏观依据。他提出了与中国经济当前发展趋势相对应的资本市场的几大趋势，例如，与产业集中度提升相适应的是头部现象，并由此带来投资机会。早在 2002 年，他就策划出版了《未来蓝筹：中国行业龙头研究》一书。又如，当中国经济增速不断放缓，存量特征日渐明显的时候，经济就会出现分化趋势，包括区域、产业、企业和居民，分化带来机会，也引发风险，投资时应该抓住机会、规避风险。再如，步入当前的资产过剩时期后，配置核心资产成为大势所趋。2018 年，他的那篇《买自己买不到的东西》，堪称较早提倡投资者配置核心资产的经典之作，与其在 12 年前（资产短缺时期）的另一篇佳作《买自己买不起的东西》遥相呼应，为投资者提供了颇具前瞻性的指导建议。

中国经济正处在转型升级阶段，从数量型扩张逐步转到质量型增长，从投资驱动到消费驱动，从出口加工到智能制造。在这样一种经济转型的趋势下，投资主题就需要切换，需要选择高速“赛道”。迅雷老师认为，2009 年之前，中国资本市场以周期股为主导，2009 年之后几年里，尽管中国经济仍靠投资驱动，但在 A 股市场的涨幅榜上，周期性行业已经开始退居二线。如 2009 年至今，A 股市场累计涨幅居前的行业分别是食品饮料、家电、消费者服务、电子、医药生物和汽车。

2020 年投资和出口依旧保持正增长，由于受到疫情影响，消费增速为负增长，但消费股的表现势头却依然强劲，这是因为买股票是买未来，未来消费主导中国经济没有任何悬念。消费走强的另一原因则是高端消费、品牌消费受到追捧，这当然与居民收入增长和消费升级有关。

当然，我们也必须认识到，消费出现分化现象的背后是收入的分化，而收入的分化显然不利于消费的持续增长。当今世界，持续和平成为人类的福祉，但持续和平同样也带来了人口老龄化和社会财富的分化越来越悬殊。迅雷老师在十几年前就提出的这一独到观点，已经成为当前全球普遍面临的经济难题，正如美国学者所提出的那样，我们将如何面对“K型”经济（分化）带来的后果。

当然，在资本市场上，“K型”经济则表现为用更多的资本去追逐强盛和高端的行业，抛弃衰落和低端的行业。因此，看好高科技就更无争议了。中国经济正在转型升级，经济增长的质量也在不断提升，这都需要科技作为支撑。在“十四五”规划中，提出了发展新一代信息技术、生物技术、新能源、新材料、高端装备、新能源汽车、绿色环保、航空航天、海洋装备这九大战略性新兴产业的目标，并把强化科技战略作为经济支撑。因此，中国高科技和互联网产业发展将与欧美越来越同步，未来高科技企业的市值也有望不断增大。

就资本市场自身发展而言，也存在势不可当的两大趋势，即金融对外开放度的不断提升和机构投资者占比的不断提高。这两大趋势对于A股市场估值体系的修正及投资者资产配置的结构都将带来深远影响。例如，机构投资者一般都倾向于配置大市值股票，在美国股市留存的5 000多家上市公司中，按流通市值大小排序，其中后一半股票的总市值占比不足5%。目前A股市场中流通市值后一半的股票的总市值占比虽然接近10%，但也比2017年之前大幅下降了。估计，今后中小市值股票的总市值还会进一步下降。因此，从大的投资思路看，其实就是要“抓大放小”。

金融资产的过剩是必然趋势，就像商品过剩一样。但在商品短缺时期，鱼龙混杂，什么东西的价格都可能涨到天上去。随着资本市场的深度和广度提升，投资者的选择余地越来越大，金融市场的双向开放，使得越来越多的境内和境外资金双向流动。从当前看，无论是境外资金在A股市场的规模，还是国内投资者投资海外市场的比例都很低，未来10年，境外投资者配置A股的比例能否占到A股流通市值的10%（其他新兴市场如印度、韩国、中国台湾地区等都在20%~30%）？同样，我国居民家庭的海外资产配置比例，能否占到资产总额的10%？估计这两大目标都很难实现，这说明金融双向开放的空间还非常大，开放度不断扩大的趋势至少还可以持续20年。

世界是平的，各个资本市场之间的估值差距，也将不断缩小。目前A股与H股之间存在较大的溢价率，H股的估值水平显然存在一定低估，这也是2021年新年伊始，港股市场受到南下资金追捧的原因。在金融开放度不断提升的过程中，国内投资者对全球主流市场，尤其是人们对美国股市的熟悉度也在提升。中国股市规模在全球排名第二，因此，未来中国股市与全球主要股市的同步性应该会加强，不论是港股A股化，还是A股美股化，在这样一个金融开放和互联互通的时代，A股市场一定会加快成熟的步伐。

我国居民家庭配置最多的资产是房地产，那么，房地产在经历了20年的牛市之后，未来趋势将怎样呢？房地产市场与资本市场的趋势是一致的，它们服从同一个逻辑：资产过剩下必然带来分化，分化趋势下必然得配置核心资产。2020年，国内商品房新房销售面积增长2.6%，只比GDP（国内生产总值）增速略高一些。尽管有些一、二线城市房价涨幅惊人，但全国房价的平均涨幅大约为5%，远不如美国14%的涨幅。而且在国家统计局公布的70个大中城市二手房交易中，37%的城市房价是下跌的。在分化的背景下，投资核心城市或核心地段的楼市，将是理性的选择，可以依据人口流、资金流、信息流等的流量和流向来选择核心房地产，这与未来大城市化的趋势也是一致的。

迅雷老师从事资本市场研究工作30余年，与资本市场上很多投资大师都有非常密切的交流，有些还曾经是他带领过的分析师。这本书中还专门收录了他和橡树资本创始人霍华德·马克斯及国内多位著名基金经理的对话，从而使得这本书涉及了从理论到实证，再到实操层面的内容。

这本书反映了最近3年迅雷老师从宏观经济到资本市场研究的系统理论框架和逻辑演绎过程，体现了他的发散和系统思维特征。不同于其他学者对于寻找“历史拐点”的主观偏好，他始终认为人生的时光与浩瀚的历史相比就如流星一般短暂，人的一生中见证不了几个拐点，只能客观地把自己放在追随者的角度，去观察趋势的萌芽、形成、扩散和强化的过程。这本书内容丰富、数据翔实、逻辑严谨，从多维度自上而下地发现中国经济和资本市场的各大趋势，对投资当下和把握未来具有很强的指导性。

与迅雷老师共事以来，多次促膝长谈、相约长跑，已成知己。聊公司业务发展战略，聊研究所人才培养和长远发展，迅雷老师皆有洞明灼见，老成练达。更难得的是，迅雷老师成名已久，是知名学者，更是业内“老法师”，影响力甚大，但从未烜赫自重，颐指气使。在公司担任首席经济学家，无论何时需他去公司内外部讲座、出差，他都欣然应允。每每念及向他道一声辛苦，他都会说力所能及，想为公司多做些贡献。可谓夙夜在公，始终坚持从大局出发，坚守契约精神，是职业经理人的楷模。

拿到迅雷老师新书稿，夜不能寐，畅快读之，旭日临窗，欣然命笔。是为序。

李 峰

中泰证券股份有限公司董事长

2021年春于泉城

目 录

7 第七章 金融开放趋势下把握“估值差”收窄的机会

8 第八章 人口集聚与分化趋势下房地产投资的结构性风险与机会

9 第九章 对话投资界大佬

第一章

全球经济步入下行周期：长期和平的利弊及因果律

大约在15年前，我就开始研究全球和平格局的持续会给经济带来怎样的影响。基本结论就是经济结构扭曲、阶层固化、社会动荡加剧、经济增速下行。我非常认同《人类简史》作者尤瓦尔·赫拉利的观点，即核武器竞赛导致战争成本急剧上升，和平得以持续。但和平意味着游戏可以按原有规则一直玩下去，进而导致社会财富的增速超过劳动者报酬增速，其结果是贫富分化加剧，经济活力下降，全球经济走向衰退。

2017年，我在国内提出了一个比较鲜明的观点——中国经济进入存量经济主导时代。尽管当时“新周期”之说非常有市场，但事实证明，2018年中国经济并没有出现新一轮周期性上升。既然经济增速在不断下行，那么，对经济的关注点就应该是结构而非周期。同样，宏观研究对投资的自上而下的指导意义也在于寻找市场的结构性机会。

2020年，一场突如其来的新冠肺炎疫情横扫全球，导致全球经济负增长，但主要经济体的股市却异常繁荣，这是一个比较典型的案例，说明经济与股市的关联性，不仅仅是GDP指标与股指那么简单，一定要从货币政策、经济结构、居民收入变化和资本市场之间寻找更加明确的逻辑关系。

GDP是总量指标，股指是质量指标，因此，自上而下寻找投资机会，不能从教科书出发，而是要抓住全球经济的大趋势和各国政府的应对举措，发掘经济变化特征与资本市场变化特征之间的因果关系。

为什么全球经济将步入高震荡低增长模式*

2019年起全球掀起了降息潮，世界各主要国家均先后降息，尤其是美联储从2020年3月开始再次推出零利率，欧洲央行隔夜将存款利率降至–0.5%。降息显然是因为经济出现下行压力，据世界银行统计，2019年全球经济增速降至2.3%，连续两年下滑；且据世界银行预测，2020年受新冠肺炎疫情的影响，全球经济增速更是下滑了4.3%。同时，全球贸易冲突也有加剧迹象，如中美贸易、日韩贸易等。此外，地区间的各种纠纷不断，如英国脱欧、印巴冲突等。我认为，降息和经济下行只是表象，背后有着更深层次的原因，未来全球经济增速还会进一步下降，经济与社会震荡会更加剧烈。

全球经济接力赛缺乏接棒者

第二次世界大战（以下简称二战）之后，美国成为全球经济领跑者，但随着全球的产业转移逐步从美欧转向东亚及东南亚，如日本与“亚洲四小龙”的崛起，美国和欧洲在全球的经济份额也在不

* 原文发表于2019年9月，本书对部分数据和内容做了更新。

断被侵蚀。日本因此成为全球第二大经济体，同时成为引领全球经济增长的接棒者。

1946—1973年，日本GDP的平均增速达到9.4%；20世纪90年代初，在日元大幅升值的背景下，日本GDP规模大幅上升；到1995年，人口数量不足美国一半的日本，其GDP总量占全球的17.4%，占美国的70%，这是迄今中国都尚未达到的水平。

20世纪90年代后期，随着金融泡沫的破灭，日本经济一蹶不振，被称为“失去的10年”；此后，日本经济增速长期维持低位，即所谓“失去的20年”。正是这20年，中国经济迅猛崛起，GDP平均增速保持在10%左右。不过，在美国次贷危机爆发之前，中国经济的体量尚不够大，美国经济依然是全球的领跑者。

在美国爆发次贷危机之后，全球发达经济体纷纷出现负增长，中国则在逆周期经济政策的刺激下，经济增速大幅上升。在出口贸易方面，2009年中国超越德国，成为全球第一出口大国；在制造业方面，2010年中国超越美国，成为全球第一制造业大国。

因此，我认为中国成为全球经济的接棒者，应该从2009年算起。至于是否能够被称为领跑者，则不能单纯依据GDP的增量或购买力平价计算的GDP总量进行衡量。因为从增量看，中国已经超过美国，即中国一年的增量相当于澳大利亚全年GDP的总量，而美国一年的增量仅相当于墨西哥全年GDP的总量。若仅仅按购买力平价计算的GDP来看，中国早已成为全球第一。

2020年受新冠肺炎疫情的影响，多数经济体再度出现负增长，中国或为全球唯一正增长的国家；加之，当前美国疫情形势仍然严峻，经济恢复速度放缓，这不仅意味着中美经济总量之间的差距将不断缩小，而且意味着中国经济对全球经济的贡献度不减。

但是，中国经济从2010年至今，已经出现了长达10年的GDP增速下行，尽管个别年份有回稳，但不改其下行趋势。这也显著影响了全球经济的走势，毕竟在全球经济增量中，中国的贡献率超过 30%。

那么，在欧美日经济走弱，中国经济增速也放缓的同时，有没有其他经济体在崛起呢？我们自然会想到印度，毕竟印度的人口数量将来一定会超过中国。2019 年，尽管印度 GDP 规模已上升至全球第 5，但其经济体量依然不足中国的 1/4，并且 2019 年印度 GDP 增速已经不足 5%，2020 年受新冠肺炎疫情冲击，更是会落入负增长，这说明其经济并不具备持续高增长的能力。尽管莫迪政府实施了一系列政策来刺激经济发展，但多属短期政策，改革举措较少。

纵观历史，全球性的制造业转移，从欧洲到美国，再从欧美到日本和“亚洲四小龙”，20 世纪 90 年代后大规模转移到中国。如今，虽有部分产业从中国转移到越南、印度尼西亚、印度等国，但总量并不大。并不是说这些国家没有转移的需求，而是缺乏承接力。中国是一个技术配套、市场容量、劳动力和基础设施已经相当完备且成体系的经济体，这是其他国家所难以取代的。

当然，21 世纪全球的经济重心在亚洲，因为亚洲经济具备后发优势，人口规模也是全球最大的，中国作为接棒者，将继续为全球经济增长贡献最大份额。但由于人口老龄化这一难以改变的现实，今后经济增速难免继续下行。随着来自中国的需求持续下降，对于全球经济，尤其是那些自身存在诸多问题的经济体来说无疑是雪上加霜。

和平环境下的结构性问题固化——改革知易行难

人类的历史，可以简单概括为和平的历史和战争的历史。从二战结束至今，全球总体都是处在和平阶段，且已经持续了 70 多年。尽管战争会带来极大的破坏，但破坏之后又会重建，重建的过程也是一个对旧体制反思和改进的过程。然而，和平的持续，则往往使得旧体制得以持续，虽然也会有变革和改良，却很难彻底。

《21世纪资本论》的作者托马斯·皮凯蒂观察资本与GDP的比例，发现1700年以后的相当长时间内，英国、法国、德国的资本规模大约是GDP的6~7倍，直到世界大战爆发之后，该比例才开始下降，最低时为2~3倍。但战争结束后，该比例又开始上升。到2010年，英国、法国的资本与GDP的比例大约是5~6倍，德国为4倍左右。

从历史数据看，资本的收益率总是大于经济增长率，而工薪阶层的收入增长率基本与经济增长率相一致，这样一来，贫富差距就扩大了，并导致阶层固化。因此，他的主张是向资本课税以缩小贫富差距。但问题在于，对资本课税会改变固有的利益格局，带来抵触或资本外逃，反过来又会影响经济的稳定，这就是改革的两难之处。

实际上，资本收益率高于薪酬增长率的问题，不仅导致了国内的收入分配不均，还导致了发达国家与发展中国家之间的收入分配不均。因为发达国家靠输出资本来获得投资回报，而发展中国家通过提供劳动力来获得薪酬收入，两者之间同样存在差异和资本“掠夺”的现象。

针对各国内部及各国之间存在的问题，无论是IMF（国际货币基金组织）或世界银行对新兴经济体的改革建议，还是各国自身提出的改革思路，都不乏好的主张。但问题在于，目标与现实之间存在较大差距，这就造成了改革或者结构调整的口号年年喊，却没有突破性的进展。曾经被寄予厚望的金砖国家，除了中国依然表现突出外，其他国家似乎乏善可陈。最典型的如拉丁美洲国家，虽然自然资源丰富，前期发展也较快，但似乎均已陷入中等收入陷阱，基尼系数达到0.5这一危险区域。

在财富和收入分化及固化的背景下，实际上还面临着一个严峻的全球性问题——人口老龄化。世界正处于长期的和平环境，过去70多年的科技医疗发展水平比历史上任何一个和平阶段要高出很多倍，基于此人口得以大幅增长，人均寿命得到大幅延长。因此，对于那些人口高度老龄化的国家而言，不仅要承受劳动年龄人口数量减少而导致的经济增速下行，还要增加政府支出来提高养老等保障费用，加重了其债务负担。

因此，需要辩证地去看历史，和平固然值得珍惜，但也并非全是美好的。在和平的环境下，人类逐利的游戏在制度的保障下得以持续进行，其最终结果必然是少数人拥有绝对多数的财富，少数国家获得绝对多数的利益。在和平环境下，无论是游戏规则还是利益格局，都很难推倒重来，因为改革需要付出很高的成本。随着时间的推移，旧的问题不仅没有得到解决，新的矛盾又在堆积，于是就会发生冲突；随着冲突不断升级，往往会爆发战争，无论是局部的还是整体的。

因此，战争与和平总是互为因果。尽管大部分人或者组织都崇尚和平，但同时又不肯舍弃利益，于是为战争埋下了种子。那么，这是否意味着接下来会有一场战争呢？桥水基金创始人瑞·达利欧在2019年撰文指出，当前有三个方面与1935—1945年相似——债务周期、内部矛盾与外部秩序。长债与短债周期均临近终点，而中国人民银行（以下简称央行）刺激的空间又十分有限；贫富差距巨大、政治极化程度高，带来各种内部冲突；外部也在面临世界秩序重塑的压力。

瑞·达利欧所说的时间恰好包含二战的起始时间（1939年9月1日至1945年9月2日）。不过，我不认为会爆发战争，因为我非常认同尤瓦尔·赫拉利的观点：各国的军备竞赛，核武器的拥有国越来越多，使得发动战争的成本大幅上升，反而阻止了战争的爆发。

利益格局被打破——动荡不可避免

如前所述，长期的和平环境导致贫富差距扩大，利益阶层固化。1925 年，美国作家菲茨杰拉德发表了以 20 世纪 20 年代的纽约为背景的中篇小说《了不起的盖茨比》，讲述了一个社会底层人士艰苦奋斗但最终梦灭的故事。后来，加拿大经济学家克拉克据此画出一条“了不起的盖茨比曲线”，它说明了这样一种社会经济现象：高度不平等的国家具有较低的代际流动性，即社会越不平等，个人的经济地位就越由其父母的地位决定，子女处于父辈的经济阶层的可能性就越高。

就美国而言，最富裕的 1% 的人口所占有的社会财富持续增加，2016 年拥有美国总财富的 38.6%，而占总人口 90% 的大众所拥有的财富和收入水平在过去 25 年里呈下降趋势。

在这样一种贫富差距过大的事实下，美国前总统特朗普把原因怪罪于贸易不平衡，认为这导致了美国工人的失业，并因此对导致贸易逆差的主要国家提出贸易平衡的要求。

然而，中美贸易实际上更多属于互补型，美国之所以会出现贸易逆差，既缘于中国具有全球最多的相对低成本的劳动力，又因为美国拥有全球面积最大的耕地和现代化农业。基于此，中国出口跨国公司在中国生产的加工品与美国出口低成本的农产品都是比较优势下的合理选择。而美元作为国际主要流通和结算货币，注定了美国贸易逆差难以消除，即所谓的特里芬难题，所以美方不能撇开资源禀赋的特点来要求贸易平衡。

特朗普可能难以接受的一个事实是，中国在引进外资的长期过程中，逐渐建成了产业体系相对完善的世界工厂，而不仅仅是“世界加工厂”，这使得传统的国际贸易理论——发展中国家出口资源类产品与发达国家出口工业品的模式需要被改写。

因此，当传统的外部利益格局被打破之后，挑起贸易摩擦也是一种策略，当年“广场协议”就是在利益格局被打破的背景下达成的。而且，在国内利益矛盾难以解决，或者改革无法推进（如前所述）的背景下，把内部矛盾外部化无疑是一个好的借口，在历史上类似的案例屡见不鲜，这更是霸权国家的通常做法。但问题在于，即便这种做法使其在外部冲突中占了便宜，最终还是无法解决国内贫富差距过大的矛盾。

因此，全球长期和平的环境对各国内部所造成的问题，会伴随着和平的久远而越发尖锐，最终必然会导致经济社会的动荡加剧。

即便像委内瑞拉这样资源丰富的国家，也同样会陷入“饥饿”的困境；即便当年大家都认为联盟是一种更经济、更能增强实力的模式，英国也在 2020 年末完成了脱欧，这或许仅仅是欧盟分裂的开始。正所谓分久必合、合久必分：合的时候，往往是日子都好过的时候，一旦日子难过了，分的想法就多了。

当今时代，在全球经济下行的背景下，贸易冲突、逆全球化、退出甚至推翻原有协议等事件还会继续发生，从而导致动荡加剧。因此，从投资的角度看，风险偏好下降，避险性需求还会继续上升。

从2021年政策取向看资本市场的分化与投资机会*

2020年中央经济工作会议上提出“政策不会急转弯”，那么，接下来政策究竟是不转弯还是缓慢转弯？诸多的改革、开放和创新举措，将给2021年的中国经济带来怎样的影响，资本市场在持续繁荣两年之后，会有怎样的格局变化和投资机会？

我认为，2021年资本市场将依然保持繁荣，在经济增速大幅回升、开放力度加大和人民币升值的背景下，国内机构投资者的长线资金或将进一步增加，外资继续流入，A股与港股市场的互联互通会更加紧密。因此，在港股的估值水平相对较低的情况下，2021年或存在估值提升机会。而A股市场的结构性牛市始于2017年，起初主要靠估值驱动，因为机构投资者比重提升，尤其是外资给了头部企业“确定性”溢价，给了尾部企业“不确定性”折价。2019年之后，新经济带来“成长驱动”，当然，在估值驱动和新经济驱动下的这轮结构性牛市，已经隐现结构性泡沫。2021年，面临从“抱团”到“散伙”的风险。不过，大消费和高科技始终是未来中国经济的

---

* 本文根据笔者2020年末在上海财经大学校友群里的演讲修改整理，本书对部分数据和内容做了更新。

两大驱动力，真金不怕火炼，去伪存真之后，资本市场的结构性牛市仍将延续。

2020 年中央经济工作会议要点

1. 政策慢转弯还是不转弯

会议强调了政策不会急转弯，所以 2021 年稳增长应该是有保障的，2021 年其实也是不平常的一年，是建党 100 周年。实际上，这几年都是不平常的，2020 年是实现全面奔小康之年，2021 年是建党 100 周年，2022 年要迎接党的二十大。所以这几年中国经济求稳、求安全和求发展应该是主基调。我们可以对中国经济充满信心。

但如果 2021 年经济增长速度较快，政策就要被收回去了吗？以往中共中央政治局会议（以下简称政治局会议）和中央经济工作会议，基本上是前者为后者定调，一旦定调，就不会发生特别大的变化。但 2020 年中央经济工作会议与一周前的政治局会议之间的政策要求还是有些细微变化的，就是更加明确、更加明朗，尤其是提出了“政策不会急转弯”，消除了大家的疑虑。

2020 年我国 GDP 增速达 2.3%，实现了正增长。按照国家统计局局长宁吉喆的说法，在 GDP 超过 1 万亿美元的国家中，中国是 2020 年唯一保持正增长的国家，主要还是归结于我国疫情防控得较好。因此，在这次政治局会议和中央经济工作会议中有一个同样的表述：交出了一份令人民满意、令世人瞩目，可以载入史册的答卷。

从 2020 年稳增长的贡献来看，主要靠两个——出口和房地产。

（1）出口：2020 年我国的出口量非常大，不仅贸易顺差达到了新高，而且中国贸易出口量占全球的比重也达到了历史新高，这是事先没想到的，2020 年净出口对 GDP 的贡献率达 28%，拉动 GDP 增长 0.6 个百分点。

（2）房地产：过去房地产在固定资产投资中的占比基本保持在20%左右。2020年不仅房地产投资增速超预期，而且第二、三季度对GDP增长贡献率都超过50%，接近60%，这是前所未有的。但是，现在国家从政策上明确了三条红线，估计未来房地产对GDP的贡献率会有所下降。

2020年消费方面表现不佳，是“三驾马车”里唯一出现负增长的；投资能够保持正增长，主要靠房地产；出口超预期。那么2021年靠什么？这一点是值得关注的。

政策的出台往往具有滞后性，与股市恰好相反，股市总是超前反应。2021年不会因为经济增长速度比较快，就立刻把政策收回。因为经济走势还存在诸多不确定性，比如欧美经济会怎么样，到目前为止欧美疫情还在延续，疫苗的效果到底如何也尚不确定，所以“六稳”和“六保”仍是目前政策的着力点。我国政策有两个大前提，一个是稳中求进，另一个是底线思维，这是非常明显明确、非常有特色的两点。

关于宏观政策，我研究的立足点也有两条：一条是稳中求进，这是一个治国理政的总原则；另一条是底线思维，就是在任何情况下底线不能突破。正是因为有了这个底线思维下的政策保障，所以每次由各种情绪因素、外部因素导致市场出现大幅下跌的时候，就是买入机会的所在。底线思维在今后几年依然适用，即不管出现什么情况，我们一定要有守住底线的信念。

2. 货币政策先稳，财政政策观望

从中央经济工作会议的表述来看，2021年国家依然会实施积极的财政政策和稳健的货币政策，就这一点而言，我觉得这些年来都没有发生变化。

（1）货币政策：不会急于加息

中文的词汇非常丰富，往往一词多义，比如稳健，可以是非常稳健，也可以是适度稳健，还有一个就是保守型的稳健，所以政策的跨度还是会比较大的。总体看，2021年的货币政策在执行时，或将进行常态化管理，这一点前段时间央行的易纲行长也曾反复强调，货币政策在尽可能长的时间内将回归常态。

基于此，我判断2021年初不会加息，当然也不会降息，更不大可能会降准，而是尽可能地维持货币政策稳定。因为2021年初通胀压力不大，所以没有必要加息。随着经济复苏速度的加快，全年CPI（消费者物价指数）或在2%以上；PPI（生产价格指数）估计也会由负转正，在2%以上；同时，还有人民币升值的压力，在这种情况下加息会促进人民币继续升值，不利于出口。

因此，2021年货币政策维持稳定的概率会比较大。同时，社会融资和M2（广义货币）增速的拐点估计会出现，但不会像2020年那样大放水。

（2）财政政策：根据经济情况，三月再定

财政政策会稍微收紧。2020年国家对财政政策放得比较松，主要体现在三个方面：一是发行特别国债；二是地方政府的专项债大幅增加；三是财政赤字率由2019年的2.8%升至3.6%。我估计未来这种显性财政政策会维持下去。

隐性财政是指地方政府的隐性债务，如城投债等这类加杠杆的，国家肯定要把它显性化，要对其有一个更大的约束，所以财政政策可能会收一些。但如果收得多了，就会产生一定的负面影响。因此，总体来讲还是要继续保持积极的财政政策。当然，2021年的压力会比2020年小一些，因为2020年上半年经济的负增长，带来财政收入的大幅度减少。2021年因为隐性债务转为显性债务，预算赤字率

为 3.2%。

2020 年的中央经济工作会议针对隐性财政专门提了一句话：要扎实化解地方政府隐性负债风险工作。这表明国家要对地方政府的隐性风险和地方国企的债务风险问题加强监管，抵制逃避债务。

2020 年 11 月以来，受 AAA 级国企永煤（永城煤电集团有限责任公司）债券违约事件的影响，信用债市场出现大幅下跌，相关省份的企业发债规模大幅缩小，大家也比较担心 2021 年的信用风险问题，估计 2021 年国家要在防范信用风险方面出台相关举措。因为风险一旦发酵，就是系统性风险，会导致企业信用债市场利率明显上升，企业发债困难，产生流动性风险加剧的情况，所以 2021 年财政要留有余地，做好应对的准备。

2020 年上半年城投公司的有息负债余额已经扩张到 47 万亿元，相比 2019 年末增加了 3 万亿元，在地方债终身问责制下，2021 年的地方隐性债务的监管政策应该会比较严格，并且会对基建投资产生影响。此外，在三条红线下，2021 年房地产的投资和销售估计不太乐观，政府土地财政中的政府性基金收入会减少，肯定还是要有地方去弥补这一缺口的。

过去几年，卖方对于基建投资的增速一直持乐观态度，但实际结果总是低于预期，而卖方对房地产投资增速一直持偏悲观态度，实际结果总是高于预期。同样，2021 年对于基建投资也不要寄予过高的期望。因为它会受到地方政府的筹资能力和地方政府债务率水平的约束，这也就是为什么中央反复强调的要在基建投资上提高投资的投入产出比，要进行精准投资。

3. 稳住宏观杠杆率难度不大

2021 年，除了将财政、货币政策表述为积极和稳健之外，国家在宏观政策方面还要求保持宏观杠杆率的基本稳定。2020 年由于受到新冠肺炎疫情的冲击，GDP 基本没怎么增长，债务又大幅增加，导致宏观杠杆率水平显著上升，这与供给侧结构性改革的去杠杆目标背道而驰。

我们要保持宏观杠杆率水平基本稳定，不能再上升了。所谓的宏观杠杆率是企业杠杆率加上居民杠杆率，再加上政府杠杆率。现在我国的宏观杠杆率水平在 270% 左右，即使对发达国家来说也不算低，甚至可以说是有些偏高的。

我国政府是强政府、大政府，不像美国、日本是小政府、弱政府，所以我国政府的信誉度好，政府拥有巨额的自然资源、土地资源和国有制企业资源，以及行政性资产。应该说我国政府有较大的举债空间，这不同于日本政府，日本的政府杠杆率水平已经维持在 240% 左右。我国的政府杠杆率水平，包括国家财政披露的显性的部分和隐性的部分，合计在 70% 左右，相对来讲还是比较安全的。

未来虽然有举债空间，但国家对此还是非常审慎的，尤其是对杠杆率有非常明确的目标。2021 年 GDP 增速估计在 8%~9%，在这种情况下杠杆率的增速不会特别快。如果 2021 年 GDP 的实际增速预期为 9%，名义 GDP 的增速估计在 11%~12%，那么全年的债务增长率即便在 10% 左右，杠杆率水平也不会上升，因此稳杠杆的压力应该不大。

4. 房地产政策从严

这次中央经济工作会议报告还用了一定的篇幅来强调房地产政策，更加重视对房地产市场的调控，坚持房住不炒，同时要发展租赁市场。

与以往相比这次篇幅还是有点长，国家主要还是担心 2021 年的房价又“刹”不住。这种房价“刹”不住，对于地方政府来讲是好事，如果 2020 年没有房价上涨，估计地方财政会更加吃紧。然而，这不是长久之计，因为总有一天房价会不涨，甚至下跌，地卖不出去，地方财政就会捉襟见肘，房地产公司的日子就不好过，银行的日子会更难过。而中央政府肯定非常不希望房价继续上涨，或者房地产继续火爆，所以一定要降温，坚持房住不炒，通过发展租赁市场，为无房者提供保障。

比如土地供给要向租赁住房建设倾斜，既要探索利用集体建设用地和企事业自由闲置土地来建设租赁住房，还要整顿租赁市场的秩序，对租金水平进行合理的调控等。这些内容在报告中都讲得非常具体，说明2021年国家对房地产的控制应该还是会比较严格的。

5. 发展科技战略

2020年国家还提出要发展科技战略，要强化科技力量。这不是一个新的提法，但这是经济稳增长的一个主要抓手。会议提出稳增长的两个支撑点，一是发展科技，二是扩大内需。2020年这两大主题在股市方面已经发挥得淋漓尽致，科技、食品饮料、家电、医药生物股表现势头都非常强劲。

2021年的投资机会还是比较多的，比如针对产业的薄弱环节，落实好关键核心技术攻关工程。目前我国的产业链、供应链尚处在全球中低端的水平。当然中国基本上已经替代了日本，成为亚洲的产业链和供应链的中心。全球三大产业链、供应链，分别是中国、德国和美国，其中，中国的产业链、供应链是全球最大的，因为中国也是全球的第一大出口国。

6. 扩大内需：核心是增加居民收入

中央经济工作会议提出以科技和扩大内需这两大战略来支撑中国经济长期可持续发展，尤其注重扩大内需。过去国家一直在强调供给侧结构性改革，而供给侧结构性改革的前提就是需求的问题并不大，主要还是供给结构存在问题，导致了产能过剩和杠杆率过高等问题。

在中央经济工作会议召开之前的政治局会议上还专门提出了需求侧改革。2020 年拉动经济的“三驾马车”中的投资和出口都是正增长，只有消费是负增长，这也是高层对消费较为关注的原因。拉动消费需要扩大内需，扩大内需要增加居民收入，要增加居民收入，就要进行收入结构的改革，这或许是需求侧改革提出的一个原因。不过，在这次的中央经济工作会议上并没有提需求侧改革，而是提出了需求侧管理。

从专业角度讲，供给侧改革的提法比较恰当，需求侧改革主要是提升整个社会的需求（包括投资需求、消费需求等），要依靠货币政策和财政政策，而这不属于改革范畴。所以它更多的是一种刺激政策，如果单纯提需求侧改革，可能会与供给侧改革的很多改革内容相重叠，这可能是这次会议没有再提需求侧改革的原因。

需要提到的是，为什么中国经济过去主要靠投资拉动，而不是靠消费拉动？因为消费与居民收入相关，如果居民收入增长速度慢了，消费自然也起不来，这些年消费的增速从过去的 14%~15%，已经降到 2019 年的 8% 左右。2021 年消费很可能会大幅反弹，这主要是由于 2020 年挖了个“深坑”，受新冠肺炎疫情的影响，2020 年消费增速为 –3.9%，我估计 2021 年消费名义增速会在 16% 左右。

2020 年的消费分化很明显，高端消费、奢侈品消费的增长都非常突出，高端白酒的销量增长在 10% 以上，但白酒的整体产量却下降了 2.5%。同时，2020 年豪华乘用车销量增长了约 15%，而普通乘用车销量为 –16%。从奢侈品来看，2020 年中国的消费在全球表现非常抢眼，估计约占全球奢侈品消费份额的 40%，这是非常惊人的数字，这种消费分化的背后其实就是收入的分化。

7. 缩小收入差距

由此又衍生出来一个问题，就是我们是否需要改善居民收入结构？

因为2020年是全面建成小康社会的收官之年，是比较特殊的年份。那么下一个5年或者下一个15年我们的目标是什么？中央经济工作会议提出，到2035年中国要成为中等发达国家。要成为中等发达国家就需要进行经济转型，要构建新的发展格局。

同时，中央经济工作会议也提出了要走向共同富裕，到2035年在走向共同富裕方面取得显著进展，显著提高中等收入者的比重。那么国家将会采取何种手段？“十四五”规划报告中提出要继续进行税收制度改革，要提高转移支付的比例，增强在社会保障方面的投入。这些举措以前都提过，但没有讲过推进第三次分配，第三次分配就是发展慈善事业、提倡社会捐助。

2019年党的十九届四中全会《决定》指出重视发挥第三次分配的作用，在这次中央经济会议又再次提出和强调，应该具有比较深刻的含义，就是针对目前居民收入差距较大的情况。2020年的新冠肺炎疫情，对新经济部分产生的影响比较小，甚至还有一定的利好影响，而传统经济中有些行业则成为重灾区。传统经济中不少行业的从业人员都是中低薪收入者，而新经济行业的从业人员多是高薪收入者。于是收入差距可能会进一步扩大。

有理由相信，今后我国将把收入分配改革作为重心，因为2020年的目标是全面奔小康，也就意味着消灭绝对贫困。那么对于2035年的目标来讲，既然绝对贫困已经被消灭了，那么就应该逐步消灭相对贫困。所谓消灭相对贫困就是要缩小收入差距，国家还会有一些后续举措，如提醒社会富裕阶层要有社会责任意识等。

8. 反垄断：同时也是为了增加就业，缩小收入差距

反垄断和防止资本无序扩张，也是在 2020 年 12 月上旬召开的政治局会议中被首次提出的，这次中央经济工作会议再次做了强调。

例如，在网络经济时代，互联网企业的用户数量增速迅猛，都是上亿的量级，那么该如何评价其关于客户的隐私保护以及利用客户信息的优势进行跨行业扩张等问题？其实这类问题在美国也存在，美国政府也对互联网企业进行了限制，否则亚马逊早就开始涉足金融行业了。因此，美国从事网络购物的互联网企业基本上还是在其自身的领域里发展。而中国的互联网企业涉足金融领域的情况还是比较多、比较深的，微信、支付宝都涉及金融领域，而且参与规模巨大。

虽然这些企业大肆扩张带来了新经济份额和就业规模的提升，但是当前中国的存量经济特征日益明显，存量经济变化更多体现为"切蛋糕"，而不是"把蛋糕做大"。如果是"切蛋糕"，那么问题就来了，比如互联网企业由于业务创新，可以提供 1 000 个新增就业岗位，但这种业务创新同时又挤占了其他实体店的生意。

2020 年有很多实体店倒闭，上海店铺的租金率也在大幅下降，可能进一步导致更多人失业。实际上，中国就业与 GDP 之间存在这样一种关系：GDP 每上升一个百分点，就会带来约 200 万人的新增就业，但如果 GDP 每下行一个百分点，可能会导致约 300 万人失业。因为，现在的新增就业统计不是指净就业，所谓净就业就是指新增就业减去新增失业，但是实际上新增数据只包含了新增就业，却没有包含新增失业，所以这个数据还是值得商榷的。

十九届五中全会提出的发挥第三次分配的调节作用，或者反垄断、防止资本无序扩张等，其实都是要解决大系统下的同一个问题——缩小收入差距。

中央经济工作会议强调大家要树立系统观念，就是要有全局意识。假设要搞二次分配，即税制改革，但直接税不好收，比如房产

税、资本利得税、遗产税等，提任何一种税都会引发社会极大的反弹，反对声音最多的倒不一定是最有钱的人，反而可能是普通老百姓，他们首先会考虑新税种对自己会产生哪些不利影响。房产税很难征，因为中国老百姓配置最多的资产就是房产；资本利得税是针对股市的，征收难度也很大；遗产税也是一个比较难实施的税种。

既然通过税制改革来缩小收入差距在近期难以实施，那么还有什么更好的办法来缩小收入差距？很多人认为第三次社会分配靠捐助效果可能并不理想，但在大数据时代，还是有推进的可能性。

2021 年经济走势：前高后低

2021 年的经济走势以及潜在的投资机会可能有哪些？以下难免带有很多主观的色彩，仅供大家参考。

大部分人对 2021 年经济形势的看法较为一致，认为 GDP 增速将在 8% 以上，这确实没有特别大的争议，因为 2020 年挖了个“深坑”。假设 2021 年 GDP 增速为 8.5%，2020 和 2021 两年的平均 GDP 增速只有 5.4%，是在 2019 年 GDP 增速 6.1% 的基础上，下了半个台阶。就 GDP 增速而言，2021 年的经济走势估计是前高后低，也就是第一季度最高，然后第二、第三、第四季度都在往下走，2021 年第四季度的 GDP 增速将回归常态，即 5% 左右。

分析经济基本面主要看“三驾马车”。

1. 消费

“第一驾马车”——消费。2021 年肯定有较大增长，因为基数比较低，再加上疫情得到有效控制、形势正在逐步好转，或有报复性消费。估计 2021 年居民的储蓄率应该也会有所下降，因为 2020 年该花掉的钱没花掉，可能会拖到 2021 年继续花，消费的程度还是取决于疫情形式的好坏。当然，消费的分化还会延续，2020 年的消费分化是非常明显的，2021 年一方面是消费升级，另外一方面是高端消费火爆，这主要是因为国外疫情形势严峻，居民在国内购买奢侈品的概率大幅提高，所以高端消费占比还是比较可观的。

2. 投资

“第二驾马车”——投资。2021 年固定投资增速应该会回升，估计增速在 6%~7%，因为 2020 年的基数同样比较低，所以 2021 年投资会有所提升。固定资产投资也有“三驾马车”，即基建投资、制造业投资和房地产投资。基建投资增速应该会比 2020 年高，估计在 7%~8%；房地产投资在三条红线下，增速估计会低于 2020 年第四季度；制造业投资应该会大幅反弹至两位数，因为 2020 年是负增长。

3. 出口

“第三驾马车”——出口。估计 2021 年出口的增速维持在 10% 左右，比 2020 年第四季度弱一些，但是也不会太弱。因为目前来看，中国的产业供应链是保持完好的，而全球疫情还在蔓延，其他经济体的产业供应要恢复正常还需要经过一段时间，我乐观估计全球疫情在 2021 年年中可以得到控制。

2021 年的投资机会

从大类资产配置来讲，我的观点还是要多配置金融资产。从 2020 年来看，虽然房地产的走势较强，但这与货币政策有关。2021 年 M2 增速肯定要回落（2020 年在 10% 以上）；社会融资（以下简称社融）增速估计也会出现拐点，但资金转向金融领域的趋势已经呈现出来，最近几家银行的问卷调查结果显示，居民配置房地产的意愿明显下降。

2020 年机构投资者的收益率都很高，偏股型、混合型的公募基金平均收益率大概在 40%，在 2019 年 35% 的基础上增长到 40%，这是非常罕见的，历史上是没有过的。如果说这两年的走势都这么牛，那么 2021 年会不会回落，甚至是负的?

2021 年资本市场的投资收益率不可能继续保持高增长了，但我估计机构投资者业绩不会太差。主要原因在于目前市场的结构发生了变化，过去股市都是“炒成长”“炒概念”，就是“讲故事”“编故事”，但市场的估值理念什么时候开始出现转折点?

中国的结构性牛市是从 2017 年开始的,2018 年由于大环境不佳，股市出现大幅调整，2019 年和 2020 年依然还是符合机构投资者价值理念和投资套路的结构性牛市。这种估值体系调整的结构性牛市估计今后还会持续下去。这与美国市场其实是非常相似的，市场越来越呈现“二八现象”，即 20% 的股票在上涨，80% 的股票在下跌，这就是结构性牛市的特征之一。

1. 估值驱动型牛市

对于中国的资本来讲，2017 年以来机构投资者比重显著上升，北上资金流入增加，资本市场开放度也在不断提升，这是这轮结构性牛市出现的根本原因，即估值体系的结构性变化驱动的牛市。过去的股市给未来盈利确定性较高的大企业一个比较低的估值，给那些不确定性较高、会“讲故事”的中小企业一个比较高的估值。然而，随着越来越多海外机构资金进入 A 股市场，由于这些海外机构是用 DCF 模型（现金流折现模型）来进行估值的，所以一看就发现 A 股市场中的大蓝筹估值明显偏低。近年来这类公司的估值水平持续提升，估值驱动的行情在今后几年还会持续下去。

另一个动力，来自新旧动能的转换。新的动能源于科技进步、互联网大平台整合资源、人口老龄化和居民收入水平提升下的大消费。因为中国经济已慢慢从投资驱动转为消费驱动，随着人口老龄化和居民收入水平的提高，消费升级也是必然的。因此，大消费板块的表现依然是比较强劲的，今后也还会持续下去。

其实美国也是一样的，比如说食品饮料、医药生物、新能源汽车等大消费板块，高科技板块，互联网板块这几年的走势一直很强劲。而欧洲、日本同样也是这些板块的走势比较强劲。当然就现在而言，这些板块的整体估值已经不低了，好赛道的估值偏高，但是好赛道上的好公司，应该会有比较稳定而充裕的现金流。

除了食品饮料、家电、新能源汽车、医药生物、休闲娱乐等之外，即在消费板块之外的另一端——高科技，也是拉动中国经济增长的一个新动力。从“十四五”规划和中央经济工作会议报告来看，已经多次强调国家要在“卡脖子”工程上加大研发投入。

因此，国家提出要发展九大战略性新兴产业，包括新一代信息技术、生物技术、新能源、新材料、高端装备、新能源汽车、绿色环保、航空航天、海洋装备。另外，也要注重基础研究和原始创新，国家瞄准了八个领域的一些基础研究和研发投入，主要是人工智能、量子信息、集成电路、生命健康、脑科学、生物育种、空间科技、深地深海。

资本市场的机构投资者比重还会提升，今后机构的话语权还会增加，所以未来的主要机会也就集中在排名前 20% 左右的股票上。因为整体经济在分化，经济分化主要表现为向头部集中。目前我国的各个行业集中度并不算高，但今后的集中度会进一步提高。所以还是要配置头部企业。如果把目前 A 股市场的 4 000 多家公司进行划分，前 2 000 家和后 2 000 家的占比会出现一个严重的分化。

预计今后流通市值排名前 20% 上市公司的市值占比会从现在的 75% 上升至 80%，流通市值排名后 50% 上市公司的市值恐怕会降到 7% 以下。美国的这一数据就更低了，美国流通市值排名后 50% 上市公司的市值占比大概只有 3%，所以这个分化会越来越明显，因此进行资产配置时，总体上要“抓大放小”。

2. 顺周期行业有短线机会

2021 年，随着经济复苏，顺周期行业可能会出现一轮相对短线的机会，即所谓的周期性行业。因为现在全球库存都处在一个比较低的状态，所以 2020 年下半年以后大宗商品的交易价格明显走强，主要还是有一个补库存的需求，另外复工、复产的需求也明显增加。欧盟也好，美国也好，虽然经济还处于负增长，疫情仍在蔓延当中，但是它们的制造业 PMI 指数（采购经理指数）都已经在持续走强了。

2021 年中国经济也将出现一个比较大的回升，所以周期性行业可能在 2021 年有一个短线反弹的机会，并持续到 2021 年的第三季度，第四季度估计会回落，慢慢回归常态。因此就大宗商品的交易价格来讲，可能还会有一定的上升空间。

3. 港股：H 股对 A 股的折价率有望缩小

2012 年 10 月，在 61 家“A+H”上市公司（即同时在 A 股和 H 股上市的公司）中，A 股对 H 股折价的有 17 家，只占总数的 28%，折价率最高的约为 30%，而折价的股票均为大市值股票，所属行业多为银行、保险和建材等传统大行业；A 股对 H 股溢价的占比为 72%。目前，在所有的“A+H”股票中，A 股对 H 股 100% 溢价，已经没有折价的股票了。其中有 7 只股票的溢价率超过 80%。这段时间以来，H 股对 A 股的折价率已经有所回落。

在开放力度加大和人民币升值的背景下，国内机构投资者的长线资金会进一步增加，更需要配置有长期投资价值的股票，而 A 股市场与港股市场的互联互通更加紧密，将来不管是港股 A 股化，还是 A 股港股化，“A+H”的溢价率缩小都是大趋势，H 股折价率在

50% 这类现象不可思议。因此，在港股市场的估值水平相对较低的情况下，2021 年或存在估值提升的机会。

4. 汇率

2021 年人民币依然存在升值的空间，当然升值的幅度不大，毕竟国家还是对汇率进行管控的。美元兑人民币汇率之所以在 2020 年升至 6.5 元左右，甚至在 2021 年初曾一度破了 6.5 元，主要是因为美元贬值。美元指数一般 15 年一个轮回周期，这一轮美元指数下跌到现在为止才持续了 3 年，按照历史的走势来看，美元指数回落见底的时间还没到，所以人民币在 2021 年应该还是会保持一个比较强劲的走势。

上一轮美元指数的高点出现在 2017 年 1 月，再上一轮的高点出现在 2002 年。上一轮美元指数的低点出现在 2008 年，再上一轮低点出现在 1995 年。那么，这一轮的低点会出现在什么时候尚未可知，但至少见底的时间还会持续一年以上。

5. 黄金

作为避险工具，黄金也是一种投资品，其在 2019 年和 2020 年的涨幅也比较大。以美元计，2020 年累计上涨了 25%。从长期来看，虽然全球经济目前是处在复苏状态，但是应该是个弱复苏，长期问题依然没有得到解决。因此，黄金既是一种避险工具，也是一种投资品。一是由于全球性的货币超发，二是由于未来的经济衰退是大概率事件。因此，就黄金的避险属性来看，还是可以继续配置的，当然，涨幅不会像 2019 年和 2020 年那么大了，估计在 5%~10%。

从流动性角度看经济减速下的投资机会*

流动性过剩永远是相对概念

记得在 2009 年，我写过一篇文章《流动性的故事》，当初为什么要写这篇文章呢？主要是因为美国次贷危机爆发后，货币的流动性成为问题，从短缺到过剩。何谓“流动性”？经济学的解释是指某种资产转换为支付、清偿手段或者变现的难易程度。由于现金不用转换为其他资产就可以直接用于支付或清偿，因此现金被认为是流动性最强的资产。由此推理，所谓的流动性过剩，就是央行发行的货币过多、货币量增长速度过快，银行机构资金来源充沛，居民储蓄迅速增加。

10 多年前，美联储通过量化宽松（QE）的货币政策，已经导致了流动性过剩，日本的利率水平也始终处在接近零的水平。2019 年 10 月，美国再度启动量化宽松的货币政策，这是自 2012 年 9 月第三轮量化宽松措施推出以来，美联储新一轮大规模宽松；此后，2020 年受新冠肺炎疫情的影响，美联储于 2020 年 3 月开启无限量化宽松模式。但这能改变美国经济长期下行的趋势吗？恐怕只是边际效用

* 原文发表于 2019 年 10 月，本书对部分数据和内容做了更新。

递减。

就中国而言，在 2020 年宽松的货币政策下，M2 回升至 10% 以上，但较 10 年前仍下降一半以上（2009 年末为 27%），同时利率水平也大幅下降，当前的货币政策目标是保持流动性的合理充裕，那么，这一目标是否达到了呢？我认为流动性存在分层现象，就如同消费存在分级现象一样，属于结构性问题。

从本质上讲，把钱借给有能力偿还的人，就是银行等金融机构的盈利模式。如今全球普遍遇到的难题是：融资需求最多的是穷人，但给穷人贷款风险大，如美国的次贷危机；给富人贷款安全性高，但富人的融资需求有限。

当资本回报率下降的时候，融资难、融资贵的问题会凸显出来。因此，融资难、融资贵的实质并不是体制问题，而是经济发展的阶段性问题。这就是为什么在 2013 年以前，民营企业投资高涨，融资难、融资贵并不是问题。因此，融资难、融资贵的问题，实际上是一个全球性的难题，当经济增速放缓和资本回报率下降时，这个问题就会凸显出来。

因而，流动性是否过剩，并不仅仅是看货币规模或货币增速，而是相对概念，即当经济增速放缓，或投资回报率下降的时候，即便实施宽松的货币政策，估计效果还是有限的。这就是当年凯恩斯所指出的“流动性陷阱”。

我们正面临更广义的流动性衰减

与凯恩斯古典的或狭义的“流动性陷阱”理论不同，克鲁格曼认为：代表流动性的不只是狭义货币，也可以是广义货币；导致货币需求无限大的原因并不一定仅仅是人们流动性偏好的变化，也可能是其他的原因。他把“流动性陷阱”的本质归结为一个信心或预期问题。

央行扩表（指中央银行的资产负债表扩大）的边际效应递减，应该是全球性现象。那么，信心或预期的下降又是由什么导致的呢？经济增速下行的问题从来都不是由金融系统的问题导致的，但每次出现了问题，都要通过降准、降息或扩表来缓解，治标不治本。那么，究竟什么是问题之“本”呢？我认为是社会与经济结构的固化和老化。

正如我在《为什么全球将进入低增长高动荡模式》一文中所指出的，二战结束至今全球一直维持着总体和平的局面，没有出现过全球性的饥荒或瘟疫，这是人类历史上所罕见的，因而原有体制得以持续，虽然有变革和改良，却很难彻底改变。于是结构性问题愈加严重，包括人口结构、收入结构、产业结构、区域结构等。

因此，除了从克鲁格曼的广义货币（M3、M4）流动性来反映信心和预期，我们还可以从货物、人口及信息的流动性方面来反映经济结构问题。不妨以我国为例，毕竟中国对全球经济增长的贡献率在30%以上。

衡量货物的流动性，可以从产销率、货运增长率等指标出发，由于没有工业品产销率的总量指标，因此从社会消费品零售总额增速数据看，2020年增速为–3.9%（主要是受新冠肺炎疫情影响），即使不考虑2020年，2009—2019年，增速也降了一半左右。从货运增长率看，总体增速也是回落的，2010年为15%（2009年受次贷危机影响，降至9.2%），到2019年也降了一半左右。

从实际个案看，耐用消费品中的两大主要商品——汽车和智能手机销量都进入了负增长时代。2013年，我国每百户家庭的乘用车拥有量为16辆，仅相隔5年，到2018年就增加至33辆。因此，从爆发式增长到负增长，表明中短期的乘用车消费饱和了，智能手机也是如此。

又如，2020年实物消费网购增速为14.8%（主要受新冠肺炎疫情影响），即使不考虑2020年，2019年也降至19.5%，与过去50%的超高增速相比，下降了一半以上；再从进出口贸易的增速看，均出现了下降。推而广之，这些商品或项目的销售增速下降，意味着货物流高增长时代的结束，货物的流动性已经在衰减。

从人口流动性看，从2011年起，城镇化速度明显放缓，过去城镇化率平均每年提高1.4个百分点，2019年这一数据已降到1.0个百分点。农村剩余劳动力转移基本宣告结束，且进城务工人员趋于老龄化，2019年50岁及以上的进城务工人员占比从2008年的11%上升至25%，30岁及以下的进城务工人员占比从46%降到25%，2019年新增进城务工人员数量仅为241万。

此外，国家统计局还公布了每年的流动人口余额数据，2014年流动人口数量达到2.53亿的峰值，之后逐年回落，2019年已经降到2.36亿。人口流动性的下降，既是经济现象，即经济增速与就业机会相关，经济增速下降，第二产业和第三产业的就业机会也会减少，人口迁徙速度放缓；又是社会现象，即人口老龄化，2019年东部地区进城务工人员数量减少了108万，其中相当多的人回到了家乡。

最后再看信息流动性。相关的评价指标有很多，这里仅以移动互联网数据为例，这一数据应该颇具代表性。QuestMobile（北京贵士信息科技有限公司）的数据显示，2019年上半年，移动互联网用户净减少200万，11.38亿就是大顶（即峰值）。此外，寒意更浓的是用户时长，从2018年12月到2019年3月，用户时长增速从22.6%降到11.8%，到了2019年6月，增速已经滑至6%。

2000年以来，信息技术产业高速发展，成为我国经济增长中的一大亮点，2018年，我国信息传输、软件和信息技术服务业增加值为27.8%，2019年为21.7%，即使在受疫情冲击的2020年也高达16.9%，不能确定2018年是否就是信息流动性的大顶，但信息流的增速不可能长期维持高位。

综上所述，从货币流、货物流、人口流和信息流这四大流看，均面临着减量或减速的局面。这也从四个侧面对我国经济增速下行给予了合理解释。

投资相对论：流动性的机会在哪里

既然广义流动性都在衰减，2019 年第三季度 GDP 增速也首次跌破 6%，2020 年更是降至 2.3%，这意味着风险在增加，何来投资机会？我认为，机会大多是相对的，这与大部分经济指标是相对的一样。因此，投资也需要选择相对机会。

进入流动性衰减的存量经济时代，在进行投资分析时至少需要具备三种思维，一是分层思维，二是结构思维，三是此消彼长思维。

分层思维所对应的投资选择，应该是“抓大放小”和“重高端轻低端”。如前所述，货币的流动性已经呈现分层现象，即钱流不到货币当局希望流到的地方，如中小微企业，但有些大型企业或央企强者恒强，不但不缺钱，反而融资成本可以进一步下降。从投资的角度看，钱就应该投向流动性充裕的领域，配置相应的资产。

从企业层面看，如今分化情况正在加剧，企业分层现象愈加明显。中小微企业经营压力大，既有体制性因素，又有行业集中度提升的客观要求，因为在存量经济下难以避免供给过剩。与欧美等西方发达国家相比，当前我国大部分行业的集中度仍偏低，未来还存在很大提升空间。因此，投资策略的总体思路应该是“抓大放小”。

从消费者层面看，消费增速由居民收入增速决定，近些年收入增速的下行导致消费增速下行。且居民收入也出现了分层现象，即高收入组的收入增速降幅较小，中低收入组的收入增速降幅较大。因此，居民收入差距扩大，表现在消费上，就出现了高端消费增速较快，中低端消费增速减缓甚至出现负增长的状况。而且，长期来看资本的回报率大于薪酬增速，由于对高收入阶层征税的难度较大（如房产税、资本利得税等），收入差距扩大趋势还将持续。因此，就投资选择而言，高端消费品或服务应该更有投资价值。

结构思维所对应的投资策略，应该是优化组合。因为中国的产业结构、区域经济结构都在发生变化。例如，过去在拉动经济的“三驾马车”中，投资占比比较大，出口也有一定贡献，如今，投资占比下降，出口经常出现负增长。那么，消费的相对地位就提高了，所以看好大消费合乎逻辑。又如，随着科技进步，新技术的应用日新月异，看好高科技、信息技术产业等也符合大趋势。

结构思维下的投资策略，除了货币流动性充裕的领域值得被关注外，货物流、人口流和信息流也可以成为投资选择的依据。一般而言，在流动性趋好的地方，资产价格也会有趋上的空间，如国内四大流动性均比较好的地方，基本集中在北京、长三角和珠三角地区。除了北京和上海被严格限制人口规模外，这些地区人口流入量也是最多的，货币流、货物流、信息流更是在全国领先。

因此，在这三个区域中的大部分城市的房价水平领跑全国，其中北上广深的房价收入比在全国名列前茅。在权益资产方面，无论是央企还是民企，大型或超大型的企业基本都集中在北京、长三角和珠三角等地区，如金融、互联网、制造业、房地产等行业的头部企业。

最后，提一下此消彼长思维，其实这并不对应什么策略，而是为了对增量经济和存量经济下的资产价格差异性表现做一个区分。在增量经济下，出现资产价格普涨的概率比较大；在存量经济下，结构性上涨和下跌或同时出现，即此消彼长。因此，在增量经济下，即便配置了“劣质资产”，也可能会上涨；但在存量经济下，当核心资产上涨时，非核心资产或会下跌。

因此，在资产配置时，要具备“此消彼长”的意识，剔除劣质资产，避免被扣分。简言之，增量经济下，躺着也能赚钱，存量经济下，躺着也有可能“中枪”。例如，当实行负利率政策的经济体越来越多时，投资标的的选择除了考虑资产类别之外，还需要考虑币种，即未来哪些币种会存在负利率的风险？

当前，核心资产价格已经有了较大涨幅，尤其是在2020年“大放水”的背景下。不过，当这些得益于流动性溢价回落的投资标的价值被充分挖掘之后，究竟还存在多大空间呢？这就需要评估，关键是如何对未来的发展趋势进行预期。

我的判断是，未来全球经济下行压力仍大，经济复苏需要有效的财政政策。而大部分国家只能采取货币政策，因为财政政策会增加债务，且大部分西方国家的债务水平已经到了上限。降息或量化宽松，都属于总量政策，对当前各国长期形成的结构固化问题难以奏效，而由此带来的无风险利率下行，对于核心资产（或安全资产）的估值水平提升反而是有利的，对于风险型资产的估值却无多大影响。

最后，我想再强调一下，包括美国在内的诸多国家采取降息或扩表政策，都难以改变全球经济下行的趋势，更难以改善越来越严峻的结构性矛盾。例如，智利首都的暴乱，起因只是地铁票价上涨了30比索（约0.3元），但根源却是高达0.5的基尼系数。这两年来，贸易纷争不断，其实质就是国内矛盾的外部化，导致货物流动性进一步衰减。

因此，配置核心资产的逻辑，除了看好其超额收益之外，也是一种避险需求。而且，钟摆是不会到了中间就停下来的，回归均值之后，还有可能继续向上偏离均值。

货币政策究竟如何影响股价*

货币政策对股市的影响在减弱，主要原因有两个：一是随着M2存量不断扩大，反映货币政策变化的增量对存量的影响逐渐减弱；二是更多金融创新工具的运用产生了缓冲股市波动的作用。

货币政策调整会影响货币的流动性，即改变货币的流量和流向，进而扰动商品和资产的价格。我们主要从货币政策工具运用对流动性的影响角度，探讨货币政策变化与股票价格波动之间的相关性。

货币供应量变化对股价影响趋弱

虽然货币政策工具非常多，但调控不外乎从两个方向发挥作用，一是价格即利率，二是数量即货币流动性，且量与价之间又相互关联。通常说，货币政策趋松，则货币供应量增速加快或利率下行；反之，货币供应量增速放缓或利率上行。一般而言，前者有利于股市上涨，后者则致使股市下跌。

不过，研究货币政策对股价的影响存在一定难度，原因在于货

* 原文发表于《中国金融》2017年第17期，唐军为本文共同作者，本书对部分数据和内容做了更新。

币政策总是逆周期的，货币政策宽松是因为经济下行压力大；反之，则因为经济已经企稳回升。定量分析货币政策对股价的影响程度，尤其是单一地以基准利率调整来判断股市走势更难，原因可能有两个：一是货币当局对利率调整的频度较低，即对价格工具运用的频度远低于数量工具；二是我国利率市场化程度有一个逐步提高的过程，单一地用基准利率波动曲线与股市的市盈率（P/E）波动曲线做比较的意义不大。

因此，大部分研究者更喜欢用货币供应量的变化来分析其与股价的相关性并预测股市走势。我们认为货币超发现象（M2 增速与名义 GDP 增速之差长期大于零）之所以没有导致 CPI 的大幅上涨，是因为金融业和房地产业等吸纳了大部分超发货币。

我们把费雪方程式做了变换，即：

$$MV=PQ=P_1Q_1+P_2Q_2+P_3Q_3+P_4Q_4+\cdots\cdots$$

其中，M 表示货币供应量，V 表示货币流通速度，P 表示总体价格水平，Q、Q_1、Q_2、Q_3、Q_4 ……分别代表最终产品和服务数量、一般消费品和一般服务数量、高收入群体购买的奢侈品和奢华服务数量、金融资产的数量、实物资产（主要为房产）的数量等，而 P_1、P_2、P_3、P_4 ……都是与之对应的价格。

通过上述的公式变换，大致可以解释中国货币超发但并未引发 CPI 大幅上行的原因：一方面，日益扩大的收入差距使得这些货币大多流入高净值群体手中；另一方面，中国从 1990 年开始有了股市和债市，从 2000 年起房地产市场化带来楼市的繁荣，导致 Q_3 和 Q_4 的规模大幅上升，从而造成大量的货币流向金融市场和房地产市场。

那么，货币供应量增速与股市的估值水平之间的关系究竟如何呢？不少研究者曾分别用 M1（狭义货币）或 M2 增速变化来预测 A 股市场的估值水平变化趋势，但从实际结果看，M1 增速与市盈率波动之间的拟合度要好于 M2 增速。我们也曾对反映定期存款活期化速度的△ M1（M1 增速 – M2 增速）与 A 股市盈率变化做过相关性分析，尽管在当时看用△ M1 拟合的效果要好于 M1 增速或 M2 增速，但如果把观察时间延伸至今，便会发现近年来无论是 M1 增速还是△ M1，都与 A 股市盈率之间的相关性趋弱（见图 1.1）。

由于上证综指受银行等大盘股影响较大，市盈率被低估，而深证成指受到的相对影响较小，所以在图 1.1 和图 1.2 中我们用深证成指的市盈率代表市场平均市盈率水平。

从图 1.1 和图 1.2 中不难发现，2010 年以后，无论是 M1 增速还是△ M1，它们与深证成指市盈率的相关性均有所减弱，如 2015 年上半年股市大幅上涨时，M1 增速和△ M1 均未见明显变化，而在股灾后的几个月内大幅攀升，或许与股灾期间央行释放大量短期流动性货币有关。

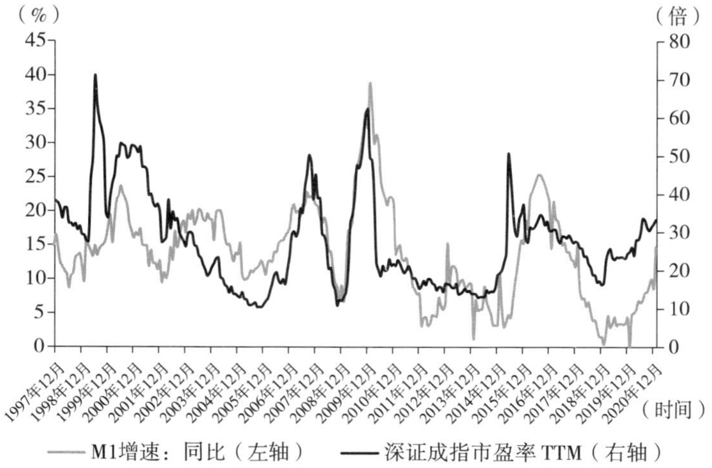

图 1.1　M1 与深证成指市盈率

资料来源：Wind，中泰证券研究所。

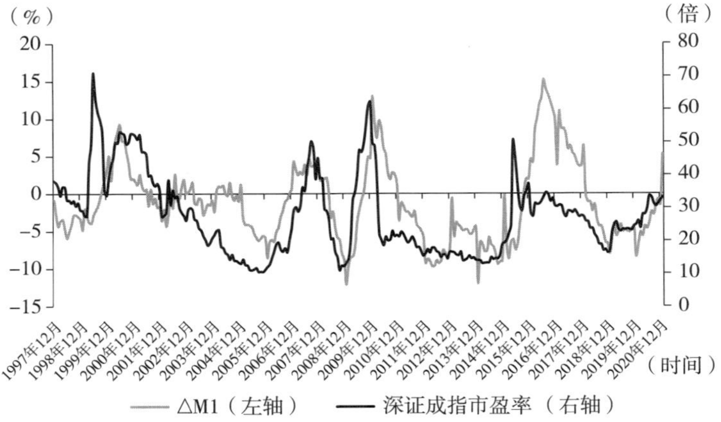

图 1.2　△ M1 与深证成指市盈率

资料来源：Wind，中泰证券研究所。

那么，为什么 M2 增速与 A 股市盈率之间的相关性会更加趋弱呢？这或许与近年来银行表外业务蓬勃发展有关。如非保本型理财产品之所以会快速发展，主要是因为银行可利用其表外属性达到规避信贷规模、存贷比等考核指标。银行理财产品的扩容与发展，使得银行存款月度波动加大，M2 指标对整体流动性的指向意义有所下降。根据中国理财网的数据，非保本理财产品余额规模增长迅速，与 M2 的比值从 2013 年底的 6% 上升至 2017 年年中的 15% 左右。而且非保本理财产品余额的数据在年末和半年末可能是被低估的，因为受制于贷存比考核，银行通常将理财产品募集期或到期日集中安排在月末或季末。

2017 年 5 月和 6 月的 M2 增速均低于 10%，这显然与 2017 年以来金融监管力度加大有关，金融监管主要针对银行的表外业务、金融机构的同业业务及房地产贷款业务三个方向，引导资金“脱虚向实”，这使得上半年出现了银行新增贷款增速不减但 M2 增速明显回落的现象（见图 1.3）。

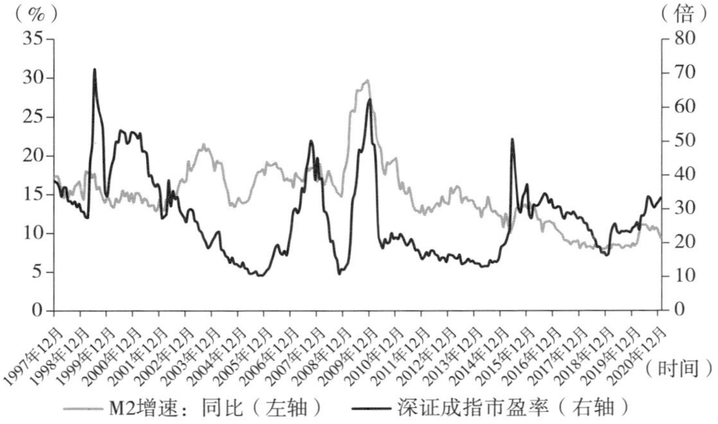

图 1.3　M2 与深证成指市盈率

资料来源：Wind，中泰证券研究所。

如果说前些年金融创新的蓬勃发展使得货币分流到各种金融产品的规模扩大，并导致货币规模的变化与股价间的关系弱化。那么如今金融监管的加强对股市而言又是一个新变数，即股市的市场属性趋弱，调控的痕迹趋强，所以通过货币供应量的变化来预测股市走势就更难了。

创新工具运用下货币政策对股市影响进一步趋弱

传统的货币政策工具主要有基准利率、存款准备金率、再贴现率和公开市场操作等，如今，SLF（常备借贷便利）、MLF（中期借贷便利）、PSL（抵押补充贷款）等工具的使用频率也越来越高，它们的作用和影响不容忽视。近年来，基准利率和存款准备金率调整的频率越来越低，更多的是通过公开市场操作调控市场利率水平和流动性。

例如，在人民币升值预期较高的阶段，央行通常采取持续提高存款准备金率的方式来应对外汇占款过多带来的流动性泛滥，同时，也采取公开市场操作来回笼资金。从实际结果看，公开市场操作回笼和投放资金的数量级别并不亚于提高或降低存款准备金率。

2008 年以前，央行持续净回笼资金，而 2012 年以后主要是净投放资金，目的是对冲外汇占款增速放缓甚至是减少对 M2 的影响。尤其在 2014 年以后，随着人民币贬值预期的上升，外汇流出加速，货币政策需要顾及的面就更广了，这也在某种程度上弱化了货币政策对股市的影响。

2013—2015 年，SLF、MLF 和 PSL 等新的货币政策工具对货币的投放和回笼发挥了越来越重要的作用，而这些新工具的应用可能会进一步降低一些指标的历史数据的前后可比性。

多维度分析货币政策对股市的影响

单一的货币政策指标似乎很难呈现出与股市较稳定的规律。因此，我们设计了“中泰时钟”，从多个维度并综合多个指标，通过繁杂的数据处理和量化模型，构建了货币政策的综合指标，构建方法如下。

从多维度的分析框架出发，“中泰时钟”综合考虑货币政策的各种指标，根据指标的重要程度和对股市、债市等资产价格的影响大小赋予不同权重来构建综合指标。

分别从量（货币供应）和价（利率水平）两个方面构建综合指标来刻画货币政策环境。

货币供应综合指标主要通过 M1、M2、信贷、外汇占款、银行总负债、社会融资总额等指标构建；利率变化综合指标主要从基准利率、再贴现率、同业存单利率、银行间同业拆借利率和质押式回购利率、交易所回购利率、SLF 和 MLF 利率等指标来构建。

除了考虑存量的同比增速指标外，还要计算和应用增量指标。如果从余额数据来看，2005 年以来，M2 余额与 GDP 的比值一直是比较平稳地上升，这反映了期间货币总体是超发的，但比较难反映不同时期货币供应的差异。而通过计算 M2 的增量与 GDP 增量的比值，则能比较清晰地反映货币供应力度的变化。

在构建综合指标时，既要消除季节性和异常值的影响，又要保持指标灵敏度。

考虑到股票市场的有效性，股价通常已经反映了投资者对货币政策的预期，而只有当货币政策发生超预期的变化时，才容易对股价产生影响。因此，相对于指标值本身，“中泰时钟”更重视指标值的变化。

经过检验发现，货币供应综合指标领先上市公司业绩 3~4 个季度，即当期指标值与之后第 3 期或第 4 期上市公司 ROE（净资产收益率）中位数的变化呈现明显的正相关关系，相关系数超过 0.5。而指标值与股价表现的领先性和相关性都明显较弱（见图 1.4）。

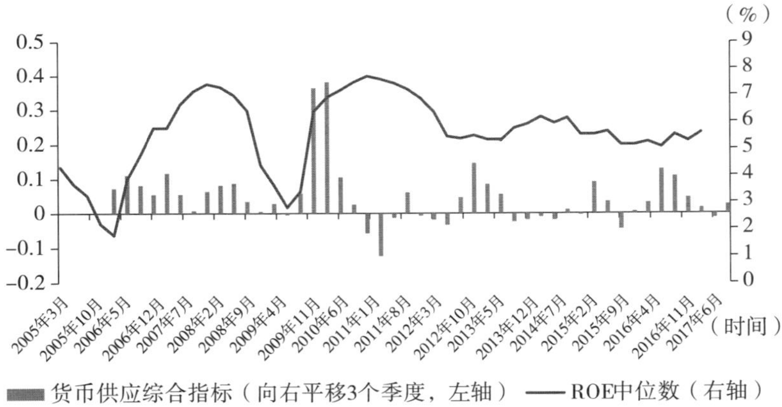

图 1.4　货币供应综合指标与 ROE 中位数

资料来源：Wind，中泰证券研究所。

虽然利率变化综合指标与股价变化之间并不是一一对应的关系，但却有一个比较明显的规律：几次大牛市的起步期，利率变化综合指标值均为负，即利率在下行。但利率变化综合指标为负并不一定意味着牛市，也就是说，利率下行是牛市启动的必要非充分条件。这或许可以说明 A 股市场的牛市主要靠资金驱动，需要利率下行、资金面宽松来配合，而到牛市的中后期，市场情绪高涨，利率指标的作用似乎就不那么重要了。

通过上述分析，我们大致可以得到以下结论：第一，在2010年及之前，货币供应量变化与A股市盈率之间存在较明显的相关性，尤其是M1增速或△M1与深证成指市盈率的相关度更高，这或许是因为2010年及之前，无论是M1还是M2的增速都比较高，增量对存量的影响较大。2011年及以后，M1和M2的增速均出现了回落，尤其是M2增速的回落更为明显，这也意味着，随着货币存量的不断扩大，增速对存量的影响开始变小，且随着房地产市场和银行、信托、保险等理财产品市场规模的扩大，增量货币的流向也出现了从集中到分散的过程，使得股价受货币供应量的影响不断弱化。

第二，随着2013年以后央行推出了SLF、MLF和PSL等新的货币政策工具，货币政策逐步从相对粗放转为相对精准，对货币政策的评判也需要多重指标综合考察。研究表明，货币供应综合指标领先上市公司业绩3~4个季度，但与股价表现的相关性偏弱。

第三，从今后看，货币政策对股价的影响会进一步趋弱，原因在于：一是货币存量越来越大，增量占比越来越小；二是随着国内的资本存量越来越大，如房地产、债券、银行理财等的市值越来越大，增量货币的流向也越来越分散，所以对股市的影响力也不断减弱；三是随着股市规模的不断扩大，决定股价的主要因素也逐步移向“自身价值”而非供需关系，这也可以从2016年以来深圳的中小创板块价格不断创新低这一现象得到印证。

总之，随着A股市场机构投资者比重的增加以及境内外股市双向开放度的提高，A股价格回归理性估值的长期趋势已经形成，因此，货币政策对股市的影响趋弱。尽管如此，货币政策毕竟会影响资金的价格和流动性，从而影响到资本市场的价格，所以货币政策对股市的影响总是值得研究的。

经济下行压力与股市上行动力*

2020年我国GDP增速为2.3%，在GDP超过1万亿美元的国家中，中国或是唯一保持正增长的国家。此外，不考虑2020年，我国2019年的经济增速仍有6%，纵观全球，GDP超过1万亿美元的国家，几乎没有一个GDP增速能维持在6%以上。我发现，大家对经济下行都很忧虑，但为什么其他国家的GDP增速远不及中国，投资者反而比较乐观呢？

经济晴雨表还是经济质量晴雨表

很多个人投资者都会抱怨股市走势，说经济增速那么高，但股市表现却那么差，股市作为经济晴雨表的功能没有发挥出来。显然，这类抱怨是不够专业的。

首先，我国经济增速已经持续10年回落（见图1.5）。

---

* 原文发表于2020年1月，本书对部分数据和内容做了更新。

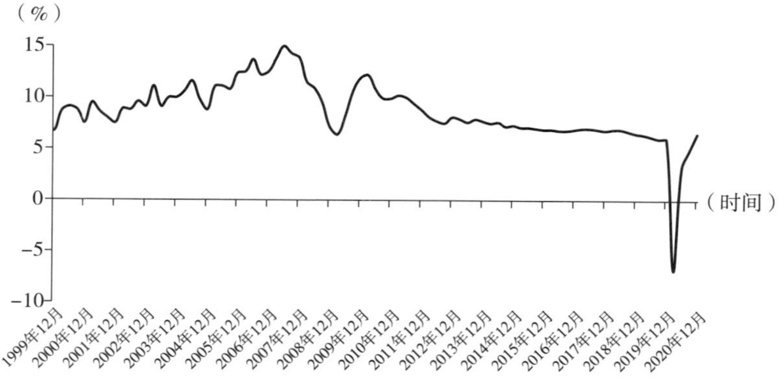

图 1.5 实际 GDP 增速

资料来源：Wind，中泰证券研究所。

其次，GDP 增速的提高，可以通过两个路径来实现，一种是内涵式增长，另一种是外延式扩张。西方发达经济体的增长大部分靠内涵式增长，中国经济则主要靠投资这一外延式扩张来实现，从而使得投资对 GDP 的贡献度远超全球平均水平。

在内涵式增长模式下，增速上行意味着企业的盈利能力改善，从而带动股指上行；在外延式扩张模式下，企业的 ROE 水平未必能全面提升，但企业的数量或规模可以扩大。例如，回到 10 年前，即 2010 年的时候，固定资产投资增速为 24%，税收增速为 23%，但名义 GDP 增速为 18%；2020 年受新冠肺炎疫情影响，固定资产投资增速只有 2.9%，税收增速为负，而名义 GDP 增速则达到 3%。说明尽管经济增速放缓，但投入产出比明显提高了。

此外，股市长期以来表现不佳的一个重要原因是股市在过去相当长的时间内，估值水平一直过高，存在估值水平回归的情况。例如，即便在 2005 年末，上证综指跌破千点大关时，沪深 300 的市盈率中位数仍在 20 倍左右，与全球股市相比，并没有被显著低估（见图 1.6）。

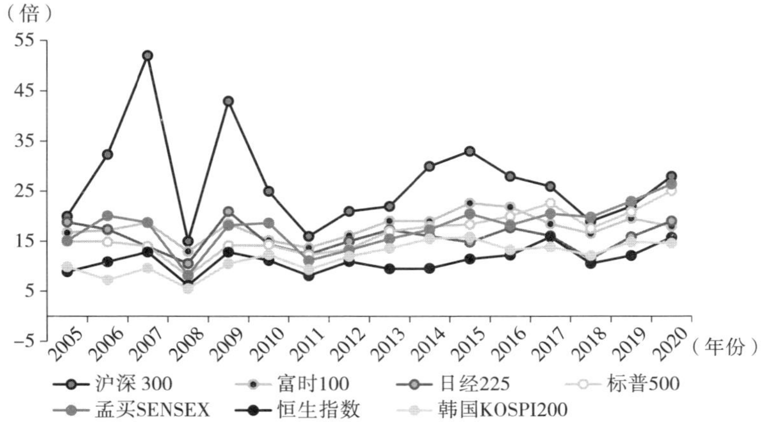

图 1.6　全球主要股指成分股的市盈率中位数

资料来源：Bloomberg，Wind，中泰证券研究所。

从图 1.6 可以看出，全球主要股市的估值波动并不明显，而沪深 300 估值的市盈率中位数下限基本在 20 倍上下，明显要高于其他市场指数的市盈率中位数。但市盈率中位数的上限则变化较大，从 50 多倍到 30 多倍不等。也就是说，A 股市场在过去 15 年的大部分时间里，都是处在高估值状态（中证 500、中证 1000 估值的中位数水平更高）。

因此，股市作为经济晴雨表的功能，过去在中国难以发挥的另一原因是整体估值太高。不过，这种现象正在逐步消失，至少从沪深 300 指数来看，2018 年以后就不太明显了。A 股市场估值明显下降，沪深 300 的市盈率中位数与国际主要指数基本接轨；中证 500 处于均衡带的上沿，但考虑到成长性的相对优势，其动态估值应该属于合理状态。而中证 1000 指数则仍然偏高。

从经济结构看，过去在“三驾马车”中，投资（资本形成）的占比大约是全球平均水平的两倍，如今已明显回落，消费的比重则大幅上升。同时，以大市值为主的沪深 300 股票的 ROE 中位数水平，这些年来并没有随 GDP 增速的回落而同步下降，说明大市值公司的质量提升比较显著（见图 1.7）。

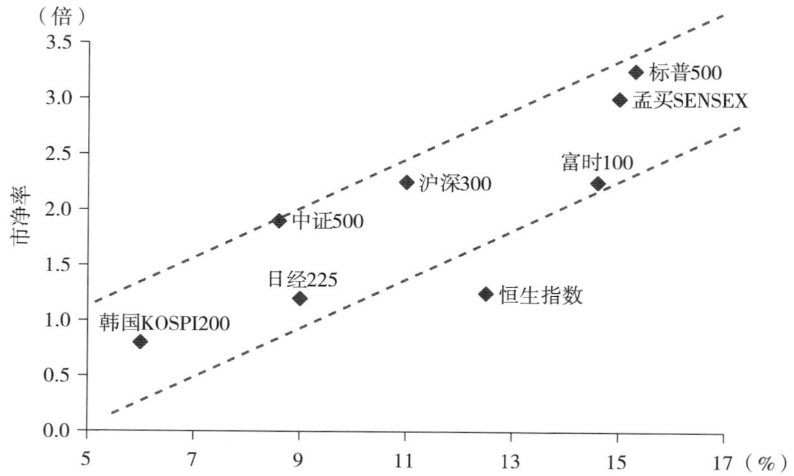

图 1.7　全球主要股指市净率和 ROE 中位数

资料来源：Bloomberg，Wind，中泰证券研究所。

换言之，我相信今后股市的经济晴雨表功能可以逐步发挥出来。

虚实之间：股市成为最佳交汇点

从 2016 年开始的“三去一降一补”，对金融领域而言，就是要降低杠杆率，收缩银行的表外业务，这一过程，就是要让经济“脱虚向实”。不考虑 2020 年受新冠肺炎疫情冲击被动加杠杆的情况，过去 3 年金融杠杆率水平确实下降了，而实体经济总体过剩的现象还是没有从根本上改变。

例如，过去 30 多年来，我国广义货币占 GDP 比率相对 1990 年的累计变化值一直在上行，直到 2017 年以后，才转而向下，说明信用开始收缩，这或许与我国股市从 2017 年以后中小市值股票的估值水平开始大幅下移有关（见图 1.8）。

图 1.8　绩差股组合在 2017 年后大幅回落

资料来源：Wind，中泰证券研究所。

我曾在 2017 年撰文《脱虚未必向实：这次去杠杆真的不一样吗》，认为实现脱虚向实的前提是存在巨大的有效需求，如果实体经济仍是过剩的，投资回报率低于金融地产领域，那么资金为什么要流向实体呢？

过去 10 年里，国家先后有过 4 次去杠杆，第一次是在 2010 年，也是经济增速回升的第 2 年，同样可以视为加强监管的一个时间窗口：2010 年 8 月，国务院发布了《国务院关于加强地方政府融资平台公司管理有关问题的通知》，就加强地方政府融资平台公司管理做出具体部署，要求各地财政部门在 10 月 31 日前上报地方政府融资平台公司债务清理核实情况。第二次是在 2013 年上半年，央行为整治银行“非标”产品而采取的去杠杆行动，但终因发生了“钱荒”半途而废。第三次则是在 2015 年下半年，对股市两融业务去杠杆，创新业务的步伐大大放缓，之后股市大跌。第四次，即 2016 年以后这轮去杠杆的持续时间最长，但在去杠杆的表述和实施上，已经从过去简单的“去杠杆”，变为“结构性去杠杆”，再改为“保持宏观杠杆率基本稳定”。

为什么去杠杆的过程会屡屡遇到难题呢？从“钱荒”到“民企纾困”，本质原因还是不希望去杠杆而引发金融风险。也就是说，去杠杆的约束条件就是不能触碰“风险底线”，所以“脱虚向实”遇到的两大难题，一是“实体”的有效需求不足，导致资本的流入意愿不足，二是“脱虚”会引发金融风险。

事实上，从2018年第四季度以后，我国在政策层面采取了支持民企发展，推进科创板和注册制改革，稳定股市等举措，其中，科创板已于2019年开板，注册制也于2020年在创业板试行。因为股市与实体经济紧密相连，所以民企的融资成本与资本市场的估值水平也有很大相关性。

当2018年12月上证综指跌破2 500点之后，股市的各类融资风险开始加大，如不少企业的股权质押融资面临平仓压力、新发行股票受限等。唯有让市场恢复元气，提升估值水平，才能使风险降低。因此，2019年习近平总书记提出了“经济是肌体，金融是血脉，两者共生共荣”的观念。

境外和境内：估值水平决定配置需求

2019年开始的这轮股市上涨，增量资金主要来自外资，从直接原因看，A股被纳入MSCI指数（由摩根士丹利国际资本公司编制的跟踪股票表现的指数），使得外资对A股的被动需求上升。但我认为，更大的需求还是由于2019年初股市下跌使得A股市场中有很大一批股票已经具有很高的投资价值，因此受到境外资金追捧。

到2019年末，海外投资者通过陆股通和QFII（合格境外机构投资者）持有A股市场股票的市值已经超过股票型公募基金的总规模，境内投资者通过港股通和 QDII（合格境内机构投资者）投资海外资本市场也接近这一规模。A 股市场的表现与海外市场的联动性明显增强，沪深 300 指数与标普 500 指数的相关系数整体呈现抬升趋势。

从未来看，境外资金投资 A 股市场的总市值占比还有很大的增长空间，2019 年仅为 3% 左右，占流通市值比例也只有 3.5%，至少有 3 倍以上的提升空间。如在亚洲主流股市中的中国香港、韩国、印度等的外资占比都在 20% 以上。

目前发达经济体纷纷减息，不少经济体步入负利率时代，中国经济增速高且稳定，政府管控能力强，汇率稳定，股市和债市的估值水平也较为合理，对境外投资者更有吸引力。在实体经济中的中低端产业外流背景下，我国更需要鼓励资本项下的外资流入，来获得外汇的平衡。

因此，外资流入 A 股市场，既有境外的巨大需求，又有国内政策层面的优厚供给。中国资本市场作为全球第二大市场，与中国经济作为全球第二大经济体一样，都应该吸引大量外资流入。但外资流入中国实体产业的规模，远大于流入资本市场的规模。今后，外资在中国资本市场上的影响力必然会越来越大。

此外，A 股市场上国内资金的流入也会有加速的趋势，不仅有社保、企业年金和职业年金、保险、银行理财子公司等机构投资者增量资金的流入，而且还会有个人投资者的配置需求提升带来的资金流入，原因是股市的估值水平相对合理，而楼市的估值水平过高。

从资产配置的角度看，估值水平高低是决定配置比例的最重要依据。对境外投资者而言，中国市场的投资收益率具有吸引力；对于境内投资者而言，股市或债市的估值水平，明显低于楼市。这就是今后 A 股市场值得被看好的理由。

既然谈到估值水平，那就需要对 A 股市场的估值水平进行分门别类。与国际市场比较来看，国内大部分股票的估值水平仍然偏高，主要是小市值股票，如市值排名后 50% 的股票，2020 年末市净率中位数尽管已经大幅回落，但仍有 2.7 倍，明显高于其他主流股市 2 倍以下的市净率。

当中国经济增速持续下行，分化已经成为趋势时，大部分行业的集中度都在提高，提升最明显的行业有：房地产、信息技术、医疗保健、必需消费品、可选消费品等。这意味着今后小公司翻身的难度越来越大，其估值水平还将进一步下降。

由于大公司在指数中的权重大，尽管小市值股票的价格仍会下跌，但今后的退市率会上升，在优胜劣汰的趋势下，指数会保持上升。总体而言，今后 A 股市场将持续结构性的行情，即少部分股票价格有上升空间，大部分中小市值股票价格没有上升空间，或继续下跌。但这其实也不是 A 股市场的特例，全球股市都一样。

2008—2020 年末，全球的主流股市中，全部股票的中位数涨幅远低于平均数涨幅；跑赢平均数涨幅的股票数占比，绝大部分都不超过 20%；涨幅排名前 10% 的股票的涨幅都很惊人。

第二章
资本市场映射宏观大势与结构变化

记得2006年夏的某一天，我在四川宜宾考察，第二天嘉实基金管理有限公司邀请我在北京做演讲，于是我选择了从泸州云龙机场飞往北京，我在飞机上做PPT（微软公司的演示文稿软件），想好了演讲标题——《寻找拐点还是追随趋势》。因为当时市场步入调整期，上证指数大概从1 700多点回调到1 300多点，不少人认为这轮牛市行情结束了。我觉得不太可能历时半年就出现拐点，这应该是短期调整，向上的趋势没有改变。后来，这轮牛市涨到了6 000点以上。

无论是时代的拐点还是人生的拐点，回过头看都是很罕见的，因此，在大部分时间里，追随趋势的风险很小。例如，国内房地产的这轮牛市也已经持续了20年，中间虽有过调整，但不改大趋势。A股市场虽然被认为是“熊长牛短”，但实际上是人们一种聊以自慰的“错觉”。全球绝大部分股市都是“熊短牛长”，否则指数为什么都是不断上涨的？就连CPI指数也是如此。

作为新兴市场，全A市场的涨幅除了与GDP实际增速基本一致外，同时还与中国经济转型和结构调整相一致。2002年，我与所在的团队成员共同完成《未来蓝筹：中国行业龙头研究》一书的撰写工作，预测了30个行业龙头的未来走势,19年之后再看，发现尽管这些股票的平均涨幅远远超过所有股票的平均涨幅，但基于行业集中度提升的投资逻辑，不如行业盛衰、新旧动能转换的逻辑更能获得超额收益。

预测市场拐点很难，预言何时出现风格切换也很难。但基于资本市场从不成熟走向成熟，从非理性主导转向理性驱动的逻辑不会错，由此也形成了对趋势的基本判断。人类和平时间越长，货币规模就越大，资产和负债总值就越大，全球产能也越来越大。山的后面肯定会有山，却不知中间隔了多少条河流，而我们能体验到的不变趋势，就是经济转型下的价值投资理念越来越深入人心。

相信趋势的力量*

2015年下半年股灾以来，A股市场的结构发生了深刻变化：一方面，以贵州茅台、恒瑞医药等为代表的核心资产走势与估值不断创历史新高，另一方面，多数中小市值股票则步入漫漫熊市。面对这种A股市场历史上罕见的分化，市场一直不乏“风格切换”之说。我没有能力预测市场将如何变化，不过，倒是可以从宏观角度谈谈我对于趋势的认知。

市场如何演变：长期适用形式逻辑，短期适用辩证逻辑

虽然在资本市场从业多年，但我对于股市、债市的波动或者行业公司的变化一直缺乏兴趣，这可能与我长期专注于对宏观经济的研究有关。我对市场的理解是，在不出现全面战争或动乱的前提下，全球绝大多数市场的长期趋势都应该是向上的。这是因为经济总是会增长的，大部分上市公司的市值也应该扩大。

很多投资者一直对A股市场的“熊长牛短”耿耿于怀。但有人计算过，1990—2020年A股市场的年化收益率在21.57%左右，只

* 原文发表于2018年5月，本书对部分数据和内容做了更新。

是由于上证综指严重失真，所以使人们容易被误导。因此，从年化收益率的角度看，A 股市场与全球其他股市相比表现并不逊色；我觉得，作为新兴市场，A 股市场的历年涨幅如果能够跑赢名义 GDP 增速就已经不错了。

当然，过去 10 年 A 股市场的累计涨幅远远落后于美股。原因何在呢？

一是 A 股市场还只是新兴市场，市场各方参与者都不够成熟，制度漏洞较多，而美股属于成熟市场，市场规范度和上市公司的质量等具有明显优势。A 股 2017 年年中纳入 MSCI 指数至今也不过 4 年时间，也就是说，A 股市场作为新兴市场才刚刚获得全球机构投资者的有限认可，要晋级为成熟市场，即便再熬三五十年也十分正常。

二是与中国经济运行的质量有关，尽管中国的 GDP 增速很高，但质量并不高，主要靠投资拉动，这也与新兴经济体的特征有关。比如，尽管中国有些企业规模在全球屈指可数，但在全球配置资源的能力较弱，所以企业的 ROE 就很难提升。

尽管如此，我们还是看到了中国资本市场这些年来的明显进步，无论是市场制度的完善，上市公司治理结构的改善，或者机构投资者比重的上升，还是市场透明度的不断提升，A 股市场估值结构的扭曲度都明显下降。

资本市场不断走向成熟，背后反映了经济社会发展到了一个相对稳定的阶段，例如，计划经济阶段追求总量，改革开放前 40 年追求增量，如今则在反思质量。因此，从长期看，A 股市场的投资理念最终会与成熟市场相一致，即价值投资是全球资本市场的共同理念。

所谓“形式逻辑”，狭义指演绎逻辑，广义还包括归纳逻辑，这里主要是指对估值相对高低的判断逻辑。也就是说，无论是基于价值低估的逻辑，还是基于成长因素的逻辑，只要是被低估的市场或公司，未来都应该会上涨。反之亦然。

从股市发展的历史看，市场经历了很多次牛市和熊市，但对优秀企业而言，其市值的扩大倍数，远超市场规模的扩大倍数，因此，作为一个纯粹的价值投资者，完全可以忽略市场的波动。

但从短期看，市场会不断出现“均线回归”的现象。大部分股市的技术分析指标，如KDJ（随机指标）、RSI（相对强弱指标）、W%R（威廉指标）等，都是基于均线回归理论发出的买卖信号。通俗地讲，就是涨多了要跌，跌多了要涨，这就是所谓的辩证逻辑。

但均线回归改变不了长期趋势，更反映不了经济社会和资本市场基本面正在不断改变的大趋势。

记得早些年的股市，大家都在纠结为什么会长期存在“深强沪弱”问题，也都会感叹A股与H股之间存在巨大价差问题。如今，已经没有人再提“深强沪弱”，大市值的A股和H股之间的价差也呈现出不断收窄的趋势。因此，再去讨论是否会出现“风格切换”问题，我觉得有点像“刻舟求剑”，毕竟这么多年来投资者结构和监管环境都在发生着深刻的变化。

思维决定回报率：博弈还是配置

我曾参加过一个圆桌论坛，其中一位嘉宾提出了一个很有意思的观点：这些年来保险资管在权益市场上的投资回报率总体优于券商自营，原因在于前者是资产配置思维，后者是博弈思维。

尽管我没有考察过券商自营的投资模式是否都属于博弈，也不清楚它的总体投资回报率是多少，但我认同博弈不可能长期获得高回报的判断，即所谓的十赌九输。

有一个调查统计显示，A股市场的投资者中有70%亏损，20%赚钱，10%持平。这样的调查结果未必客观，但至少可以得出A股市场投资者整体亏多赢少的结论。这似乎与A股市场的历史总回报率水平不相一致。

投资者亏损的主要原因不是长期持有，而是频繁交易，即博弈。有数据表明，A股市场的换手率在全球主要股市中排名是最高的，尤其是在2015年，A股市场的交易额超过全球股市交易额的1/3。频繁交易不仅大量增加了交易成本，而且投资者一般都是采取“追涨杀跌”的模式，由此形成了“交易越多—亏损越多—交易越多”的恶性循环，陷入类似于赌徒的处境。

反观日本和德国的股市，从换手率这个角度看，这两个国家都是非常低的，反映出这两个国家的投资者对于博弈的兴趣不大。

从配置的角度做投资，为什么能获得更高的收益率呢？首先，它属于中长期投资，可以降低交易成本；其次，通过大类资产配置容易选取有前景的行业，所以投资有机会跑赢市场；最后，配置低估值的投资标的，在逻辑前提不发生根本变化的情况下，短期来看，如遇到熊市，未必能获利，但长期应该能获利。

由于保险资金规模大，且属于长期资金，管理人反而放弃了博弈思维而专注于长期投资。长期投资的思路一定是形式逻辑，因为它忽视了市场波动因素；博弈思维多为辩证逻辑，因为它关注价格的短期波动，目的是获得短期价差。

记得查理·芒格说过一句话，“在这个国度，有太多人相信运气和赌博”。相信运气和赌博，实际上就是在喜欢博弈的同时又不去考虑概率。这也许就能够解释为什么A股市场的投资者会亏多赢少了。

趋势的力量

就资本市场而言，我相信价值投资是大趋势；就中国经济而言，我相信经济增速的下行与经济质量的上行是大趋势；就宏观经济政策而言，开放度的不断提高是大趋势。

趋势一旦形成，应该有一个长期延续的过程。只是在不少情况下会出现反复，于是有人便误认为趋势不再延续甚至是被逆转了。在人类开展研究的过程中还存在天生的缺陷，就是研究时段受制于生命的短暂。如假定中国股市从一个散户时代到一个由机构投资者主导的时代需要经历 70 年，但研究者可能还未观察到由机构投资者主导时代的出现便过世了。

例如，库兹涅茨的“倒 U 曲线”理论是指，在经济发展过程开始的时候，尤其是在国民人均收入从最低上升至中等水平时，收入分配状况先趋于恶化，继而随着经济发展逐步改善，最后达到比较公平的收入分配状况，形成倒“U”形走势。但他观察的时段只是从 20 世纪初到 20 世纪五六十年代这一段异常的历史时期，其间贫富差距和财富股票 (相对于国民年收入) 大幅下降。然而，从 20 世纪 70 年代开始，财富股票及贫富差距一直在上升，回到了 20 世纪前的水平。中美两国作为全球两个最大的经济体，近年来基尼系数都出现了上行趋势。

美国股市从散户时代到由机构投资者主导的时代，大约经历了 70 年。可见，资本市场从创立到走向成熟都需要经历很长时间，然而趋势是不会改变的。

这些年来 A 股市场的开放度明显加大，体现出“后发优势”；而且股票的换手率也明显下降，随着港股通的交易逐步活跃，两地的投资理念也出现趋同化现象。而且，随着保险、社保等机构投资者比重的提升，投资趋向长期化。

但与成熟市场相比，差距依然巨大。这一差距从全球投资人的资产配置比例中就可以看出来。2018 年 A 股被纳入 MSCI 指数体系时，股票总额只占 MSCI 新兴市场指数权重的 0.73%，2019 年这一比例提高至 3.33%，如果把成熟市场也合在一起，估计权重就更低了。

不少人问我，在进行全球资产配置时应该配什么，我觉得当然应该配置美股，尽管它已经经历了10年牛市。与买股票要买行业龙头一样，美股是全球资本市场的龙头，而且其龙头地位在未来50年估计也难以被撼动。

我认为中国经济增速的下行是一个没有悬念的历史演进过程。增速下行是诸多因素合力的结果，如体量越来越大、经济结构面临调整、劳动年龄人口在不断减少、全社会杠杆率水平已经与美国相当但人均GDP在全球仅排70位左右等。

不过，经济增速下行并不是问题，问题在于经济运行的质量。在国家大力提高直接融资比重的大背景下，间接融资占GDP比重一定会有所下降。在此大趋势下，经济质量有望提高。与银行相比，证券及与人口老龄化相关的保险可能相对更容易被看好。

传统的周期类行业也缺乏继续被看好的逻辑，因为通过基建或房地产刺激政策带来的投资增长，最终的增速都是要回落的。而质量的提升应该来自消费对GDP贡献率的提升，消费的亮点应该在消费升级，就如制造业投资的亮点在高端制造一样。

观察当下的诸多传统产业，无论是服务业中的金融和房地产行业，还是制造业中的家电、汽车行业，或者中游的钢铁、水泥行业，都出现了行业分化和集中度提升的趋势，说明传统产业的未来龙头或能给予更高的估值空间。

趋势的力量之所以强大，是因为它合乎逻辑。比如，中国当前劳动人口的数量，大约在20年前就已经明确了——出生率和死亡率决定未来人口年龄结构。那么，未来中国能超越美国成为全球最强的经济体吗？至少从人口结构来看很难。据估计，到2050年，中国劳动年龄人口数量将减少2亿多，而美国总人口数量将增加1亿，且平均年龄大约比中国小10岁。

因此，21 世纪大概率仍将是美国的世纪，而中国要实现伟大复兴，只有不断提高开放程度。因为在当前出口规模稳居全球第一的情况下，我们仍面临着产能过剩的压力。

回顾日本、韩国在二战后的崛起，它们都是通过大量高端产品出口和资本输出而成为发达国家的。也就是说，中国要想成为发达国家，除了要具备高端制造优势外，还需要输出资本。这就注定中国需要一个全球化的环境，同时，也需要以更加开放的政策来争取开放的全球经济和政治环境。

因此，我认为今后不管中美经贸关系如何演绎，都不会让中国再回到闭关自守的老路。毕竟时代不一样了，开放是大趋势，只有顺应趋势，才有机会复兴。

蓝筹的力量究竟有多大——让岁月来验证*

2002 年，我们策划让每个行业的研究员都推荐一个未来能够成为行业龙头的蓝筹企业，它未必是行业内规模最大的企业，但一定是行业内最具竞争力的优秀企业。于是，拥有当年券商中最强行业研究阵容的国泰君安研究所共推出 30 个行业的 30 家企业，并将它们汇编成书——《未来蓝筹：中国行业龙头研究》。近 20 年过去了，这 30 家“未来蓝筹”企业的表现如何，通过追踪这些企业的发展历程，对我们寻找“真正的蓝筹”和对如何提高投资回报率应该有所启发。

今日蓝筹未必能成为明日蓝筹

《未来蓝筹：中国行业龙头研究》一书的目录上共出现了 30 个行业和对应的 30 家被推荐的企业，其中唯一没有上市的是华为，当年它的实力就已经超过中兴通讯，如今，它依然是电子通信行业当之无愧的龙头。如 2002 年华为的营业收入为 221 亿元，到 2019 年就达到了 8 588 亿元，增长了 3 786%。

---

* 原文发表于 2017 年 11 月，本书对部分数据和内容做了更新。

在已经上市的29家推荐企业中，缺少保险和房地产两个行业的龙头股推荐，可能是这两个行业的研究员当时没有及时提交报告。大致统计一下，近20年后被选对的行业龙头上市公司有10家，分别为海螺水泥（建材业）、招商银行（银行业）、北方稀土（稀土业）、中集集团（金属制品业）、青岛啤酒（啤酒业）、振华重工（专用设备）、联想集团（电脑制造）、中芯国际（集成电路制造）、晨鸣纸业（造纸业）、宝钢股份（钢铁业）。如果加上华为，则30个行业中研究员选对的行业龙头的占比达到40%，虽然准确率并不高，但还算过得去（见表2.1）。

表2.1　《未来蓝筹：中国行业龙头研究》中的企业在2002—2021年涨幅

《未来蓝筹：中国行业龙头研究》中的企业	当前名称	2002—2021年涨幅（%）
深圳华为：中国IT业的翘楚	华为	营收增长38倍左右
五粮液：品牌经营的成功典范	五粮液	8 877.47
海螺水泥：成长中的中国水泥业巨人	海螺水泥	3 603.73
招商银行：零售业务优势明显	招商银行	2 325.76
青岛海尔：走向世界的家电巨头	海尔智家	1 872.62
北方稀土：稀土资源得天独厚 龙头地位不可动摇	北方稀土	1 725.60
青岛啤酒：领导中国啤酒产业的整合	青岛啤酒	1 634.94
沪杭甬高速：增长前景广阔	浙江沪杭甬（H股）	746.07
同仁堂：传统中药的象征	同仁堂	652.20
中集集团：世界最大的集装箱制造商	中集集团	494.31
晨鸣纸业：中国民族造纸业的脊梁	晨鸣纸业	365.25
宝钢股份：中国钢铁之中流砥柱	宝钢股份	331.58
联想集团：引领中国计算机产业发展	联想集团（H股）	307.97
上海建工：构建辉煌	上海建工	286.81
中石化：资源优势大 改革路尚远	中国石化	278.35
首旅股份：演绎大型旅游企业主流发展模式	首旅酒店	262.37

续表

《未来蓝筹：中国行业龙头研究》中的企业	当前名称	2002—2021 年涨幅（%）
光明乳业：快速成长的中国乳业巨头	光明乳业	258.52
友谊股份：中国连锁商业旗舰	百联股份	230.50
振华港机：世界集装箱起重机械龙头	振华重工	212.01
鲁泰 A：迅速成长的色织布大王	鲁泰 A	164.14
东风汽车：东风动力 成长之源	东风汽车	109.91
天威保变：稳步发展	保变电气	94.00
华能国际：亚洲最大的独立发电公司	华能国际	58.46
歌华有线：中国城域有线网企业龙头	歌华有线	55.95
天药股份：亚洲最大的糖皮质激素原料药生产商	天药股份	47.65
东方航空：国内航空运输领域三大巨头之一	东方航空	39.13
哈药集团：向世界制药 50 强挺进	哈药股份	19.81
中芯国际：中国 IC（半导体元件产品）产业的新希望	中芯国际（H 股）	6.87
四川长虹：转型之中的彩电巨头	四川长虹	–11.36
广州日报报业集团：中国报业巨头	粤传媒	–58.63

注：涨跌幅数据统计时间为 2002 年 1 月 1 日至 2021 年 01 月 31 日。

之所以有 60% 的行业龙头被错判，原因在于企业未来变化存在不确定性。以白酒行业为例，当年五粮液的销量远大于茅台，其管理层的战略布局也做得风生水起。从消费者的口味看，当时国内大部分消费者还很难接受酱香型白酒。但当若干年以后茅台的“官酒”地位被确立之后，剧情就发生了逆转。

大部分研究员在寻找未来行业龙头的时候，都是基于这些上市公司当时在全行业中的发展势头，也就是说，这 30 家企业在 2002 年便是当时的行业明星。如：白色家电生产企业青岛海尔（现更名为海尔智家股份有限公司），当时的发展势头非常猛；彩电巨头长虹虽然遇到了竞争对手，但研究员仍对其转型寄予了很大期望，毕竟它过去的辉煌业绩给大家留下了深刻印象。但谁能料到格力、美的两家民营企业能一路过关斩将，成为国内家电行业的两大巨头。

寻找未来行业龙头不仅难度大，也考验行业研究员对行业潜在龙头的辨析能力。我曾经在自己写过的一篇文章《你买的只是你想象中的未来》中也提到了这本书，因为未来是不确定的，你认定的龙头是否能成为真正的龙头，可以用时间去证伪，然而市场往往在时间还没有来得及证伪之前，就已经推选出未来的“行业龙头”了。因此，从短期看，即便你推选出一个错误的行业龙头，只要市场认同，也可以享受到龙头的溢价。

究竟什么样的行业龙头才值得重仓

如前所述，近 20 年后被证明是行业龙头的股票有 10 只，但涨幅却大相径庭，如海螺水泥的股价涨了 36 倍多，招商银行的股价涨了 23 倍，但中芯国际（H 股）的股价涨幅仅为 6.87%，联想集团（H 股）的股价也只上涨了 307.97%，这说明，投资不同行业的龙头企业，其投资回报率差异巨大。

那么，究竟什么样的行业龙头企业的股票才值得长期持有呢？从 2002 年国泰君安行业研究员推荐的、获得高回报的股票中可以发现，值得长期持有的公司分以下几个类型：

第一，产品具有独特品牌优势和资源稀缺的上市公司。尽管五粮液和同仁堂这两家公司都没有成为行业龙头，但也获得了高回报。比如，五粮液目前虽然不是白酒业的行业龙头，但在过去近 20 年其市值扩大了 58.6 倍，如果再加上这些年的累计分红，收益额达到 391 亿元（同期茅台为 971 亿元），对投资者的综合回报也非常可观。

又如，中药行业的龙头目前来看应该是云南白药，但同仁堂也获得了6倍的涨幅。在A股市场，只要是拥有传统民族品牌的上市公司，都无一例外地具有投资高回报的特征，如五粮液、贵州茅台、泸州老窖、云南白药、同仁堂、东阿阿胶、片仔癀、广誉远等，这或许可以说明，高回报主要来自品牌所拥有的无形资产价值，经营管理所创造的价值并非最重要。

第二，具有较大行业发展空间的龙头或次龙头企业受益。水泥行业中的海螺水泥、家电行业中的海尔智家都是行业的龙头或次龙头，涨幅可观。根据中泰证券研究所对2010—2021年行业平均涨幅的排序，食品饮料行业排名第一，家电、医药生物等行业排名都非常靠前。不过，由于当年研究员所推荐的是生产化学原料药品的哈药股份，结果近20年间只获得与上证综指同幅度的增长，如果当年研究员推荐恒瑞制药，则可以获得202倍的涨幅。汽车行业如果能够选中真正的龙头股——上汽集团，则投资回报率也可以达到12倍。由此可见，行业龙头可以获得超高回报。

如果该行业在这些年中没有遇到好的发展时机，即便选中了龙头企业，恐怕也难以获得高回报。如2002—2021年粤传媒的投资回报率居然为负，原因在于近20年，纸媒已逐渐被移动新媒体所取代。

第三，民企更具有高成长的潜质，更能给投资者带来高回报。在所推荐的30家企业中，不少行业的国企龙头与民企龙头相比，涨幅往往有天壤之别，如光明乳业是国企，2002年1月1日至2021年1月31日股价只上涨了258%，如果能够选对乳制品行业的真正龙头，即伊利股份，则投资回报率将高达6 138%。同样，由国企改制的上海家化，投资回报率也超过13倍。

第四，深圳这座城市的市场化理念最深入人心，也是国内行业龙头最多的城市之一。房地产业的龙头万科，通信设备业的龙头华为，保险业的龙头平安，银行业的龙头招商银行，互联网巨头腾讯，占全球无人机市场50%左右份额的龙头——大疆……深圳之所以能够涌现出这么多行业龙头，与深圳的创业氛围、市场化理念和移民居多的新城市特性等有关。

第五，高比例现金分红也是行业龙头的一个重要特征。被选为“未来蓝筹”的29家上市公司，2002—2021年累计分红总额为8 068亿元，约占同期A股市场所有上市公司分红总额的9.7%，但29家上市公司数量占所有上市公司数量的历年平均数不足1%。

分红比较典型的案例——长江电力，每年都能够给投资者高派息率，从2003年上市至2020年共分红1 082.51亿元，同期股价涨幅也达到916%，这类企业就是非常典型的蓝筹公司，而火电行业由于普遍存在高负债特性，即便是火电行业的行业龙头，其投资回报率也一定会比较低。

如何赢得高回报：寻找有10倍成长潜力的股票

2002—2021年，国内M2增长约1 000%，若把华为也包括在内，市值增长跑赢M2的共有7家公司，占比不足30%，说明投资A股市场要跑赢M2很难。不过，同期上证综指涨幅为147%，其中有19家公司跑赢上证综指，占比超过60%，29家上市公司市值的算术平均增长了453%，这还不包括近20年来的累计分红收益，这一收益的平均额要远超A股市场所有公司的平均额。

上述案例说明，按照寻找行业龙头这一思路去选股，在过去近20年中仍能轻松获得超额投资收益。原因在于，行业龙头一般都具有长期投资高回报的特性，因此，即便你选中行业龙头的成功率不高，但被选中的行业龙头的高回报，可以拉高投资组合的平均回报率，这也是虽然只有19家公司跑赢上证综指，但算术平均回报率要超过上证综指对应涨幅200%的原因。

在实际案例中，我们会发现，行业中的龙头与次龙头之间的涨幅往往有天壤之别，如五粮液的涨幅为 88.7 倍，已经很可观了。但五粮液毕竟不是白酒行业的龙头企业，贵州茅台才是。而且，贵州茅台在过去近 20 年的累计涨幅为 382.7 倍，是五粮液涨幅的 4 倍多。又如，尽管海尔智家近 20 年的累计涨幅超越了同期货币供应量的累计增速，投资回报率非常不错，但目前家电行业的龙头是格力电器，其涨幅是海尔智家涨幅的 8.5 倍。因此，投资一定要敢于重配行业龙头，而不能退而求其次。因为二者的投资回报率存在巨大差距。

作为《未来蓝筹：中国行业龙头研究》的作者之一，曾在国泰君安研究所从事过 5 年研究工作的邵健，从 2004 年起管理嘉实增长基金长达 11 年，他管理该基金期间的总回报率为 768%，年化收益回报率为21%。他的投资方法就是寻找有10倍以上上涨潜力的股票。其实，他的投资逻辑类似 PE（私募股权）投资，即所投项目若能实现上市，其中一单的回报率就有可能覆盖其他投资的“潜在损失”。

以类似 PE 的投资方式投资二级市场的优越性远胜过股权投资市场的 PE：第一，几乎没有流动性风险；第二，投资血本无归的概率极小，即便没有选中龙头企业，或选中高成长的企业，也可能选中次龙头或次高成长的企业，同样有可能获得高回报；第三，可以知错就改，时刻拥有主动权。

因此，登高望远，用虔诚之心去寻找蓝筹，执着挖掘持续高增长率的好公司，并坚持长期投资，是获取高投资回报的一条捷径。

山的后面还是山吗*

山的后面还是山吗？不少人沉湎于“算命”，但对于不指明某件事将发生的时间和地点的预测结论，要么毫无意义，要么是“耍流氓”。无论是周易八卦还是星座运势，“预测结论”其实都带有很大的不确定性，总是需要通过自我暗示或选择性遗忘来自圆其说。多年来的事实证明，没有人能准确预测经济大势或股市拐点（有效的预测检验必须具有可重复性）。这些年来，由于逆周期政策，经济的周期性特征趋弱、结构性特征趋强，因此无论是趋势还是拐点都很难把握。但结构演变进程反而容易把握，故不如去抓住结构变化的确定性机会。

鲁迅的《立论》中有一个经典故事。一家人生了一个男孩，合家高兴透顶。满月的时候，抱出来给客人看，大概自然是想得一点好兆头。一个说：“这孩子将来要发财的。”他于是得到一番感谢。……一个说：“这孩子将来是要死的。”他于是得到一顿大家合力的痛打。说要死的必然，说富贵的许谎。

不过，我倒不太同意“说谎的得好报，说必然的遭打”这一判

* 原文发表于 2018 年 10 月，本书对部分数据和内容做了更新。

断。因为“这孩子将来要发财”的推测未必不成立，发财的概率总是存在的；而“这孩子将来是要死的”不仅是一句人人皆知的废话，而且这种情形下说此类话的人，一定有问题。

也就是说，预测什么事件会发生，一定得明确该事件发生的时段，否则，诸如暴风雨总是会来的、危楼总是会倒塌等预言就毫无意义。除了要标注时段外，预测还需要确定空间位置。例如，有人预言说：山后面是山，但实际上山的后面是湖。那么，湖的后面呢？可能是山，即便不是山，它后面的后面一定会有山，大不了手指一指，绕地球一圈，一百座山都有可能。

对于资本市场的投资者而言，前者叫选时，后者叫选势，时势可以造英雄：只有把握好时机，才能避免亏损，胜券在握；同样，进出的点位若能按预测结论操作，不管是选择左侧交易还是右侧交易，都可以获得高收益。

仅从A股市场的简短历史看，无论是预测股市波动周期还是预测牛市高点或熊市低点的位置，都没有出现过所谓的“股神”，即便美国股市已经存在200年以上了，也没有出现过令人难忘的“股神”。

记得在20世纪90年代初，技术分析在国内大行其道，尤其是波浪理论大师艾略特的著作更是风靡一时。那个年代，如果你不精通波浪理论，就不能成为分析师（股评家）。如今，波浪理论早就不流行了，而巴菲特的年会却成为全球投资者的“朝圣地”，这是值得我们思考的。

可能有人会反驳说，某人的预测一向很准，比如，预测指数会到5 000点，果然就到了。那我也可以“预测”说，未来指数会到8 000点。因为从长期看，指数总是向上升的，除非这个市场没了，或国家破产了。因此，预测必须要说清楚未来事件发生的时间和位置，否则就是在“耍流氓”，属于“山后面是山”一类的废话。

在我看来，所谓的能够对社会事件进行准确的预测，一般都逃不脱概率分布规律。比如，让 1 000 只猴子掷硬币，每次出现正面的概率为 50%，如果让所有的猴子连续掷硬币 10 次，那么，连续 10 次均为正面的概率就是 50% 的 10 次方，约等于千分之一，即 1 000 只猴子中应该有 1 只猴子会连掷硬币 10 次均为正面。难道我们需要给这只“成功”的猴子树碑立传，介绍其神奇的成功经验吗？

当然，人肯定比猴子聪明，因此，随机选择 1 000 个人，对股市走势预测的准确率肯定比猴子要高，但终究逃不脱概率分布规律。然而问题在于，“预测准确”的可重复性太低了，这也是至今没有一位预测大师能够名垂青史的原因，我们也没有发现一种预测方法能够长期有效。

从波浪理论到周易八卦，预测方法五花八门，很多投资者都对这些理论寄予厚望，而且还进行了选择性记忆，但都经不起概率检验。好多自称能预知未来的大师，成为社会名流的良师益友，但后来大都被证明是骗子而被拘留。

不仅准确预测的可重复性很低，而且基金经理的投资业绩排名要连续名列前茅的概率也极低，你能记得住公募基金中哪位基金经理的年度投资收益率排名总是第一或前三吗？至少我没有印象。

为什么基金经理中没有常胜将军呢？因为每位基金经理都有自己的“风格偏好”，因此，他们难以把握“市场风向”的随机变化。如果我们把 39 个行业按月度涨跌幅均分为 5 档，把月涨幅最大（或相对跌幅最小）的前 8 名的行业归为一档，得 5 分，涨幅排名在第 9~16 的行业归为二挡，得 4 分，照此类推，最后相对涨幅最小（或跌幅最大）的 7 个行业得 1 分。

从理论上讲，假设某个行业在 12 个月内每个月的涨跌幅排名（从涨幅最大到跌幅最大）都能进入前 8，年度得分最高可以到 60 分，同理，某个每月涨跌幅排名均偏后的行业，其最低分为 12 分。

我们对 2006—2016 年的涨跌幅排名进行了统计，平均下来得分最高的是医药生物行业，仅得了 37.6 分，得分最低的是新能源行业，也有 32 分，最高分与最低分之间相差居然如此之小，说明就年度内而言，行业之间会呈现“风水轮流转”的特性。

中泰金融工程团队还研究发现，如果将上一年业绩表现最好的前10只基金的基金经理所管理的产品构建一个FOF（基金中的基金），每年如此，投资业绩将如何，能跑赢当年所有基金经理的业绩中位数吗？答案是不能。这说明，在股市里拿年度投资冠军存在偶然性，连续拿冠军则缺乏必然性。

那么，2006—2016 年哪个行业的涨幅最大呢？统计发现，医药生物行业的涨幅是市场平均涨幅的 1.8 倍，而这两年表现较好的钢铁行业，其涨幅不足市场平均涨幅的一半。这说明把时间拉长之后，不同行业的涨幅会出现天壤之别。因此，还是得相信老子《道德经》中所说的“道可道，非常道”。

此外，还有一个有意思的现象：由《新财富》主办的“最佳分析师评选”活动已经开展了 18 年，印象中，在参与评选的 30 多个行业中，宏观与策略很少能连续三年拿第一，说明这两个领域夺冠的“随机性”比较强。

尽管如此，宏观与策略领域的最佳分析师的分量在所有行业中处于前两位，薪酬也与之相对应。为什么会如此排序呢？显然与需求有关。做投资都需要把握宏观大势（贝塔选时），也需要优化资产配置（阿尔法选股）。因此，在历年的“最佳分析师评选”颁奖活动中，这两大领域都是放在最后压轴的。

历史上，有不少卖方分析师转型做了基金经理，情况如何呢？一是宏观与策略分析师转型为基金经理的比例不高，二是即便转型，他们的业绩也并不突出，而业绩突出的，则多为其他行业的分析师。这就是我要强调的结论：尽管市场对于选时选股的需求很大，但要做到预测准确很难。

宏观与策略的总体研究特点是自上而下，而行业的研究特点是自下而上。自上而下去预测股市，一般而言都不怎么靠谱，因为经济不是股市的晴雨表，而反过来也未必正确。因此，试图依靠对宏观或策略的预测来战胜市场，恐怕有点一厢情愿。

除了股市与宏观之间并非简单的相关关系之外，宏观研究者自身的问题也会影响预测质量。如大多数宏观预测者都会过于看重自己身处的时代，给予当下过高的权重，这是由于人作为情绪化的个体，难以摆脱其主观性，其实也是一种动物本能。

如，"金砖四国"（BRICs）一词最早由美国高盛公司首席经济学家吉姆·奥尼尔在 2001 年 11 月 20 日发表的《全球需要更好的经济之砖》中首次提出，2003 年 10 月，该公司在全球经济报告《与 BRICs 一起梦想》中预言，BRICs 将于 2050 年统领世界经济风骚。

后来，"金砖四国"又增加了南非变为五国，并且还设立了金砖银行，足见高盛作为国际领先的投资银行的影响力之大。但如今看来，除了中国和印度，其他三个国家经济都不行，而中国的经济增速也已经下行。可见，开始预测的时候经济如日中天，却并不代表未来。21 世纪究竟谁将称雄，如今还不能定论。

此外，宏观研究者容易受到各种"噪声"影响，如各种政策出台都会干扰学者的判断，导致预测结论不准确。长此以往，基金经理也不再对预测结论抱有太大信心。这也是现在被动型基金越来越多的原因。

因此，确实很难对趋势性的东西进行预测和把握；相对而言，结构变化则更容易被发现和把握。可能是因为在政府干预越来越多的今天，经济的周期性波动或多或少地被逆周期政策给平滑了。因此，当今中国经济所表现出来的特征，就是趋势弱化，结构强化。

对于资本市场而言，为什么预测趋势的意义不大呢？除了政府的逆周期政策外，还有一个大的背景，就是二战结束后，全球进入人类历史上颇为罕见的和平时代，和平时代的总体特征是系统性风险大大降低，台风过后，一切照旧。因此，股灾成为买入股票的最佳时机，楼市泡沫破灭成为买房的最佳时机。

和平，意味着不会轻易被翻盘，于是，全球人均寿命不断创历史新高，这就是过去十几年国内医药生物板块走势最强的原因。

和平，意味着社会阶层越来越固化，于是，贫富差距不断扩大；行业的利润也出现了集聚和分化，国内大企业不仅在扩大其在国内的市场份额，而且也在抢占全球的市场份额。不仅是居民收入和企业利润在集聚和分化，中国人口同样在集聚和分化。

例如，就居民收入水平的集聚和分化而言，仅看个别行业的数据就足以令人吃惊。2013 年前后，高档烟（一类、二类烟）的销量只占卷烟总销量的 26%，到 2019 年已经提高至 41.8%；2019—2020 年乘用车销量接近零增长，但豪华乘用车销量的增速始终维持在 14% 以上。

此外，我在坐飞机时常会翻阅航空杂志，发现杂志中的酒类广告很多，其中大部分是白酒广告，而酱香型白酒的广告数量要远超其他香型白酒的广告，并且占到酒类广告的一半以上。但是，迄今为止，酱香型白酒的产量，不会超过白酒总产量的 5%。因此，在消费升级的大背景下，中华烟和茅台酒就成为高端消费的标配，这种趋势弱化（L 型经济）下的结构强化，就已经非常确定了。

而结构强化带来的供需缺口也是确定的，其结果必然是部分商品因供不应求而价格持续上涨，部分商品则因供过于求而价格下跌。此外，结构强化的另一个结果是龙头企业的市场份额不断提升。

所谓资产配置的优化，就是应该在不确定的社会经济环境下寻找确定性机会。在新冠肺炎疫情影响下，百年未有的大变局的加速演进给中国宏观经济未来带来了某种不确定性。但在中观和微观层面，应该还存在不少确定性的东西，比如人口向大城市集聚是确定性的，人口老龄化是确定性的，生活质量提高和消费升级是确定性的，网络消费替代实体店消费是确定性的，智能汽车替代传统汽车是确定性的……

所以，做出类似“这个小孩将来会死的”的预言毫无意义，“山的后面是山”的狡辩型预测更显得无聊。无论是周易八卦还是星座运势，“预测结论”其实都带有很大的不确定性（包括事件本身及发生的时间和地点），都需要通过自我暗示或选择性遗忘来自圆其说。既然如此，还不如去发现身边的确定性，把握结构变化带来的确定性机会。

把钱埋在什么地方才能不贬值*

近年来在全球央行史无前例的宽松政策面前，股市、楼市、商品等多数优质资产价格都在不断创历史新高，“钱越来越不值钱”给人带来了普遍的焦虑感。既然大家都觉得持有现金不安全，存银行利率又太低。那么，有什么办法让自己手中的钱不贬值呢？

为什么埋在地下的东西那么值钱

我发现一个现象，凡是从地下挖出来的东西，一般都很值钱，哪怕只是几枚铜钱。而且，年代越久越值钱，因为年代越久远，在地面上被毁坏的概率就越大，如火灾、战争等天灾人祸。即便回到和平年代，地面上值钱的东西被毁坏的风险依然很大。

地下挖出来的东西要升值必须符合两个条件，一是长期埋在地下且没有受损，二是所埋的东西地上几乎没有了。如果仅从这两个条件看，你未必一定要把东西埋到地下才能升值，因为埋在地下的大部分东西，时间越长，越容易腐烂变质。实际上你可以把你认为将来会变得稀缺的东西藏在箱底，做到防霉防潮，效果比埋在地下

---

* 原文发表于 2016 年 10 月，本书对部分数据和内容做了更新。

要好。只是有一个要求——埋的时间要足够长。

比如古代的瓷器为什么有很高的收藏价值，有些拍卖价格过亿元——如鸡缸杯，就是因为它稀缺且容易破碎，时间越久，破碎的概率越高。但是，若要收藏现代的瓷器，大多数普通的瓷器就没有意义了，毕竟在机器生产的时代，产量实在太大，只能收藏名家的艺术品。

不过，在成千上万的各种现代商品中，也有不少品种会变得越来越稀缺，并具有收藏价值，如旧相机、旧汽车等，这些商品都会经历一个自然的淘汰或丢弃过程，因而变得稀缺。还有的东西是通过人为销毁而变得稀缺的，如旧版的人民币，央行会通过以新换旧的方式回笼旧版货币并销毁，使得它最终在货币流通领域消失。

仔细研究一下钱币市场的定价规律，就会发现稀缺性决定估值高低。如 20 世纪 50 年代初，第一套人民币发行量过大，导致恶性通胀，1949 年 1 月到 1950 年 2 月，以人民币计价的全国 13 个大城市批发物价指数上涨 91 倍。按理说，货币泛滥到这种地步，几乎就成了废纸。因此，央行为了应对通胀而收缩货币，发行了第二套人民币，并按 1∶10 000 的比例回收第一套人民币，即 1 万元的旧币只能换 1 元新币，随后把第一套人民币销毁。

2016 年，第一套人民币中某些品种的价格已远超不少出土文物的单价了，如面值伍元（水牛图案）的纸币现价为 8 万元，面值壹万元（牧马图案）的纸币价格已经高达 140 万元。这才仅仅过了 60 年，价格就被提高到如此离谱的地步，应该说，稀缺性是根本原因，因为央行 1955 年时仅用了 100 天就回收了 98% 的第一套流通货币。当初谁都没有想到它的收藏价值，所以绝大部分都被销毁了。因此，钱币的收藏价值与钱币本身的标价似乎没有多大关系，与当初的货币泛滥程度也没有关系，却与现存钱币的稀缺性关联度很大。

存款不如持现金的逻辑并不荒诞

记得20世纪90年代之前，银行门口还有“储蓄光荣，为国家建设而储蓄”的宣传海报，目前，国内大部分老年人的理财方式还是把所有的钱都存在银行。但事实证明，只储蓄而不配置其他资产的人已经成为社会最悲惨的一族——省吃俭用存下来的积蓄早被巨量的新发货币给稀释掉了。如1980年，我国的M2规模不足2 000亿元，到2000年的时候，M2规模已经达到13.5万亿元。通过储蓄获得的增值幅度，相比货币的发行规模、房价的涨幅、各类生活费用的上涨幅度，基本可以用“龟兔赛跑”来形容。

货币如此泛滥，储蓄利率又跑不赢CPI，若持有现金并“压箱底”，肯定比把钱存到银行的收益率高。如前所述，新币总是要替代旧币，旧币要被销毁，因此旧币就会成为稀缺品。不过，当大家都懂得这个道理之后，收藏旧币的人也会越来越多，因此，旧币的增值空间就不会太大，需要具备一定的专业研究水平才能获得较高收益。然而，在2000年之前，你只要做一件事，就是把所有的现金都换成1980年版本或更早版本的人民币，就可能发大财。

由于第三套人民币是一直使用到2000年才退出流通领域的，也就是说，你在2000年之前还可以在市场上换到第三套人民币（尽管当时已经很稀少了）。第三套人民币的小全套面值总额是21.06元，其2016年的市场价是3 150元，增值近150倍。

投资要取得高收益，一般都需要做与众不同的事情。我记得1988年那次高通胀，大家几乎都是拿着第三套人民币去抢购商店里仅存的货品，有不少人甚至买了几大箱卫生纸，被戏称10年都用不完。如果在大家都去抢购商品的时候，你看着潮水般的人群都去做同一件事情，不如默默地把原本也准备用来抢购的纸币收藏起来。

我在1985年大学毕业刚参加工作的时候，也被单位要求购买国库券，当时是为了支持国家建设。但我在国债到期之后，并没有像别人那样急着去兑现。当时我就想，大家都去兑现了，那到期后没有被兑现、销毁的国库券岂不是很稀缺？更何况国库券是国家的借条，今后随时可以兑现。事实证明，我当初的想法是对的，20 世纪 90 年代之前的国库券价格迄今也有几倍到几十倍的涨幅。

当然，进入当今全民收藏的年代，再去收藏第四套人民币的意义就不大了，第五套人民币就更没有收藏意义了，除非是你花一定时间研究了各种钱币的供求关系，寻找到结构性机会。如果说 2000 年之前储蓄的增值率不如持有现金，那么，在 2000 年之后，同样还是不要储蓄，不过还是不要把现金“压箱底”了，一定要把积蓄变成各种稀缺性或有成长性的资产，即把钱“埋”到资产上。

该把钱“埋”到哪类资产上

2020 年我国的 M2 规模已经达到 218.68 万亿元，社会融资规模存量为 284.83 万亿元，同比增长 13.3%，货币规模的增长速度总是远超 GDP，预计“优质资产荒”的格局短期内难以被改变。因此，持有货币的风险依然很大。那么，应该把钱“埋”到哪类资产上呢？我觉得，可以根据资产的配置、估值、稀缺性、成长性和投资者的投机（流动性）偏好这五个维度进行选择。

第一，看居民家庭的资产配置结构。根据央行发布的居民家庭资产配置报告，2019 年，房产的配置大约占到居民家庭总资产的 70%，显然过高了；金融资产占比为 20.4%，权益类相关资产仍然偏低；同时，居民家庭更偏好无风险的金融资产。作为全球货币存量第一大国，居民家庭的股票及证券基金的配置也应该进一步增加。

第二，看各类资产的估值水平。总体来看，无论是国内的房地产市场还是 A 股市场，估值水平都不低，这是我一贯的观点，也符合“资产荒”的逻辑：既然资产都短缺了，那么资产价值就不会低。不过，海外资产的价格就相对便宜，如H股就比A股便宜。不过，从长期看，由于利率水平仍存在一定的下行空间，这对于债市和股市都是有利的。

第三，怎样理解稀缺性。稀缺至少是由两种原因造成的，一是自然形成的，如翡翠原石大部分出自缅甸，随着收藏量的不断增加，现在变得越来越稀缺。12年前我写的一篇《买自己买不起的东西》核心观点就是“投资稀缺，享受溢价”，如2006年贵州茅台的股价是所有A股市场中股价最高的，但10年之后，当初股价最高的茅台股价又涨了8倍，到了2020年，每股价格超过2 000元，成为A股市场市值最高的公司。这也说明，投资稀缺的理念从古至今都是对的。二是人为造成的，即管制引发的短缺。如我国对土地方面的管制，导致一、二线城市住宅用地不足，从而引发房价暴涨。

第四，企业的成长性如何。如新兴产业的成长性很好，所以其股价的涨幅也会超过周期股，创业板的走势长期强于主板。

第五，投资者在不同时期对投资品的偏好会有所不同，主要看热钱往哪里流。如目前在全球央行大放水的环境下，各类资产在热钱不断涌入的情况下“鸡犬升天”，但热钱还能持续流入多久，还会集中流入哪些领域，则是决定相关资产是否还值得投资的一个重要因素。

未来如果通胀能起来，则周期股、大宗商品交易、黄金市场等会有良好表现，但对楼市和债市不利。但长期看，全球经济下行大势仍难改变，通胀亦难形成长期趋势。既然是长期投资，就不应该过于注重当下的热钱流向，最好能够展望未来10年的经济特征与经济格局。如前所述，跟风者是很难赚到大钱的，只有做到与众不同，甘于承受不被认可的寂寞和煎熬，才有可能喜从天降，获得高回报。

不过，我们对未来的预测通常不准，如我们在20世纪80年代盼望着到 2000 年实现四个现代化，大家几乎都不曾预见 20 年后会进入一个互联网信息时代。所以，你现在所“埋”下的，也只是你想象中的未来。投资的成功与否，永远是一个概率事件，这也是投资的魅力所在。但只要相信绝大部分人的目光都是短浅的，你则努力地把眼光放远，把握住机会的概率就会增加。

第三章

存量经济时代——分化趋势下的投资机会

2010年以后，我国GDP增速一路下滑，尽管下滑的斜率很平缓，但下行趋势不改，2010年的GDP增速为10.3%，2019年为6.1%，至2020年降到2.3%。当增量的规模减小的时候，增量对存量的影响就会下降，以存量经济为主导的特征就会逐渐明显。存量经济已经成为我过去4年来分析宏观经济和资本市场的一个基本理念。

欧美日经济，早就具备了存量经济的基本特征，如二手车和二手房的交易量是新车、新房交易量的好几倍，又如，日本经济被称为“失去的10年”，甚至是“失去的20年”，也说明了在人口老龄化背景下，劳动力数量在减少，增长动力不足。随着中国经济增速回落，存量的分化现象也变得越来越明显，如我在2017年就提出了人口、居民收入、产业和企业等四大分化现象。分化和集聚实际上是同一种趋势下的两种表现形式，但这两种表现形式对资产定价带来了深远影响。

在分化趋势下，一定会有强者恒强的产业和企业出现，这就有了如今的热词，如“好赛道”“头部企业”等，这些产业和企业对应的资产估值水平也会水涨船高，从而带来投资机会。近年来，互联网平台型企业、半导体企业和高端消费品企业等均出现了估值水平的大幅提升的现象，楼市也出现了分化现象，一线和新一线城市的房价大幅上涨，三、四、五线城市的房价相对较弱。

分化是市场无形之手作用的结果，但又会带来一定的负面作用，因此会倒逼改革和出台针对性政策，给实体经济和资本市场带来新的变数。本章就存量经济下的“市场之手”和“政府之手”如何发力，对资产定价的影响展开思考。

分化渐成趋势——投资该如何选择*

记得在2019年初，当不少人还在为2019年第一季度经济数据欣喜的时候，国内股市却出现了回调。这说明，短期数据对投资者的长期预期影响不大，不论2019年GDP增速的走势是前高后低还是前低后高，在当时的我看来，该年肯定不是拐点之年，无论数据如何好，都不预示有什么“新周期”。而国内经济在区域和行业两个层面呈现“分化”趋势，这无论是对实业投资还是对金融地产的配置，都将产生深远影响。

分化时代——落后未必就会进步，差距未必就会缩小

经常会看到一些这样的推荐股票的逻辑：我国人均牛奶消费量只有多少，不足西方国家的百分之几，因此看好乳业。按此逻辑，某学生成绩排名倒数第一，因此看好该同学的学业发展前景；非洲经济落后，因此看好非洲未来的发展……

2019年初，我写了一篇《10亿人没有坐过飞机——究竟该如何扩内需》，文中提到约有6亿人的家庭没有安装抽水马桶（坐便器），

---

* 原文发表于2019年4月，本书对部分数据和内容做了更新。

此文一出，引起广泛热议。其中有不少人认为，这说明中国内需潜力巨大，而我的观点恰好相反——有效需求不足。

由于有效需求是靠可支配收入来支撑的，如果收入增速下降，消费增速自然就会下降，现实的情况是，在国家统计局公布的2018年居民人均可支配收入中，占总人口60%的中等、偏上、偏下三组收入群体的收入增速仅为4.4%。

收入的分化必然影响到消费的分化，这也是2018年大家对究竟是消费降级还是消费升级争论不休的原因。但事实上，2018年高收入组的人均可支配收入增长率是其他收入组均值的近两倍（见图3.1）。

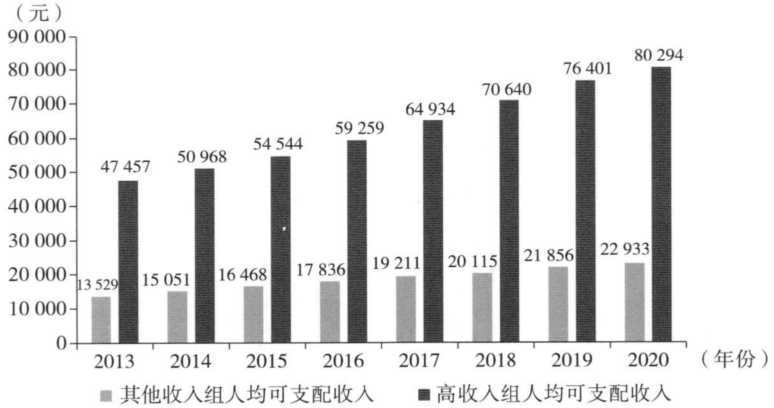

图3.1 高收入组人均可支配收入增速偏快

资料来源：国家统计局，中泰证券研究所。

这就是分化，这种分化对消费来讲是总体不利的，因为按边际消费理论，只有中低收入组的收入水平上升，消费增长速度才会提高。2010年以后，名义消费增速扣除CPI之后，一直在回落。在整体回落的同时，必然含有结构性机会，即消费升级。升级的第一个逻辑是恩格尔系数在往下走；第二个逻辑是基尼系数在往上走（见图3.2）。所以我们看好消费升级和高端消费。例如，20%的最高收入群体，虽然是少数人，但占全国总人口数的20%就是2.8亿，2.8亿人的消费升级对于高端消费、服务性消费的需求还是很大的。

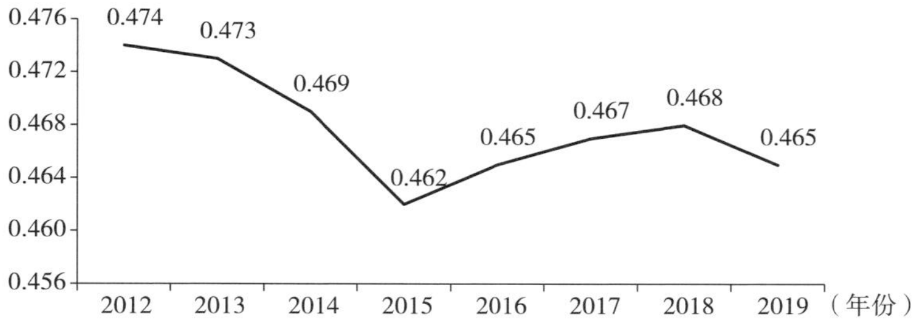

图3.2　中国居民收入的基尼系数

资料来源：Wind，中泰证券研究所。

此外，人口老龄化、生育率下降和收入水平提高也使得服务性消费上升，国内居民在医疗保健、教育培训等领域的消费支出大幅增加。然而，在食品饮料、服饰领域的中低端消费支出比例却明显下降，如啤酒、白酒销量的增速在回落，红酒销量增速在上升；方便面销量为负增长，餐饮业增速则上升。

这就容易解释为什么2020年出现了高端消费高增长、低端消费低增长的现象。在全球奢侈品消费总额中，中国消费者的贡献率高达44%；即便在国内乘用车销量同比下滑7.7%的情况下，豪华乘用车销量依然实现了11.4%左右的增长。

同时，到2019年末，居民家庭的债务余额已经超过55万亿元，居民的平均杠杆率水平已经超过55%，接近发达国家的平均水平。这也意味着今后居民杠杆率水平进一步上升的空间不大了，消费总体来看并不乐观。

因此，10亿人没有坐过飞机，并不必然得出看好航空业的结论，但对位于北上广深等地机场的服务业倒是值得被看好的。理由之一是，这些地方高收入群体占比高且收入增速快。

理由之二是，未来人口、资本、信息等向大城市集中，带来人口流量和货物流量的继续上升。例如，2018 年北京、上海和广州三大城市的航空货运量就占到全国近一半。

2020 年全国有 241 个机场，其中排名前 10% 的机场的旅客吞吐量占到全国航空旅客吞吐量的 93.3%。因此，分化是大趋势，其结果是强者恒强，而不是差距缩小。

尽管均衡发展和缩小差距一直是大部分人的美好愿望，但事实上却很难实现。过去 40 年来，国内各行政区之间的 GDP 差距是在扩大而非缩小，其实，这是符合经济学原理的，即经济密度越高，劳动生产率就越高。

美国就是一个很好的案例，美国统计部门的数据显示，美国一半的 GDP 是由极少数经济活跃的区域创造的。因此，我们还会认为中国所有的地区都必须搞大开发、大振兴吗？应该说，绝大部分地区都不值得投资或者不应该投资的，因为未来中国经济的集中度还会继续提升，可能相当一部分以区域间均衡发展为目的的固定资产投资活动，都是无效投资，未来或许很多地方的基础设施和房地产都会被废弃。

事实上，发达国家都是通过人口的自由流动来实现各地区人均 GDP 水平的相对均衡，因为越多人口流向发达地区，发达地区的人均 GDP 水平越会下降，反之亦然。

大部分城市人口净流出的城镇化还将持续多久

几乎没有人会认为中国的城镇化进程会停滞，因为 2019 年的城镇化率为 60.6%，今后每年上升 1 个百分点，10 年才到 70%，比发达国家要低不少。然而，国家统计局的数据表明，2019 年新增的进城务工人员数量只有 241 万，2020 年受新冠肺炎疫情影响，进城务工人员数量减少了 517 万，而 2010 年时，新增进城务工人员数量为 1 200 万。

因此，以农村人口转移为特征的城镇化进程其实已经非常缓慢了，更多的是本乡本土的城镇化。不少人还在奢望房价走势将受益于城镇化，对少数城市而言，这一逻辑依然成立，但对于多数城市而言，恐怕未必如此。

为什么说中国大城市化的空间远大于城镇化呢？

2019 年上海的人口数量占全国城镇人口总量的 2.86%，随着都市圈的规模扩张，未来上海都市圈的人口占全国城镇人口比重或许能翻一倍。因为从可比性的角度看，纽约都市圈的人口数量接近美国城市人口总量的 9%；即便是印度的孟买，其人口数量也要占到印度城市人口总量的 6% 左右。

未来人口的集中度将进一步提高，一方面，人口流动与产业发展相关，人口集中度的提升与产业集中度提升相关；另一方面，人口集中度又与城市的文化、医疗、教育、养老等社会公益和福利相关。人口集中度的提升刚刚起步，今后还有很长的路可以走。

因此，如果没有政策的限制，上海常住人口达到 5 000 万也存在可能性。既然政策上要严格限制超大城市的人口流入，那么，我们可以预期大都市周边地区的人口会增长和集聚。上海周边城市的人口增长情况将会如何？我们可以比照东京。20 世纪 70 年代以后东京的人口数量在减少，但是东京大都市圈的人口数量却是在增加的。

统计数据表明，近年来，上海、广州、深圳周边的城市，人口数量也都在增加。如果你要买房子，不妨选择在上海周边，如嘉兴、南通、昆山等地区。未来上海或以虹桥商务区为中心向外进行辐射，这是一个大趋势。

还有人说高铁沿线城市的房地产值得看好。中国高铁八横八纵，我们选取了其中两条高铁线，发现沿线 36 座城市中有 21 座城市的常住人口占比出现下降，其中京沪高铁沿线下降的城市为 5 座，而沿江通道高达 70% 的城市人口比重变为负值，反映出高铁建成之后，这些城市不但没有呈现人口集聚的态势，反而出现了向外扩散的迹象。

为什么高铁沿线城市不但吸引不了人口流入，反而出现人口流出呢？这与当地的产业发展、GDP 增长、居民收入水平提高、税收增长等密切相关。我们对这些指标进行研究后发现，大部分高铁沿线城市在高铁开通后，这些指标都没有得到显著改善，其中不少甚至出现了下降情况。

同时，根据城市人口流动的数据来看，2019 年我国东部和南方省份的人口迁入规模相比 2018 年进一步扩大。东部省份人口净流入规模超过 150 万，南方省份人口净流入规模达到 167 万。新一线城市的人口净流入规模达到 140 万，而几乎所有的三、四、五线城市，仍然面临人口持续净流出的压力。

分行政区域看，2019 年除了浙江、安徽和江苏三省的人口净流入城市数量大于人口净流出城市数量之外，其他省份的人口净流出城市的数量均大于净流入城市的数量，连人口净流入量最大的广东省也是持平。

数据显示，河南、湖北、湖南、四川、山西等省的常住人口，都在明显向省会城市集中，福建的福州和厦门、广东的广州和深圳、浙江的杭州和宁波、山东的济南和青岛等“双子星”城市，对人口的吸引力也非常大。

我们在测算城镇化进程还有多长的时候，一定要关注我国的人口老龄化程度，这对于城镇化将是一个负面因素。欧美日的城市化率水平之所以普遍较高，是因为他们未老先富，而我国则相反，2000 年在城镇化率水平不到 40% 的时候，就步入老龄化社会了。而且，10 年以后我国还有可能出现总人口减少的迹象。

按照死亡率递减的乐观情形预测（宽口径），我国境内总人口数量将在2035年达到14.51亿的历史高点后，出现趋势性的负增长。但是如果按照死亡率不变的窄口径预测，达到历史最高点的时间将在2027年，总人口数量或达到14.31亿。所以综合起来判断，大概未来10年后，我国总人口将出现趋势性的负增长。

因此，在大城市化和人口老龄化的双重作用下，中小城市人口减少的问题或许会加剧，大城市人口进一步增加、集中度进一步提高，从而导致人口分化趋势加剧，在城镇化进程中，出现大部分城市人口净流出的“奇特现象”。

因此，研究未来人口结构的变化和人口流向的变化就显得非常重要，这对于房地产的配置也具有参考和借鉴意义。即对于一般的三、四线城市，一定要观察人口的流入流出情况和趋势，未来风险大于机会。

即便对于人口净流入的城市而言，也要区分人口主要流向哪些地区，越是核心地段，土地供给越稀缺，就如圆的面积与半径之间的关系：离圆心的距离增加1倍，面积增至4倍，稀缺性大幅减弱。

一叶难知秋：寻找枝茂叶盛的确定性机会

过去，有很多观察视角可以判断经济的好坏，比如进城务工人员的就业状况、酒店的客房入住率、社会用电量增速等。如今，经济增速不断下行，而失业率似乎没有特别突出，尽管大学生找工作难度加大，却依旧出现了“用工荒”的情况；经济型酒店总体过剩，五星级酒店会务火爆；社会用电量增速回升，企业倒闭数量却在逐年增加。

这说明，一叶知秋的时代已经过去了，当经济增速不断下降，分化现象就变得越来越普遍。不仅如前所述人口流向出现分化，城市的盛衰也在反映出彼此的分化，而且各行各业的分化现象也愈加明显。

例如，从总量看，家电、汽车、智能手机等行业都出现了销量负增长，这就意味着不少企业要从这些过剩的行业中退出，如家电行业，20 世纪 90 年代，国内彩电品牌有 50 多个，如今只剩下 10 个；空调品牌从 400 多个萎缩到如今的 50 个左右。而且格力、美的、海尔三大家电巨头的市场份额仍在不断扩大。

根据 2020 年前三季度的 A 股市场财务数据，就各类制造业的前十大上市公司营业收入占规模以上工业企业营业收入比重的变化而言，发现大部分行业的集中度均出现了不同幅度的提升，且未来仍有很大的提升空间。

因此，我认为在经济增速持续下行的趋势下，存量经济主导的特征会越来越明显，行业的集中度会不断提升，头部企业的市场份额会不断提高，ROE 水平及利润增速都会有良好表现。

那么，哪些企业具备头部特征呢？我觉得应该从 ROE 和利润增速这两个维度来选择“枝茂叶盛”的行业头部企业。根据中泰证券研究所金融工程首席分析师唐军的统计分析，2010—2019 年每年净利润增速为正，且年均超 25% 的企业共有 38 家。

为什么要选择 10 年净利润增速年均超过 25% 的企业呢？因为从复利的角度看，这些企业的利润几乎可以达到 10 年 10 倍，在估值水平不下移的情况下，股价也该有 10 倍的涨幅。

符合上述条件的企业包括，计算机行业 6 家，医药生物行业 6 家，建筑业 4 家，房地产、电子元器件行业各 3 家，餐饮旅游、汽车、食品饮料行业各 2 家，银行、建材、轻工制造、国防军工、基础化工、机械、电力及公用事业、商贸零售、交通运输、非银金融行业各 1 家。

从行业板块来看：大消费领域企业数量最多，为 13 家；其次为 TMT（数字新媒体产业），有 9 家。在 38 家公司中上市满 10 年的有

19 家，其余 19 家公司净利润增速数据为上市前报表数据。从企业性质来看，民营企业 22 家，占一半以上。

当然，我并不专注于研究上市公司，也不会提供具体的投资建议。只是想告诉大家：分化正在加速，集中带来机会，在经济集中度提升的过程中，随着大部分城市人口的净流出，大城市的规模会越来越大，千万级城市数量也越来越多。同样，大公司的规模也将越来越大，而中小企业的总量则会不断减少。

A 股市场未来的演变，一定也将把分化的过程推向极致。陆铭教授有一本书《大国大城》，讲的是大城市化趋势，我们是否也可以树立“大市场、大市值”的理念？投资真的到了“抓大放小”的时代。

公募基金超高业绩能否持续*

据统计，2020 年全年，所有偏股型公募基金的收益率中位数达到 46.5%，这也是公募基金自 2010 年以来的最高回报率了。反观 2019 年，偏股型基金的中位数也达到了 35%，连续两年的超高增长，究竟是大盘的贡献还是基金经理投资水平提升的贡献，或者是其他原因？

市场估值结构的变化给机构投资者带来红利

2018 年及以前，公募基金的业绩并没有特别好，有的时候能跑赢沪深 300 指数，有的时候则跑输。我们曾经组建过一个绩差股组合，发现在 2016 年以前的漫长时间里，绩差股走势远胜于大盘。2017 年以后 A 股市场的估值结构开始发生改变，过去被炒高的绩差股组合的估值水平在不断回落。这是否意味着，崇尚价值投资的机构投资者的持股结构开始慢慢具有“优势”了？

A 股市场的估值体系正在趋向合理，长期以来，A 股市场给了“不确定性”更高的估值溢价，而给予“确定性”较低的估值溢价。

---

* 原文发表于 2020 年 11 月，王仕进为本文共同作者，本书对部分数据和内容做了更新。

这与成熟市场的估值体系的结构恰好相反。2017年以后，未来业绩相对具有“确定性”的大市值公司的估值水平有了明显提升，而存在诸多“不确定性”的公司估值水平有所下移。

确定性溢价提升了机构投资者整体资产的估值水平，这或许是公募基金业绩创近10年新高的主要原因。公募基金最近两年业绩表现特别好，2020年，所有偏股型基金（普通股票型+偏股混合型+灵活配置型）收益率中位数是46.5%，这是2010年至今的最高收益率水平，从超额收益（相对沪深300指数）来看，截至2020年11月29日，公募基金收益中位数跑赢沪深300指数15.2%，排名历史第4，而其余几次分别是2008年、2013年和2015年，均是在股票市场表现不好的阶段。

从历史上看，公募基金连续两年收益率超过30%比较罕见，上一次还是2006—2007年，公募基金收益中位数连续两年超过100%，但依然跑输沪深300指数。但这一次大盘的走势并不强，很显然，时代的天平正在向机构投资者倾斜。

如果不看最近两年，过去10年基金公司的投资收益其实并不理想，利息收入占据了基金公司总收入的大头，而2019年以后则彻底扭转了颓势，投资收益占总收入的比例也在逐渐提升（见表3.1）。

表3.1　2016年至2020上半年公募基金收入结构分析

	总收入（亿元）	投资收益（亿元）	利息收入（亿元）	公允价值变动收益（亿元）	管理费（亿元）	投资收益/管理费	总收入/管理费
主动型基金							
2020上半年	6 055	2 676	913	2 397	315	8.5	19.2
2019	8 211	2 743	1 379	4 028	450	6.1	18.3
2018	–2 387	–1 362	1 044	–2 109	401	–3.4	–5.9

续表

	总收入（亿元）	投资收益（亿元）	利息收入（亿元）	公允价值变动收益（亿元）	管理费（亿元）	投资收益 / 管理费	总收入 / 管理费
主动型基金							
2017	3 245	895	988	1 321	414	2.2	7.8
2016	–1 601	–626	643	–1 658	369	–1.7	–4.3
合计	13 523	4 326	4 967	3 979	1 949	2.2	6.9
偏股型基金							
2020 上半年	4 891	2 373	63	2 413	197	12.0	24.8
2019	6 271	2 450	137	3 661	287	8.5	21.8
2018	–3 427	–1 344	163	–2 260	284	–4.7	–12.0
2017	2 409	948	207	1 232	286	3.3	8.4
2016	–1 802	–614	182	–1 388	273	–2.2	–6.6
合计	8 342	3 813	752	3 658	1 327	2.9	6.3
偏债型基金							
2020 上半年	940	222	839	–143	102	2.2	9.3
2019	1 587	198	1 225	139	140	1.4	11.4
2018	1 187	–15	865	322	96	–0.2	12.4
2017	576	–174	762	–24	104	–1.7	5.6
2016	147	–6	443	–299	76	–0.1	1.9
合计	4 437	225	2 909	–5	518	0.4	8.6

资料来源：Wind，中泰证券研究所。

从收入来看，在过去 5 年（2016 年至 2020 上半年）中 141 只公募基金（包括基金公司和具有公募基金资格的资管公司）的总收入是 2.6 万亿元，其中货币型基金与指数型基金贡献近一半，剔除货币型基金和指数型基金，主动型基金收入为 1.3 万亿元，其中证券价差收入、股息收入与公允价值变动收益合计贡献 8 300 多亿元，投资收益相当可观。

从基民的角度来说，过去 5 年，每支付 1 元管理费，可以获得 6.9 倍的总收入，近两年的公募基金，尤其是偏股型公募基金的投资收益率上升更为明显，总收入与管理费的比例超过 20 倍。2016—2020 年偏股型基金和偏债型基金收入情况，见表 3.2 和表 3.3。

表 3.2　2016—2020 年偏股型基金收入情况

基金公司	总收入（亿元）	投资收益（亿元）	利息收入（亿元）	公允价值变动收益（亿元）	交易费用（亿元）	管理费（亿元）	投资收益 / 管理费
上海东方证券资产管理有限公司	355	262	6	85	5	42	6.3
交银施罗德基金管理有限公司	346	191	12	140	13	32	6.0
景顺长城基金管理有限公司	328	175	10	140	8	34	5.2
中欧基金管理有限公司	400	208	14	174	14	40	5.1
兴证全球基金管理有限公司	452	269	15	166	10	56	4.8
华安基金管理有限公司	306	187	33	79	20	40	4.7
汇丰晋信基金管理有限公司	72	51	3	18	4	11	4.7
前海开源基金管理有限公司	115	67	6	39	6	14	4.7
银华基金管理股份有限公司	247	119	10	117	12	26	4.5
大成基金管理有限公司	82	67	3	11	6	16	4.3

资料来源：Wind，中泰证券研究所。

表 3.3　2016—2020 年偏债型基金收入情况

基金公司	总收入（亿元）	投资收益（亿元）	利息收入（亿元）	公允价值变动收益（亿元）	管理费（亿元）	投资收益 / 管理费
上海东方证券资产管理有限公司	61	25	34	2	8	3.0
兴证全球基金管理有限公司	80	20	57	1	8	2.6
鹏扬基金管理有限公司	33	9	24	0	4	2.2
易方达基金管理有限公司	220	41	180	–4	27	1.5
农银汇理基金管理有限公司	108	16	87	5	11	1.5
万家基金管理有限公司	55	7	46	1	5	1.4
国寿安保基金管理有限公司	91	10	79	1	8	1.3
永赢基金管理有限公司	105	10	90	1	8	1.2
天弘基金管理有限公司	38	5	38	–5	5	1.1
国投瑞银基金管理有限公司	35	5	30	–1	4	1.1

资料来源：Wind，中泰证券研究所。

机构投资者之间的分化也在加大

近年来，基金公司之间的投资业绩分化也在加大，由于不少基金成立较晚或者取得公募牌照时间较短，从可比的角度看，我们只选取过去 5 年管理费在行业平均水平以上的公司进行观察。站在基民的角度看，我们用投资收益 / 管理费进行简单衡量，可以发现近年来崛起了不少优秀的基金管理公司，对于偏股型基金，东证资管、交银施罗德、景顺长城和中欧基金等基金公司表现优异，过去 5 年的投资收益 / 管理费均在 5 倍以上，远高于市场整体的 2.9 倍。

对于偏债型基金，东证资管、兴业全球、鹏扬基金、易方达、农银汇理等基金公司表现靠前，投资收益 / 管理费均在 1.5 倍以上，而市场平均水平只有 0.4 倍。

2020 年全年公募基金总规模超过 20 万亿元，较 2016 年增加了 118%，其中，非货币基金规模为 12 万亿元，较 2016 年增加了 152%，而货币基金占比在 2018 年见顶后连续回落，至 2020 年占比已不足 40%。而在非货币基金里面，债券型基金和指数型基金近几年增长速度较快（分别增长了 167% 和 175%）。

2020 年偏股型公募基金的骄人业绩，加上银行保本型理财产品收益率的回落，使得居民理财需求发生了变化，也给机构投资者提供了新契机。2020 年权益类基金无疑是公募基金规模增长最重要的推动力，相比 2019 年末，混合型基金在 10 个月内，整体规模增加了近 2 万亿元，股票型基金规模也实现了超 5 000 亿元的增长，权益类基金合计增长达 2.43 万亿元。

截至 2020 年末，我国境内共有基金管理公司 138 家，其中，中外合资公司 44 家，内资公司 94 家；取得公募基金管理资格的证券公司或证券公司资产管理子公司共 14 家、保险资产管理公司 2 家。但规模差距在 2020 年进一步拉大，市场资金继续向头部基金公司及明星基金经理集中，Wind 数据显示，截至 2020 年末，主动权益基金管理规模超过 500 亿的共有 23 人。

因此，138 家公募基金在 2020 年基金大扩容过程中，规模差距进一步扩大，基本也呈现强者恒强的局面。头部基金如易方达、汇添富、广发等剔除货币基金之后的规模比 2019 年增长 75%~100%。

而在非货币基金方面，债券型基金和指数型基金近年来也增长较快，2020 年合计占比超过 56%，这背后体现了居民理财需求扩散的新趋势，在无风险收益率逐年下滑的背景下，基金产品的发展丰富了居民的资产频谱。

2021 年：分化仍将持续，均值回归可期

增量经济下的主要特征是“把蛋糕做大”，大小企业都有发展空间和盈利能力。因此，在过去很长时间，A 股市场的中小企业优势都是十分明显的，“小的就是美的”，受到投资者追捧。2017 年以后，随着中国经济增速的进一步下行，存量经济主导的格局越来越明显，而存量经济的主要特征就是分化，即“切分蛋糕”的过程。

因此，机构投资者业绩优异表现的背后，实际上也是宏观经济进入存量时代的必然结果，机构投资者在把脉经济结构变化和辨析谁能分享更多“蛋糕”方面更具优势。自 2016 年供给侧结构性改革以来，A 股市场与实体经济一样，呈现的最大特征就是分化。

分化体现在多个层面，一是行业内部头部公司的盈利优势不断扩大。简单取营收规模排名前 30% 的 A 股非金融企业来代表头部公司，以排名前 30% 的 ROE 中位数与全部非金融企业的 ROE 中位数差额来衡量全市场的盈利分化程度，可以发现 2015 年以来，全市场的盈利分化趋势持续扩大。二是行业间的分化，不同行业内部的盈利分化程度也存在较大差异。从过去 5 年来看，建材、农林牧渔、食品饮料、家电和房地产等行业竞争格局不断优化，龙头企业的超额盈利明显，而钢铁、公用事业、商业贸易、计算机等行业的竞争格局并没有明显变化。

不少符合机构配置要求的头部公司在近年来高速成长，有好的业绩就有好的股价表现，2016 年至 2020 年 11 月的 A 股市场一共诞

生了 96 只 10 倍涨幅的股票，2020 年第三季度公募基金重仓持有这些“10 倍股”的市值近 3 000 亿元，占公募基金重仓股总市值的比例超过 18%。

为什么机构投资者能够“抓住”那么多好公司呢？一是机构投资理念与中国经济结构变化的趋势相契合，比如这些“10 倍股”大多集中在医药生物、食品饮料、半导体、新能源等行业，以食品饮料和房地产行业的相对估值走势为例，宏观经济从投资驱动向消费驱动的转换非常明显，而机构投资者对政策导向的把握更具优势。二是在集中度提升的背景下，一些细分行业开始出现龙头企业，而机构投资者更专业，且有广泛的社会资源，卖方提供各类咨询服务，使得他们擅于发现行业头部企业。比如安井食品，在过去几年迅速成长为速冻食品行业龙头，我们发现 2018 年之后嘉实基金便持续重仓持有其股票，持股比例一度占流通股本 10% 以上。

如今，结构性行情仍在继续，那么还将持续多久呢？我们常用全市场估值中位数与沪深 300 的估值中位数比值来衡量市场风格，比值上升表示市场风格小盘股占优，反之代表大盘股占优。

2017—2020 年，A 股市场的风格与此前完全相反，从 2013—2016 年的小盘股持续占优的阶段转向大盘股持续占优的阶段，更是近年来结构性行情的真实写照，如果以上证指数来衡量市场，A 股市场显然没有出现全面牛市，但以上证 50 或沪深 300 来看 A 股市场，显然早已处在牛市之中。

市场经常用利率变化来解释风格变化，比如利率下行期对中小盘股的估值弹性有放大作用，而利率上行期风格往往会切向大盘股，这的确能解释 2014—2018 年这段时间的大小盘轮动。但是为什么其他阶段是失效的？

2018 年以来利率持续下行，市场风格转换指标为什么仍然在区间震荡？我们认为，这背后的核心因素还是盈利能力，2015—2017

年全A盈利增速持续回升，为叠加利率下行提供了估值驱动力，所以才有了成长板块占优，而此前和此后几个阶段，都是盈利增速的下行期。因此，从短周期来看，利率走势有一定的解释力，但更多是同步关系。

整体而言，宏观环境的变化才是导致利率以及股票市场大小盘风格出现大趋势轮动的核心力量，决定未来市场风格走向的关键取决于经济复苏的力度和货币政策的走向。2021年结构分化的格局应该还会持续，因为这是存量经济主导下的大趋势。

但是，2020年加剧这种分化的原因，主要是受新冠肺炎疫情的影响，疫情使得新旧动能转换速度加快。我们看到美国股市中的高科技、大消费和互联网类公司的市值大幅提升，如苹果的市值突破2万亿美元。2021年新冠肺炎疫情的形势会否得到好转？2020年下半年以来，大宗商品价格已经出现了上涨，反映了人们对2021年疫苗接种带来的经济复苏的乐观预期。

从A股市场的分行业估值（P/E和P/B）水平看，周期性行业大部分处在估值水平的历史低位，而“好赛道”行业的估值水平则大部分处在历史高位，如电子、医药生物、食品饮料、家电、休闲服务、汽车等行业；银行、房地产、公用事业、建筑装饰、商贸、采掘、非银金融等行业的估值水平则处在历史低位。因此，2021年确实存在均值回归的可能性。

当然，均值回归能否持续存在不确定性。一方面，疫苗的效果究竟如何仍需要时间去验证，毕竟新冠肺炎疫情肆虐时间不足两年，人类对它的认知水平有限；另一方面，全球经济在没有疫情的时候，已经出现诸多衰退迹象：高债务、贫富分化、贸易争端等诸多长期累积的问题导致经济增长动能减弱。

就国内而言，2021年在房住不炒的既定政策下，货币政策不会大放水，利率不上调就算不错了；财政政策估计要收紧，即特别国债不会再发、专项债规模会缩减、土地出让金收入也可能下降——这些举措都不利于周期性行业的复苏。

因此，2021 年均值回归现象大概率会出现，预估 2021 年我国 GDP 的增速同比应该在 8% 以上，疫情缓解之后，传统产业的盈利水平有望提高，但长期趋势并没有因此而改变，所以我们对周期性行业复苏并不抱过高期望。

2020 年另一个现象是“A+H”的溢价率不降反升，从 2020 年初的 127% 上升至 2021 年 2 月 1 日的 142%。溢价率上升表明南下资金规模小于北上资金规模，这或许与人民币升值有一定相关性。但是，随着长线机构资金的增加，这些资金应该更愿意配置低估值的长线品种。因此，我们判断 2021 年港股市场的机会相对会多。

2020 年 10 月以来，“A+H”的溢价率已经从最高时的 149% 回落到 2021 年的 40% 以下，这实际上已经在呈现均值回归现象，估计 2021 年这一趋势会更明显。

总之，股市的分化反映了经济的分化，在存量经济主导下，股市还会继续呈现强者恒强、此消彼长和优胜劣汰的特征，2017 年我们就提出“抓大放小”的投资策略，如今依然成立。当然，市场在经历了这几年偏离度上升之后，确实存在均值回归的理由和动力。

2021 年的资本市场仍然会比较繁荣，并在繁荣中走向开放。但期望公募基金继续获得 30% 以上的超高收益率，似乎并不现实。投资回归理性是新兴市场走向成熟的长期趋势，相信随着机构投资者比重的提高，A 股市场的估值体系会更加合理。

为什么说今后投资机会主要在供给侧*

2020年初以来，受到突如其来的新冠肺炎疫情影响，经济出现负增长，而楼市和股市却呈现上扬走势，这实际上都是需求侧政策发力的结果。那么，今后货币政策和财政政策还会继续大力刺激需求吗？疫情之下，全球主要经济体都在加速供给侧下的出清。以国内大循环为主体，国内国际双循环相互促进的新发展格局下的投资机会在哪里？

需求侧已乏力且存在弊端

面对突如其来的全球性疫情，很多国家都采取了降息和定量宽松的货币政策。美国两次降息，逼近零利率，我国也不例外，降准降息，截至2020年6月，1年期LPR（贷款市场报价利率）下降46BP（基点）至3.85%，5年期LPR下降20BP至4.65%。M1、M2同比增速均拐头向上。

在财政政策方面，我国将财政赤字率上调至3.6%，此外还发行了1万亿元特别国债和3.75万亿元地方专项债。但美国的财政

---

* 原文发表于2020年9月，本书对部分数据和内容做了更新。

政策力度要比我国大很多，实际上2020年美国的财政赤字率水平为15.2%。

例如，美国既给大部分居民发放疫情补贴，又大量发放失业救济金，美国第二季度居民可支配收入同比增幅高达11.5%，而居民消费减少了10.7%，由此居民储蓄率提高至25.7%。2020年上半年中国居民可支配收入名义增长2.4%，扣除价格因素，实际下降1.3%，远低于美国。同时，全国居民人均消费支出比上年同期名义下降5.9%，扣除价格因素，实际下降9.3%。可见，美国是典型的现金补贴多而消费大减，由此产生了溢出效应，资金流向股市，所以出现了纳斯达克股指创新高的局面。

此外，A股市场也出现了开户数量大幅上升、公募基金发行规模创历史新高的现象。但是，就国内而言，这一次为应对疫情的“大放水”，政府又一次提高了宏观杠杆率，2020年前7个月新增贷款13.1万亿元，同比增长2.4万亿元。而且，疫情对于传统产业的打击更大，对中低收入者的收入影响更深，美国也是如此，失业率上升后，人均薪酬反而上升，说明低薪者在失业，传统产业更加低迷。

但刺激需求的作用究竟有多大呢？2020年，在全球主要的经济体中，美国的GDP增速为-7.3%，欧盟的GDP增速为-8.3%左右，中国的GDP增速也只有2.3%，这就决定了我国居民收入增速维持在2.1%，对拉动内需的作用十分有限。

疫情之下，豪宅被抢购，奢侈品购买排长队，车市低迷豪华乘用车销量却大幅增长。股市、楼市繁荣导致财富效应进一步加剧了分化，这也反映了需求侧刺激政策的弊端。尽管紧急注入流动性资金是必要的，可以避免发生流动性危机，但弊端在于，这不仅增加了社会债务和加大了资产泡沫，而且还加剧了收入分化，导致结构性问题更加突出。

也就是说，通过刺激需求不但难以让居民部门的收入显著增长，反而有可能使资产泡沫泛起和收入差距进一步扩大，只有依靠收入再分配来缩小收入差距，才能起到扩大内需的效果，但这属于制度供给范畴了。

大循环和双循环的发力点在供给侧

以国内大循环为主体，国内国际双循环相互促进的新发展格局究竟如何操作？有些人的理解是：既然外需不行了，就刺激内需。但是，如前所述，刺激内需不仅弊端很多，而且不能治本。事实上，2020 年下半年以来，货币政策已不再延续之前那么宽松的趋势了，预期中的降准降息都没有发生，债市的收益率再度上行。

这反映了总量政策的局限性，因为全球经济面临的核心问题，都是结构性问题，而非总需求不足问题。2015 年短暂的股市泡沫最终被刺破，体现了当时的财政货币政策刺激力度过大的问题，因此，2020 年的政策重点就是防范 2015 年的刺激过度问题再度发生。

2020 年经济的一个明显特征就是分化，分化反映了存量经济特征，是经济增速下行的标志，经济运行的周期性特征趋弱，长期的逆周期政策已经导致宏观杠杆率水平大幅上升，反过来限制了继续刺激需求的空间。因此，通过继续实施宽松的货币政策和扩大财政赤字的做法存在较大风险。同时，在资产泡沫凸显的情况下，紧接着大力实施收入再分配政策（如推出房产税、资本利得税等）也不太现实，不仅容易触发系统性金融风险，而且与 2020 年的“六稳”“六保”政策导向不一致。

疫情之下，全球很多传统企业破产倒闭，说明疫情加快了供给侧的出清速度，对中国而言，实际上也加快了新旧动能转换的速度。因此，在 2020 年疫情导致全球产业链受阻和中美摩擦加剧的背景下，保持国内大循环顺畅和继续加大开放力度，以及让国内国际双循环相互促进就显得非常重要了。

国内大循环得以运行的一个很重要任务，就是要扩大进口替代比例，尤其是对外依赖度较高的进口商品替代。例如，2020 年我国的货物贸易中，出口规模同比下降 4%，进口规模同比下降 0.7%，而集成电路进口规模却逆势增长，增幅为 14.6%。

从进出口弹性角度看，我国对先进设备及关键零部件的进口依赖具有较强的刚性，即便在疫情造成经济活动大幅骤停的情况下也是如此。除了在芯片产业链的设计、制造技术方面对外依赖度较高外，我国在数控机床、新材料、光学仪器设备等方面的对外依赖度也很高。

因此，今后国家在科技领域的投入规模还会继续加大，同时还将引导资金等各方面社会资源优先进入关键技术领域，从而为今后降低关键产品的对外依赖度做准备。因此，2020 年科技类企业股权融资的规模大幅增加，实际上也是在大幅增加资本市场的产品供给。

此外，原材料类（粮食、能源、矿石资源等）将成为我国进口项下的另一个“半壁江山”，在外部风险加剧的背景下，与其相关的粮食安全、能源安全、资源安全亦成为内循环供给端下需要进行的另一项改革。如 2019 年，原油进口达 507.23 百万吨，增长 9.5%，对外依存度升至 72.45%；天然气进口 130 156 百万立方米，增长 6.9%，对外依存度为 44%（见图 3.3）。

就资源储备而言，我国中西部地区的潜在储备与我国外需依存度高的资源品种具有较强互补性：从国内矿产资源格局来看，中国 60% 以上的矿产资源分布在西部地区。这意味着，新形势下加大对中西部地区资源利用及进行新一轮西部开发是降低资源海外依赖度的必由之路。

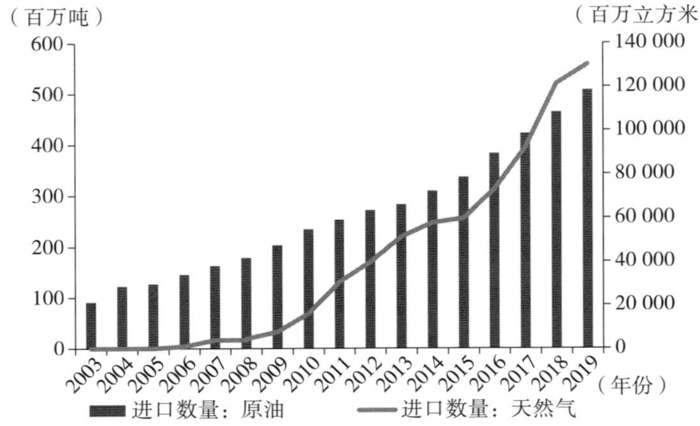

图 3.3　中国对海外原油及天然气的依赖度持续上升

资料来源：Wind，中泰证券研究所。

疫情加速供给侧出清：赛道更清晰，核心资产获溢价

老子说，“治大国如烹小鲜”。在经济体量比较小的时候，大国的改革可以“闯红灯”“摸着石头过河”，到 2020 年，中国的 GDP 体量已经超过 100 万亿元，则需要稳中求进。例如，在今后几年内都不太可能推行房产税的征收，因为在中国经济增长中，房地产的贡献率在 20%~30%。但不推行房产税不等于没有办法来管控房价，因为只有抑制泡沫才能确保金融和经济安全，所以今后房地产的投资回报率估计会下降。

在 M2/GDP 超过 200% 的时代，我国资产泡沫不仅体现在房地产领域，同样体现在其他资产领域。抑制资产泡沫有两个方向，一是抑制需求，如限购房产、收紧货币等，二是扩大供给。对于房地产领域，大规模扩大供给的后患较大，因为中国城镇居民住房自有率已达 97%，超过美国居民 20 个百分点，在投资、投机性需求下，住房空置率也已经很高。

因此，就大类资产配置而言，减少对房地产的配置比重，增加对金融资产的配置比重，是完全符合双循环背景下的时代发展趋势的。同时，由于银行理财产品的刚性兑付已经被打破，净值型产品的投资风险显现，而股市上的偏股型公募基金的平均业绩连续两年都表现得非常优异，2020 年已经吸引了很多银行储蓄资金去购买证券市场的金融产品。

但对于资本市场而言，用动态市盈率或市净率的中位数来反映 2021 年 A 股市场的整体估值水平，并做国际比较，不难发现估值水平已经偏高。但抑制需求没有意义，因为资本市场的体量还比较小，并且股权融资占社会融资总额的比重非常低，扩大股权融资规模，无论从哪个角度看，都对中国经济转型和发展有利。

因此，在双循环模式下，大力发展多层次资本市场，扩大注册制试点，让更多的高科技企业和创业企业融资上市，是板上钉钉的扩大供给策略，此举不仅可以提高直接融资比率，降低企业杠杆和促进转型升级，还可以抑制股市泡沫，化解系统性金融风险。

如果说，2020 年上半年 A 股市场的主要机会来自降准降息下的需求侧，即资金推动型牛市，那么，2020 年下半年以来，在“宽信用”环境下，降准降息预期下降，银行信贷增速也将下降，而股权融资的规模会持续上升，投资机会将更多地来自供给侧。

如果持续对经济强刺激，在溢出效应下，股市或许有“全面牛市”的机会，这也是上半年不少个人投资者感到赚钱容易的原因。但 2020 年下半年以来，市场的资金净流入量减少，股票的供给量增加，机会只能是“结构性”的了。

此次疫情实际上加速了供给侧下的企业出清步伐，虽然传统产业的优胜劣汰是长期趋势，但 2020 年以来出清的速度明显加快。这对于资产配置而言，更需要有前瞻性的思考，也就是说，在新旧动能加速转换的背景下，只看估值高低或只看题材大小是远远不够的。

2017 年初以来，沪深两市交易集中于大市值股票（流通市值排名在全市场前10%），小市值股票（排名在后50%）的交易日渐冷清：排名在前10%的公司（每季度末动态调整）的市值占比，2017年以来呈趋势性抬升，直至2020年第四季度超过60%。排名前10%公司股票的交易额占比也呈现类似态势，从2017年初的25%，抬升至2020年第四季度的43.48%。与此相对应的是，排名在后50%的公司，市值占比从2017年初的接近20%回落至2020年第四季度的不到10%，交易额占比则从35%回落到约15%。

当前A股市场出现的这种分化现象，与美国股市20世纪90年代以来的趋势演变非常类似，如1990年美国股市中500亿美元市值以上公司的总市值在全市场的占比只有10%，2020年已经超过70%。截至2021年2月，A股市场超过500亿美元市值的公司还不多，说明中国的行业集中度还不够高，做强做大的企业还不够多，今后必然会呈现强者恒强、优胜劣汰的局面。

这也意味着，国内至少有超过一半的公司是不用去覆盖研究的，今后这一比例还应该扩大。在股票供给不断增加的趋势下，投资只能优中选优，只有核心资产才会受到重视和追捧，而交易的集中度也会越来越高。

在供给侧出清过程中，一定是强者恒强，优胜劣汰。按王晓东（中泰证券研究所首席顾问）根据最新发布的半年报的统计，国内大市值公司的利润增长（季调环比折年率）也远超市场平均水平，第二季度业绩更是大幅跃升，说明大市值公司（银行除外）受到追捧，是有基本面支持的。

2017年以前，大市值股票受到冷落，业绩“确定性强”的大公司被折价。随着机构投资者市场定价权的提升，市场逐步呈现与成熟市场类似的“确定性溢价”现象。

就大多数上市公司或者上市公司平均盈利水平而言，盈利水平是逐年下降的，而且幅度可观。以新股上市当年的ROE为基准，在

2006—2019 年，1 年后 ROE 平均下降了 0.9 个百分点。而且是逐年下滑，6 年后 ROE 相对上市当年，平均下降幅度达到 4.5 个百分点。也就是说，股票供给虽然在大幅增加，但在经济增速下行的背景下，“平庸”的公司居多，选择的难度加大。

从 2020 年末的市场估值水平看，医药生物、食品饮料、电子和计算机等热门行业大都已经处在历史估值水平的 85 分位以上，总体股价已经不便宜了，但银行、采掘、交通运输、房地产、公用事业等行业则处在历史估值水平的 20 分位以下，反映出行业之间估值分化大幅上升。

因此，供给侧出清下的机会已是剑走偏锋，便宜的股票没人理会，贵的股票有贵的道理。投资既要选准“好赛道”，又要选准“千里马”。就“赛道”而言，应该围绕着人口老龄化和消费升级下的大消费领域，在产业转型升级的背景下，高科技的应用场景越来越广，细分领域也越来越多。在已经出现头部企业的行业内，“白马”会强者恒强，获得确定性溢价；在还没有形成头部企业的行业领域，“黑马”会腾飞，市值倍增的空间更大。

经济分化——商品和资产价格将如何变化*

从国家统计局公布的2020年统计公报看，我国中等偏下收入和低收入组共5.6亿人的人均月可支配收入为1 013元，而高收入组所包含的2.8亿人口的月可支配收入达到6 691元，可见，居民收入分化现象很明显。此外，人口与区域、产业和企业的分化也在扩大，新冠肺炎疫情或加剧分化，这将对商品价格和资产价格的未来走势带来什么影响？

政策对冲分化：改变斜率而非趋势

《2020年国务院政府工作报告》与以往相比，最明显的不同是特别强调中央给地方让利、银行给企业让利，同时还提出了“强化扶贫举措落实，确保剩余贫困人口全部脱贫”，实际上是全社会向低收入群体让利。

尽管过去也强调均衡发展，但措辞没有2020年这么强烈，如“各级政府必须真正过紧日子，中央政府要带头，中央本级支出安排负增长，其中非急需非刚性支出压减50%以上”；“上述2万亿元全

* 原文发表于2020年5月，本书对部分数据和内容做了更新。

部转给地方，建立特殊转移支付机制，资金直达市县基层、直接惠企利民……决不允许截留挪用。”

又如“金融机构与贷款企业共生共荣，鼓励银行合理让利。为保市场主体，一定要让中小微企业贷款可获得性明显提高，一定要让综合融资成本明显下降”；“大型商业银行普惠型小微企业贷款增速要高于 40%。支持企业扩大债券融资。”

地方政府的事权繁多，多年来承担的责任越来越多，财权与事权不对等，因此中央要适度让利给地方；中小微企业和个体工商户贡献了全社会 90% 的就业岗位，而中小微企业融资成本高，经营压力大，就会对就业造成压力，因此，从解决就业这一角度看，也要扶持中小微企业。

不可否认的是，通过这些年来坚持不懈的努力，我国的城乡差距确实明显缩小，如 10 多年前，城市居民收入差距最高时达到 3.3∶1，2020 年第四季度已经降至了 2.55∶1。但是，随着经济增速的放缓，中国经济的存量特征越来越明显，而在存量经济下，只有靠生产要素的优化配置，才能获得竞争优势。

例如，根据世界银行的案例归纳研究得出的结论是，经济密度每增加一倍，生产率提高 6%，而与中心城市的距离每扩大一倍，利润就下降 6%。这就是为什么我国提出长三角经济一体化和粤港澳大湾区的依据所在——劳动力、资金、技术等都在向这些地区聚集。

问题来了，中国劳动年龄人口数量在 2011 年达到峰值 9.25 亿，此后逐渐下降，2017 年净减少人数最多，达到 548 万，至 2019 年累计减少超过 2 860 万。近年来，我国的劳动力主要流向长三角和珠三角地区，其他地区劳动力数量受到劳动年龄人口减少和劳动力流失双重冲击，在这种趋势下，区域经济发展水平差距如何能缩小呢？

人口集中的同时也伴随着资金流、货物流和信息流的集聚，使得集聚地区的 GDP 份额不断提高，区域经济之间的差距不断扩大。近年来，长江以南地区的经济份额在显著上升，与人口流向相一致。

例如，广东省的GDP一直排在全国第一，但人口规模只有广东省一半多的浙江省经济则后来居上，GDP排名直逼人口第二大省——山东省，2019年人口净流入规模排名全国第一；过去三年中，山东省人口累计净流出排名第一。

从政策层面看，在这次的政府工作报告中，东北振兴、西部大开发和中部崛起等经济目标也再次被提及，落实政策需要大量财政投入，但由于资金与人力要素的投入未必能匹配，投入的乘数效应如何，还是需要评估的。

根据国家统计局的数据，2016—2019年，我国居民家庭中，中等收入组的人均可支配收入累计增长了19%，但高收入组的人均可支配收入累计增长达到29%，显著快于中等收入组。这表明，尽管我国的城乡收入差距在缩小，但全体居民的收入差距却仍有扩大趋势。

尽管政策总是逆向对冲经济发展过程中出现的各种分化现象的，但随着增量的持续减少，增量对存量的影响越来越小，“蛋糕”就这么大，怎么切都不会增加，因此，存量经济下的分化一定是大趋势，这边“切”多了，那边就“切”少了，政策恐怕只能改变斜率，而很难改变趋势。

商品价格的趋向：通胀、滞胀还是通缩

为了应对疫情带来的经济停摆和流动性风险，主要经济体纷纷“放水”，尤以美国为甚。美国不仅采取“无限量QE”，还将财政赤字货币化，即美联储直接购买美国国债，替联邦政府买单，而且还买美国的企业债。2021年2月，美联储的资产负债表规模已经高达7.25万亿美元，再度刷新纪录，这令市场担忧巨量刺激会引发通胀和债务危机。

农产品原材料的库存大幅下降，但服装及面料的库存大幅上升。说明对生活必需品的需求量还是比较大的，不过由于美国的恩格尔系数比较低，食品价格上涨对 CPI 的影响并不大。同时，2020 年 4 月美国的失业率达到 14.7%，创下大萧条以来最高水平，平均时薪同比上涨 7.5%，创下 2007 年以来最大涨幅。这也反映出此次美国失业人口主要是低薪阶层，低收入者没钱了，通胀也就很难起来。

那么，未来美国通胀会起来吗，会出现滞胀吗？未来的不确定性太多，但至少在全球主要经济体的疫情形势趋于缓和，复工率提升的情况下，从中短期看，通胀压力并不大。

对中国而言，2020 年 CPI 呈前高后低的走势，在 2 月达到 5.4% 的峰值后，到 12 月回落至 0.2%，PPI 则在 5 月降至 –3.1%，后抬升至 12 月的 –0.4%。2020 年 5 月以来农产品和菜篮子价格指数持续走低，其中蔬菜和猪肉的价格已连续多周下降（见图 3.4）。

图 3.4　2020 年 4 月 CPI 和 PPI 均出现回落

资料来源：Wind，中泰证券研究所。

如果全球疫情逐步得到控制，国内复工复产情况也不断好转，但居民收入尤其是中低收入群体的收入减少情况仍是客观存在的，尤其在 5 月以后出口订单量减少的情况下，出口货物减少，出口部门劳动力的就业和薪酬都受到影响，加上出口转内销，则国内 CPI 可能继续回落。

但就经济而言，从第二季度开始，将出现正增长，2021 年第一季度的增速有望达到 9%，因此，在 CPI 下行、GDP 增速上行的短期趋势下，滞胀之说就不成立了。

因此，面对全球性的货币泛滥，对于物价走势的判断，我们不能只去套用所谓的“通胀永远只是货币现象”理论，因为社会经济领域的大部分理论都经不起时间的考验。例如，日本就是长期实行宽松的货币和财政政策，却没有出现通胀，也没有发生债务危机。在大数据时代，我们完全可以精准地分析和预测哪些商品价格会上涨，哪些会跌，而不是见风就是雨。

例如，铁矿石价格上涨，不代表原材料价格都会上涨，铁矿石的价格，与澳大利亚和巴西的供给跟不上和国内需求的报复性反弹有关——属于阶段性的。而国内路易威登和香奈儿等奢侈品的涨价，既与疫情造成的出国购物不便有关，又与疫情导致原产地生产不足有关。

资产价格趋势如何：股市与楼市分化，债券与黄金走强

根据 IMF 的预测，2020 年全球经济将萎缩 3%，这将是自大萧条以来最严重的经济衰退。发达经济体 GDP 普遍陷入负增长，平均增速为 –6.1%，其中美国 GDP 增速为 –5.9%，而中国和印度也仅仅勉强维持正增长。

但是，2020 年 4 月以来，美国股市表现非常强劲，其中纳斯达克指数收盘再次逼近历史高点，道指和标普指数至 2021 年 1 月的反弹幅度在 40% 左右，已经是持续 11 年的牛市了。股市走势与经济

走势截然不同，在下跌超过 30% 后出现牛市，从历史上看确实是非常罕见的。很多人把股市走牛归结为美联储的“放水”。

确实，美国联邦政府已经出台了四轮财政刺激计划，总规模达到 2.9 万亿美元，而第五轮 3 万亿美元财政刺激的方案正在国会讨论当中。在货币政策方面则是无限量 QE 和财政赤字货币化，美联储通过“印钞”买国债。2020 年美国预算赤字为 3.13 万亿美元，M2 同比增速也到达 25.7%，为二战结束以来峰值。

美国大肆“印钞”首先触发债券牛市，第二季度开始，股市也出现了大幅反弹，尽管指数上涨幅度惊人，但分化现象也非常明显，涨幅大的主要集中在信息技术、科技和医疗健康等领域，传统产业如旅游、酒店、公用事业、航空、能源、金融、房地产等行业在大跌之后都反弹乏力。

纳斯达克指数再创新高，与新兴行业受疫情影响较小有关，但能源、航空、酒店、旅游等在标普 500 指数成分股中占比将近 16%，而且标普 500 成分股的整体海外营收占比高达 40%，显然受疫情的影响较大，走势不如纳斯达克指数。

我们认为，通过低利率举债回购股票是美国 10 年牛市的重要原因，在低融资成本下，公司开始借债扩张。同时，上市公司大量回购股票，甚至通过低成本发债筹集的资金进行回购，将财务杠杆用到极致。2010 年以后，标普 500 指数的杠杆水平稳步提升。2020 年标普 500 指数成分股中有 25% 的公司，近 10 年回购的股本数超过公司总股数的 45%。考虑到 10 年内公司也有增发行为，用回购金额减增发金额计算净回购金额，标普 500 指数成分股中有 37% 的公司，近 10 年的净回购金额超过公司总股东权益的 45%。

此外，我们研究发现，美股（尤其是大公司）的股东都极度分散，华尔街的金融机构几乎占据了绝大多数美股的前几大股东。标普 500 指数成分股的前 20 大股东持股占比平均为 58%，其中持股最多的前 5 大股东类型依次是：投资咨询公司、对冲基金、主权财富基金、银行和保险，均为金融投资类机构。其中，投资咨询公司持股更是占据前 20 大股东持股总数的 85%。

相较于产业资本，华尔街的精英在各种股权激励和薪酬激励机制下，对公司的短期财务业绩和股价表现的追求动力更加强烈。如前所述，近年来标普 500 指数的负债率稳步提升，即使 2016 年以后联邦利率有所回升，美股的杠杆率水平依然居高不下。

大股东更重视短期业绩目标，这或许是上市公司采取过度加杠杆、回购等短视行为的重要原因。相比公司创始人或继任者，来自华尔街的职业经理人更喜好回购股票。如苹果和麦当劳的回购计划金额分别在 2013 年和 2015 年突然增加，这与公司管理层的变更是同步的。

又如，波音公司在加杠杆、获得最大化短期利益方面也做到了极致，且为了追求短期财务表现，可能降低了对长期发展很重要的研发支出。因此，过去 10 年波音公司的研发支出占比与 ROIC（投入资本回报率）呈现明显的负相关性。

A 股的走势之所以明显弱于美股，是因为我国 2020 年的财政、货币政策与美国不是一个量级。如 2020 年我国的财政赤字率只有 3.6%，而美国财政赤字率则超过 15%。不过，A 股与美股存在类似之处，就是创业板指数比上证综指和深证成指走得强，这是因为中国经济正处在转型期，而疫情则加速了这样的转型。

实际上，A 股仍然延续这些年来的分化特征，即科技、信息、医疗健康和食品饮料板块的走势比较强，传统行业中的酒店旅游、金融、房地产、石油、石化等走势比较弱。无论是美股还是 A 股，都面临着“钱多资产少”的局面，因此，市场会给好资产更高的估值水平。那么，好资产有哪些呢？主要还是稀缺资产和核心资产。

楼市的分化与股市的分化，均属于同一个逻辑，即一方面货币大量超发，货币泛滥支撑了大部分资产价格，不因泡沫而破灭；另一方面货币（资金）的流向和流量，与资产价格呈明显的正相关关系。此外，人口的流量与流向，同样与房价呈正相关关系。

2020 年以来，深圳和杭州的房价均出现大幅上涨，成为全国房地产最火爆的两大城市，这与 2019 年杭州与深圳的人口净流入排名全国第一、第二有关；信息与科技产业的蓬勃发展，必然会带来资金流，而信息与科技产业的从业人员的收入也会相应提高，从而拉动了房价的上涨。

实际上，美国房地产的分化现象也与中国类似：从 2019 年 3 月至 2020 年 3 月，亚特兰大房价涨幅为全美第一，因为它作为科技港湾，以创新为动力的生态系统吸引了很多高科技企业和人才流入。而美国西海岸围绕着硅谷发展起来的那些高科技和信息产业所在城市，其房价也位居美国各大城市前列，如旧金山的房价超过纽约，为全美最高，此外，排名第三到第五的，分别是圣迭戈、洛杉矶和西雅图，均超过传统的东部金融业发达城市波士顿。

大约在 2016 年我就开始看好黄金了。逻辑是全球性的货币超发将持续，全球性的经济衰退难以避免，黄金兼具投资和避险的双重属性。而且，黄金的价格被各国政府长期人为压制，为的就是可以放肆地“印钞”。

在过去的 50 年中，美元的含金量几乎缩水了 97%，其他新兴纸币对美元大都贬值 90% 以上，在黄金面前几乎变得一文不值。1929 年至 2020 年第三季度，美元纸币增长了 330 倍，美国经济实际增长了 16 倍，而黄金存量只增长了 6.7 倍。从 1971 年开始算起，美元纸币增长了 21 倍，美国经济实际增长 2.7 倍，而黄金只增长了 1.1 倍。不过，2020 年国际金价总体上涨了 25%，已经连续两年大幅上涨了，所以对 2021 年的金价涨幅不要持有过高期望。

2017 年，当不少人在憧憬“新周期”的时候，我写了一篇《可怕的时滞》，认为中国经济增速仍将下行，欧美日经济也无起色，但“放水”是一贯做法，谁都不敢收紧货币政策。

很多人认为，疫情不仅改变了我们的生活方式，也改变了我们的投资逻辑。实际上，疫情只是起到了加速器的作用。我们的投资逻辑没有因疫情而发生任何改变：经济衰退和经济分化在疫情暴发之前就出现了；网购及在线交易、在线教育、在线医疗等在疫情暴发前就已经在高速增长了。事实上，是科技在改变我们的生活方式，是长期和平下形成的经济痼疾，以及各国所采取的“保守疗法”在改变我们的投资逻辑。

因此，在判断商品和资产价格走势时，切勿墨守成规，套用前人理论，而是应该利用大数据，做贴近实际的分析。

第四章

资产过剩趋势下寻找核心资产

1998 年，我买了一辆原装进口的乘用车，这是我当时拥有的唯一“资产”，因为那时我还没有房子。2000 年之前，中国经济总体看还属于商品短缺时代，大部分国内居民都还没有购买商品房，也就是说，除了拥有彩电、冰箱、洗衣机等大件耐用消费品外，人们几乎都没有什么资产。当初买车主要是为了避免货币贬值的保值行为，然而耐用消费品实际上并不属于真正的资产。

2000 年之后，中国告别了商品短缺时代，居民家庭开始配置各类资产，进入了资产短缺时代，城镇化率大幅提升，房地产行业发展迅猛。但那个时候的问题在于居民收入水平较低，恩格尔系数较高，人们在满足了吃穿之后，所剩无几。于是，我在 2006 年写了一篇《买自己买不起的东西》，言下之意就是举债增配资产。不过，2016 年以后，我发现 A 股市场的“壳资源”股价大幅下跌，这就意味着资产也开始过剩了。于是，2018 年，我又写了一篇《买自己买不到的东西》，即提出在资产过剩时配置核心资产的逻辑。

2020 年，A 股市场“好赛道”上风景独好，但在“好赛道”上奔跑的未必都是“好马”。因此，守住核心资产才是确保资产增值的关键。当然，估值水平还是用来确定是否配置的主要依据。

资产过剩会否成为必然趋势*

犹记得2017年，我曾与几位业内的投资大佬聊经济发展的大趋势以及资产配置，发现他们大多还是偏乐观的，认为如今国运当头，周期股行情可以看得更长久些。更有人认为，中国经济的底部应从1911年的辛亥革命算起，尽管之后战争不断，但经济增长的底部却在不断抬升。不过，当谈到资产配置的时候，大家则纷纷强调要配置核心资产，这与以前习惯于坚定地看好某一板块的资产似有不同，也有人纠结于创业板何时能东山再起。与大佬们对话，使我对未来将出现资产过剩现象的逻辑更加清晰。

从货币扩张到货币收缩，对应“资产荒”到资产过剩

我经常讲的一句话就是“相信逻辑，不要相信奇迹”，因为我发现不少国人喜欢相信奇迹和神化个案。2010年以来，我写的有关中国城镇化率被低估、农业劳动人口被高估、居民可支配收入被低估等文章，都无一例外地是用最简单的逻辑来推导：既然城乡收入差距非常大，那么，农业青壮年人口何苦还要留在农村；既然农村人

---

* 原文发表于2017年8月，本书对部分数据和内容做了更新。

口已经大幅减少，那么，城镇人口应该大幅增加；既然国人在海外购买力如此强大，举债购房的比重又远低于美国，那么，真实的收入水平应该远不止统计数据公布的这些；既然统计数据有悖常识，那就应该探讨一下真实的数据究竟是怎样的。

2016—2017 年，房价不跌反涨，经济也回稳向上，似乎都在显现趋势的逆转。于是看图说话者多认为新周期崛起了。但我依然坚守逻辑，坚信逻辑比现实的数据更靠谱，因为短期数据不能代表趋势。如当你认为某类资产价格已经远超合理估值水平的时候，其价格还在继续上涨，就意味着这类资产离泡沫破灭的时间更近了。

大家常用“货币超发”来解释我国这些年出现的“资产荒”现象，但“资产荒”现象不会永远存在下去，我们一定要以发展和可转换的思维去看待当前的现象。

中国的 M2 规模早已笑傲全球，如此大的货币规模，需要有相应的“筹码”来匹配，于是，国内的证券化率不断提高。但是，A 股市场和一、二线城市土地市场受到高度管制，导致股市与楼市的泡沫化，而金融创新又带来了影子银行和互联网金融、P2P（互联网金融点对点借贷平台）等民间金融的潜在风险，于是，货币收缩成为 2017 年以来迫不得已的选择。除 2020 年为对冲新冠肺炎疫情影响阶段性反弹外，我国自 2017 年 4 月到 2019 年，M2 增速一直维持在 10% 以下，表明货币增量的回落已经难以避免。然而，由于 M2 存量巨大，货币增量回落对于存量的影响不大，短期内要得出“资产价格将因 M2 增速回落而下行”的结论，似乎依据不足。

不过，俗话说买股票就是买未来。因此，即便在货币增量变化对存量影响不大的情况下，大家也会关注未来货币收缩的趋势及影响。20 世纪 90 年代初，日本和“亚洲四小龙”金融泡沫的破灭，就是在货币收缩的背景下发生的。但又很难判断一致预期究竟会领先事实发生多长时间，这也是投资决策的难点所在。

调结构带来的价格上涨与经济周期回升是两码事

记得在2017年年中，A股市场上的钢铁、有色板块一度走势强劲，看似是周期性的行业重新崛起，这是否意味着中国重回2002—2007年的重化工业化时代呢？这种判断事后被证明太天真了。中国粗钢产量的增速早在2005年就达到了峰值，这意味着中国重化工业化早就步入了后期。2011年以后，中国就开始步入建筑周期的下行阶段，GDP增速也同步回落。2016年国家开始推进供给侧结构性改革，就是因为产能过剩。

2000—2010年，中国乘用车销量一年增加一倍，2017年乘用车销量见顶后，2018年至今逐年回落，2020年销量增速大约为-6%。因为存量足够大，所以中国已经步入存量经济主导时代。钢材、水泥、有色等大宗商品价格的上涨动力无非来自三个方面：一是供给收缩和环保压力下的产业整合；二是稳增长目标下的基建投资加码；三是三、四城市房地产投资增速大幅回升，加快了“资产过剩”的步伐。

政府的逆周期投资刺激政策加上供给侧的收缩，产生的结果是经济的实际增速超过不断下行的潜在增速以及国企的盈利改善，也就是说经济充其量回稳至“L型”，而非“V型”。如果没有刺激政策，那么经济增速会因需求疲软而继续下行。需求端的增长乏力，是未能支持新一轮经济回升的根本原因，有谁见过CPI不上行的周期崛起呢？

需求的疲软除了与GDP增速持续回落相关外，还与居民收入结构的扭曲有关，即贫富差距偏大。PPI与CPI之间缺口的扩大，可能就隐含着贫富差距扩大的因素。图4.1或许能够解释其中的部分原因。

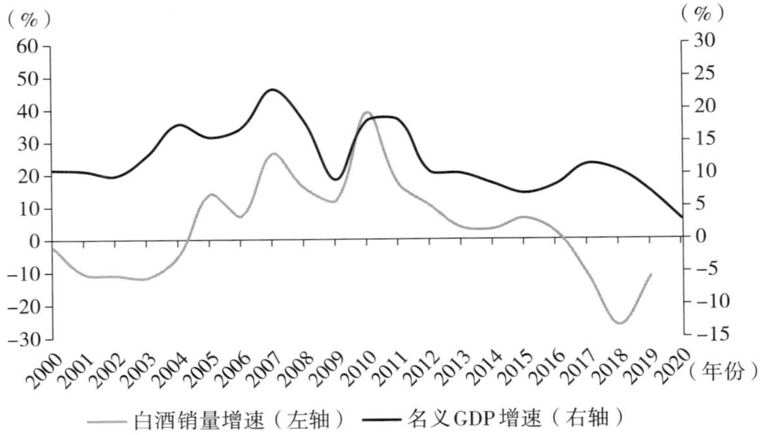

图 4.1　白酒销量增速与名义 GDP 增速从一致到背离

资料来源：Wind，中泰证券研究所。

2009—2010 年白酒销量大幅增加，与民间投资 40% 左右的高速增长有关，但 2016 年以来民间投资增速降至个位数，2020 年仅为 1.0%，而国企投资仍保持较高增速。白酒销量增速与名义 GDP 增速均出现回落，而茅台酒的销量却维持高增长，2010 年其销量增速估计达两位数，如果不对其价格进行人为压制，则仍有较大上升空间。

2010 年，整个白酒行业和茅台酒的销量增速都超过 20%，如今，两者情况早已分野，从 2016 年开始，高端消费的增速明显上升而低端消费增速低迷，背后的原因是国企投资高增长与民企投资低增长之间的差异。

从 A 股市场看，结构分化也非常明显，不再如过去那样出现行业轮动的普涨行情。2017 年至今，上证 A 股指数累计仅上涨 16%，但上证 50 指数却上涨了 68%。尽管房地产行业是反映经济周期是否启动的最好指标之一，但从 A 股市场的房地产板块看，其估值水平长期下移。说明大家对房地产的前景并不看好。既然连房地产这样代表周期的资产都不被看好，难道还要看好今后将带来巨额负债的基础设施投资的前景吗？

从政策层面看，抑制资产泡沫、降杠杆和防止因泡沫破裂而导致的系统性金融风险是目标，拉动投资稳增长也是目标，前者可以使经济降温，后者可以拉动 GDP 增长。因此，综合来看，如果调控顺利，则经济增速能走平；若调控不顺利，则下行压力依然存在。至于今后一两年内经济增速能否出现回升，都不会改变大趋势，切勿用显微镜寻找拐点。正如在 2001—2007 年这段经济上行周期中，有不少学者每年都在惊呼“狼来了”，但每次下行都只是上行过程中的一次回调而已。

未来资产过剩将成为常态

20 世纪 90 年代后期以来，我国就逐渐步入商品过剩的时代，从 CPI 波动幅度看，1995 年至今再也没有出现过恶性通胀。同样，从股市来看，2007 年以后波动幅度也明显减小；从楼市来看，2010 年以后全国楼市的整体涨幅低于同期 GDP 的累计涨幅。这说明当资产存量累积到足够大的规模之后，波动幅度就会减小。

展望未来，资产的供给将源源不断。从权益类资产来看，供给量将非常惊人，且不说当前国内股权类的 PE、VC（风险投资）基金规模有多么巨大，仅就当前国企负债规模而言，2019 年末余额接近 150 万亿元，在去杠杆的压力下，若仅拿出其中的 10 万亿元来做债转股，就够股市消化十几年了。但这 10 万亿元的负债，还不到国企过去一年的新增量，即债转股的速度可能不及国企负债增速的 1/10。

估计权益类市场资产的过剩将从以新三板为代表的非 A 股类权益资产开始，然后向 A 股市场蔓延。随着资本市场开放度的不断提高，权益类资产的定价也将越来越国际化，股票供求关系对估值的影响会越来越小。

再看一下楼市，2016 年初供给侧结构性改革中去库存的一个重要任务就是要去三、四线城市的楼市库存，但 2017 年上半年，三、四线城市新房销量大增 30% 以上，新开工面积的增速也在 10% 以上。这将导致房地产本就已经过剩的三、四线城市，未来将面临更为严峻的过剩局面，因为三、四线城市今后还将面临更为严重的人口老龄化和就业机会减少等问题。估计过剩将导致房价先从三、四线城市开始回落，并逐步向一、二线城市蔓延，至于发生的时间还很难判断，毕竟国家在政策上肯定会有应对举措，今后“看得见的手”的调控力度会越来越大。

对债权类资产而言，随着今后刚性兑付被逐步打破，也将出现债券市场的过剩，届时，垃圾债的规模会越来越大。与此同时，政府部门为稳增长和弥补社会保障的缺口，会不断增加国债和地方债的规模，即政府部门杠杆率的提高是必然，这在发达经济体的发展中无一例外，尤其是日本政府，其债务规模已成为社会总债务的主要构成部分。

因此，无论是楼市还是股市，趋势性、整体性向上的可能性越来越小，因为资产过剩是大势所趋。由于无论是散户投资者、民营企业还是 PE、VC，绝大多数都属于趋势投资者（即喜好追涨杀跌），所以他们一定会对资产过剩这一趋势起到推波助澜的作用。因此，配置核心资产、优质资产和稀缺资产将是今后投资的理性选择，但这很考验人的眼力。

我们不妨回顾一下，在 2015 年时你非常看好什么行业或企业？如果最近几年你看好的逻辑发生了根本的逆转，那就需要对自己的认知能力进行反思了。我认为，中国步入存量经济时代后，结构调整、产业转型和消费升级应该是主流，传统产业的收缩和集中度的提升是大势所趋；资产过剩趋势下换手率的下降和价值投资理念的提升合乎逻辑，所以今后中国资本市场将越来越具有成熟市场的特征。

买自己买不到的东西 *

回眸历史：为什么要买自己买不起的东西

2006 年，我写过一篇《买自己买不起的东西》，许多人望文生疑：既然买不起，那怎么买呢？实际上就是敢于加杠杆，向别人借钱来买。主要有三重含义：

第一，一般来说，想买而买不起的东西是大家公认的好东西，也是价格不菲的稀缺资源；

第二，当你觉得买不起的时候，大部分人也同样觉得买不起，而只有你的投资思维有别于大众，领先一步行动，才能进入“少数人发财”的队列；

第三，需要倾囊甚至负债投入，才可能有丰厚的回报。如此看来，这一句简单的话要落实到行动上，就非常不简单，不仅考验着一个人的思维模式和洞察力，也检验着他的胆识和魄力，还有筹措资金的能力。

2020 年末，我国 M2 规模已经达到 219 万亿元，为 2006 年的 6.3 倍，广义货币规模全球第一，对应房地产规模全球第一、债券和股

---

* 原文发表于 2018 年 12 月，本书对部分数据和内容做了更新。

票市场规模均为全球第二。因此，当今我国的经济社会已经步入既不缺钱，又不缺资产的时代。

如果你在2006年的时候敢于加杠杆配置那些在当时看来很贵的资产，如一线城市核心地段的房地产，股市里最贵的股票，贵金属（黄金、白银）及古玩艺术品，一直持有到现在，哪怕中间出现大幅下跌，相信都可以获得极高的回报率。这是因为，过去这么长时间以来，中国通过大量引进外资、运用出口导向战略、大力开展土地财政，从而使得货币规模与资产规模大幅增长。

如果说20世纪90年代之前是商品短缺、资本短缺，那么到了2000年以后则是商品过剩、资本短缺；到了2010年，则过渡到了商品和资本双过剩的年代，因此就有了供给侧结构性改革的需求，去产能、去库存，但产能依然过剩；于是就有了输出资本的需求，海外投资规模不断增大，这些年中国海外投资规模仅次于美国，排名全球第二。

既然资本也过剩了，那么，2006年资本短缺下“买自己买不起的东西”的思维方式就不管用了。因为一是钱多了，二是资产价格也高了。说白了，与10年前相比，投资难度大大增加了。2006年我还写过另一篇文章——《寻找拐点还是追随趋势》，结论是继续看多、追随趋势，躺着也能赚钱。

如今，中国经济已步入结构分化的时代，即便趋势看对了也未必赚钱。那么，步入商品和资本双过剩的时代，究竟买什么还能赚钱呢？如果说过去是买自己买不起的东西能赚钱，那么，如今恐怕已经到了“买自己买不到的东西”的阶段了吧！

如今什么东西还买不到

俗话说，有钱能使鬼推磨，在当今商业空前繁荣的时代背景下，似乎只要有钱就能买到一切。但也有例外，举个最简单的例子，由于眼下实行外汇额度管理，换汇有额度限制，外汇不是你想买多少就可以买多少。但你如果担忧本币会大幅贬值，那不妨买黄金，无论是实物黄金还是纸黄金，无论是黄金期货还是黄金 ETF 基金（指绝大部分基金财产以黄金为基础资产进行投资，紧密跟踪黄金价格，并在证券交易所上市的开放式基金），都可以起到对冲贬值风险的作用。这就达到了所谓“买自己买不到的东西”的目的。

即便在一个全面过剩的商业环境下，仍存在某些长期紧俏或者供不应求的东西，而其背后的原因还是非常值得研究的。比如，近年来，“软中华”香烟和飞天茅台都属于很难买到的东西，尤其是后者，存放越久，价格越高，不仅有消费属性，还有投资属性。

因此，把某些供给量有限且具有收藏价值的商品作为投资品，不失为一种可取的投资方式，如和田玉、翡翠、茅台酒、片仔癀、白药等，这些商品或受制于原料的稀缺，或受产能的限制，但同时又可以长期保存。由于这类商品能够买到的量通常有限，尽管收藏期间价格增值幅度很大，但对家庭资产组合的增值贡献度未必大。

如果你买这些具有投资属性商品所对应的公司股权呢？这样的话，投资规模就不再受到限制，而且也不用担心买到假货。当然，并不是所有的稀缺商品都有对应的公司股权，但如果有，确实可以考虑择机长期投资。

这世界上有很多供不应求的东西，但有些供不应求只是短期现象，如若干年前，国人排队购买苹果手机，有人不惜割肾换“苹果”，现在看来，真是太不值得了。

因此，需要用历史的眼光对价值进行评估。记得 20 世纪八九十年代，举国崇尚进口烟，“万宝路的世界”占领了中国的体育、文化、娱乐行业的商业广告；之后，随着国产烟走向高端化，烟民又逐步回归到对国产烟的消费，如今，中华烟独占鳌头，成为红白喜事的“标配”。

国内白酒市场也是如此，尽管洋酒在我国有过一段时间的辉煌，但笑到最后的还是国酒，而且作为小众的酱香型白酒被越来越多高端人士的味蕾所接纳，颇有一览众山小之感。其实，这背后隐含着历史和文化的积淀。尤其是在饮食文化方面，味蕾的传承力量是无可匹敌的。

因此，在中国，“买不到的东西”通常与5 000年的厚重历史有关；而在美国，买不到的东西则与科技创新有关，因为美国的历史即便从哥伦布发现新大陆算起，也只有500多年时间。因此，在中国投资，如果能控股拥有传统品牌的国家级企业，一定可以获得很高的回报。但问题是，你不可能买下受国家保护的品牌类企业。

虽然买不到品牌，但可以买到股份。即便没有买到行业龙头的股份，只要是品牌够传统、够响亮，也大致可以获得高回报。如2002年我所在的研究所选了30个行业中的“未来龙头”企业，其中白酒行业选了五粮液而非茅台，中药行业选了同仁堂而非云南白药。但即便在当时没有选对行业龙头，19年之后的今天也同样获得了超高的投资回报率。

相比之下，当初我们也曾选对了不少行业龙头，但19年下来，累计回报率似乎并不高，如我们选对的宝钢股份、晨鸣纸业、鲁泰A分别为钢铁、造纸、纺织行业的龙头，但累计涨幅远不如传统品牌类的非龙头企业的涨幅大。

简言之，一是原料稀缺且不可复制的东西买不到或供不应求，二是好品牌不是有钱就能买到。既然买不到，那就投资这些商品或资产所对应的企业股权，其回报率会比较高。

核心技术也很难买到

2002年我就已经把华为当作电子通信行业的龙头企业了，尽管华为有庞大的销售渠道，但它的研发投入规模要远超国内同行。如华为曾表示，“过去 10 年累计研发投入近 4 000 亿元。面向未来，华为将加大基础研究投入，在每年 150 亿 ~200 亿美元的研发费用中，将有 20%~30% 用于基础研究”。

正是华为的巨大研发投入，使得它在 5G（第五代移动通信技术）核心技术和专利申报方面领先全球。遗憾的是，华为迄今没有上市，投资者也无法买到华为的股权，因而无法分享华为的成就。如 2002 年华为的销售收入为 221 亿元，到 2019 年已经超过了 8 000 亿元，增加了 38 倍。

不过，投资者买不到华为股权，也可以买类似的具有领先技术和核心竞争力的上市公司的股权。我们把 A 股市场过去 20 年的市值前 20 大公司进行列表研究，发现 A 股市场中大市值公司以金融、房地产和央企为主，拥有核心技术的科技类企业偏少。即便有那么几家符合要求的科技企业，但从总体估值水平看，并不便宜。

因此，A 股市场仍以传统产业为主，周期性行业占比较大。而科创板落地既能够给市场注入新的活力，也能给投资者提供“买自己买不到的东西”的路径。不过，随着资本市场开放度的提高，国内投资者的投资选择余地也在不断扩大，如沪港通、深港通、沪伦通等已经开通，可以选择的科技类优秀企业数量大大增加。此外，QDII（合格境内机构投资者）也是实现“买自己买不到的东西”的间接渠道。

从历史上看，促进经济发展的动力之一就是科技进步，因为科技进步触发伟大企业的诞生，带来新的供给与需求。如美国生物制药行业的辉瑞，互联网传媒的谷歌，计算机通信领域的苹果，汽车行业的特斯拉等，对全球经济和美国经济的拉动作用都非常明显。这些公司的核心技术都不是个人或某个机构投资者可以买到的，但我们可以通过股权投资的方式分享由此带来的收益。

中国作为全球第二大经济体，增长潜力巨大，在产业升级和科技进步中，也一定蕴含着很多投资机会。同时，中国也是一个全球人口最多、市场规模最大、古老文明延续至今的未来最大的经济体，因此，在众多国内商品中，具有品牌价值与稀缺性价值的商品与全球其他国家同类相比，其含金量往往有天壤之别。

当前及今后相当长的时间内，中国步入经济减速、结构分化以及人口、产业集聚的阶段，过剩导致价格分化，无论是商品还是资产均会如此，但人口、区域、产业、行业等集中度的提升是必然的，也就是说，分化带来风险，集聚创造收益，即所谓的头部现象。而稀缺品、品牌效应和技术的核心竞争力等都将有利于形成头部。

20 多年前 A 股市场动力十足，是因为中国正在经历重化工业化的黄金岁月，GDP 也维持着两位数的高速增长。如今，经济在慢慢减速，股市出现分化现象，估值体系在不断修正，但这为什么会被认为是风险而不是蕴含着机会呢？即便没有趋势性机会，至少还有优胜劣汰的机会和跌出来的机会。不能因为一两个事件就认为百年老店的品牌就此被断送了，拥有核心技术的企业被紧箍了，拉长历史看，时间会淡化一切。

因此，我们需要深度思考未来 10 年、20 年中国经济的变化趋势，找到什么才是真正可持续的稀缺、什么样的品牌具有持续扩张的能力、什么才是买不到且不可复制的核心技术。

核心资产荒时代的资产配置思路*

全球疫情已经进入第二年，经济是否会出现同比反弹，依然具有很大的不确定性，这样的不确定性会加大我们的各项风险，在这种背景之下，该如何配置资产呢?

首先，我们要充分重视疫情，因为到目前为止全球还没有研发出针对疫情的特效药，疫苗接种速度也不理想，冬天来临后，全球的一些国家再度暴发疫情，病毒传播系数 R_0 再度上升，这既在我们的预料之中，我们本身就预料到冬季来临之后疫情会再度暴发，同时又在意料之外。

为什么在意料之外?我们能发现，欧洲、拉美的诸多国家及印度等的管控能力很差，过去人们引以为豪的那些模式（即小政府、大市场模式），在疫情的冲击之下变得不堪一击，我们确实要对全球经济增长的模式进行反思。就美国从以往来讲，由经济衰退造成的失业率大幅上升，需要很长的时间才能恢复。我认为经济即便复苏也是弱复苏，不可能是“V 型”的，更可能是“L 型”的走势，所以衰退容易复苏难，美国今后的经济增长潜力不足，源于过去在很多行业的研发投入不足。

---

* 原文发表于 2020 年 11 月，本书对部分数据和内容做了更新。

中国2020年的GDP增速是2.3%，2021年预计超过8%，根据国际货币基金组织预测，美国2020年的GDP增速会缩水4.3%，2021年是3%以上的正增长。但我们要清楚这一正增长的逻辑，它实际上是从坑底往上爬，还没到地面，看上去同比数据是正增长，其实它还在地平线以下的水平，所以经济形势并不乐观。从全球来讲中国是一枝独秀，其他主要经济体2020年基本都是负增长。

为什么在疫情形势这么严峻，经济环境这么差的情况下，美股还能创新高呢？主要是因为有无限量的QE，加上非常激进的财政政策，财政赤字率达到15%以上，中国2020年预算财政赤字率仅为3.6%，即便广义财政赤字率可能达到8%，仍与美国赤字率相差巨大。说明我们在这轮疫情中并没有用足力气去拉动经济，但美国、欧盟的一些国家基本上已经把能用的方式都用完了，接下来疫情若再持续，它们不得不继续量化宽松下去，未来能够用的货币工具越来越少，因为已经是零利率和负利率了。

股价的上涨是因为受疫情冲击使得美国政府投入了大量财政补贴，补贴增加了老百姓的收入，同时受疫情的影响消费又大幅减少，于是居民多出来的钱进入股市；此外，美国经济也是非常分化的，主要的大市值股票都属于科技类、互联网类，疫情对这些“巨无霸”所产生的负面效应比较小，正面效应反过来又是比较大的。

股市与经济背离的原因众多，一定要透过现象看本质：由于经济下行，补贴增加，在结构分化的时代，大市值股票有更多的话语权。我估算了一下，2020年纳斯达克涨幅最大的前20只股票贡献了总涨幅的95%，中国的创业板前20只股票贡献了整个创业板指数涨幅的90%以上，所以当今资本市场是靠少数个股拉动指数增长。

美国经济、欧洲经济走弱的原因是什么呢？我觉得都是深层次的问题，而不是表面的问题。其中一个很难解决的问题就是，从二战结束到现在，全球性的和平已经持续了70多年时间，在这70多年里，游戏规则不变导致结构的分化、扭曲，那些深层次的问题在外部的体现就是骚乱，即美国收入差距过大之后底层老百姓对于现实的不满，这个根本问题是长期存在的。那么，有没有解决的办法？当然有，但是很难解决，还是要通过改革来解决，而改革是会触动利益的。

美国现在 1% 的超富阶层拥有全国近 40% 的财富，10% 的富人拥有全国近 70% 的财富，这样的现象不仅出现在美国，欧盟、印度、俄罗斯等全球主要经济体也存在，这样一来，在游戏规则不变的情况下分化就会自然而然地产生。我认为和平就是在既定规则下长期的重复实验，和平游戏的规则是不变的。假设给 200 个人每人分配 100 枚 1 元面值的硬币，这是绝对平均分配的，但游戏当中每个人拿出一枚硬币随机给另外的人。这样的游戏持续 2 万次之后，最终 20% 的人会拥有 50% 的硬币。

因此，即便是处在同一起跑线上，游戏规则也是完全公平公正的，但是结果还是出现了分化。更何况从现实来讲游戏规则是不公平、不透明的，每个人的起点也不一样，自然而然社会财富的分化也就越来越严重。要解决这个问题就必须改革，但是美国没有时间解决这样的问题，这就导致全球矛盾的进一步加大，全球的贫富分化进一步扩大，结构性问题根深蒂固，社会的阶层固化，收入代际传承的弹性增大。

今后会出现经济增长乏力的情况。因为消费的主体是社会的中间阶层，中层和高层社会差距在扩大，怎么会有能力消费呢？而要解决这个问题，就需要改革，但改革是触动利益的，所以西方的主要经济体是处于无解的状态当中的，这是深层次原因。这种深层次原因导致了全球经济步入低增长的局面，经济速度放缓，甚至衰退，全球各主要经济体为了让经济保持平稳不断加杠杆，政府加杠杆、企业加杠杆、居民加杠杆，使整个社会处于风险当中，黄金作为避险工具在这样的环境下应该长期持有。

因此，全球经济实际上处在一个比“烂”的时代，而不是一个比“好”的时代。在这种背景下中国经济只要能保持平稳发展，就有望提升在全球的排名，2020 年中国经济增长在全球一枝独秀，恢复得非常好，实现了正增长，但是依然还存在下行的压力。毕竟全球的疫情还在蔓延，各个行业的分化还非常显著，新兴行业、信息服务业、电子通信设备业增长都比较好，传统行业如有色金属、钢铁和传统服务业表现都比较差。

不少人一直在期望出现新周期，但估计没什么周期了，因为我们过去实施了太多的逆周期政策，使得周期被平滑掉了，随着人口老龄化和全社会杠杆率的不断提升，经济增长的动力还是不足。从 2020 年拉动经济的“三驾马车”来看，除了出口是超预期的，投资和消费都是低于预期的，我们本来期望 2020 年有新基建的拉动，但实际上新基建所占的比重还是比较小的。

总体来讲，今后政策的制定应该不会把经济总量增长当作一个主要目标。现在，国家也提出要把高质量增长作为目标，2020 年十九届五中全会的会议公报上也没有提出“十四五”的经济增长目标，虽然现在的财政政策依然是保持积极，但还是提出了政府部门要收紧财政；在货币政策方面，央行行长易纲提出要让货币政策在尽可能长的时间内回归常态，要让老百姓的钱更加值钱。也就是说，能不“放水”就尽量不“放水”，能够在多长时间内不“放水”就在多长时间内不“放水”，因为我国 M2 的规模已经太大了，几乎超过美国和欧盟之和。今后一旦外循环受阻，我们不仅将面临通胀的压力，还会面对资产泡沫过大的风险，“放水”过猛后患无穷。

如今，我们不仅要实现“十四五”目标，还要实现 2035 年的远景目标，我们要细水长流，不要期望财政政策会非常积极、货币政策会大幅宽松。

总体来讲，我国的 GDP 增速还是处在长期下行的趋势当中，估计在 2021 年第一季度达到高点，因为同比会达到高点，但从环比来讲，目前已经显现增速放缓的迹象。这也是正常的，因为中国经济经历了 30 年的高速增长，2011 年以后经济增速回落，其原因是人口老龄化、经济结构问题突出，所以十九届五中全会会议公报提到要走共同富裕的道路。因为当前城乡差距、居民的收入差距都是比较明显的，也给经济也带来了负面影响。作为全球的人口大国，中国与全球经济中所出现的问题存在一定的共性，那就是人口老龄化、收入差距扩大、经济结构存在一定扭曲等，这也是我们一直提倡搞供给侧结构性改革的根本原因。

这一轮经济下行始于 2018 年，并不是疫情导致的，中国经济在没有疫情的情况下已经经历了 9 年的下行期，下行过程中自然缺少整体性的趋势向上机会，即大牛市很难出现。我们要把握的是什么机会呢？应该是结构性机会，应该是分化带来的机会，所以把希望寄托在经济见底反弹，以及疫情过后新一轮上升周期的开始，都是不现实的。我们一定要回到对没有疫情的情况下中国已经面临的是什么问题的思考上，疫情改变的是斜率，并没有改变下行的趋势。

当全球经济处在一个比较差的时代，中国经济虽然也在下行，但比起美国、欧盟、日本，包括新兴市场当中的印度要好很多，这就是我们的制度优势，我们管控能力的加大可以避免很多风险，使经济能够在一个安全的区间里面运行。这是我对中国经济的判断。

同时，作为大类资产配置来讲，这个逻辑应该因时而变，我们在不同的阶段、不同的时代，应该有不同的投资逻辑，有资产配置比例的调整。比如 2000 年以来，房地产是中国居民家庭主要配置的资产，配置比例也比较高，这应该是合理的，因为那时中国正处在城镇化的加速阶段，大量的农村人口涌向城市。随着城镇化水平增速和经济增速的下降，存量经济的特征越来越明显，所以我提出在存量经济主导下的投资应该具备三大特征，对应的是三大思维。

第一，强者恒强，在资产配置上要抓大放小，重高端轻低端。过去几年，为什么基金公司的产品业绩普遍都跑赢了大盘？这是因为在分化的时代基金公司注重价值投资，所配置的资产恰好处在理性阶段，而这部分大的资产原先因为交易不活跃，所以估值相对较低。现在交易越来越活跃了，因此可以享受到流动性溢价，公募基金业绩好具有普遍性。

第二，此消彼长，传统的产业在衰弱，新兴的产业在崛起。为什么我们给银行、地产股那么低的估值，而给了科技、互联网、通信，甚至食品饮料这么高的估值？给周期性行业这么低的估值，说明现在是此消彼长的阶段。

第三，优胜劣汰，一定要买好公司。什么是好公司？每个人的理解不一样，我们应该买的是未来的好公司，而不是现在的好公司，所以专业投资者在寻找好公司方面的能力较强，而不是类似个人投资者那样去“炒题材”“炒概念”，这是存量经济下的一个很大特征。

改革开放之后，中国经济经历了三个阶段，第一阶段是短缺经济时代，通胀的特征明显；第二阶段是过剩经济时代，商品价格下跌，资产价格普涨；第三阶段就是现在，即核心资产荒时代，我们现在面临优质资产的稀缺。每个时代都有每个时代的特征，我们现在要配置的就是核心资产。

从大类资产配置来讲，房地产作为传统的配置资产，占居民家庭的资产比例已经达到60%~70%，应该要减持，但是否所有城市或地段的房产都要减持？具体还要看地理位置，如上海中心地段的房子非常稀缺，恐怕不应减持。上海、深圳等地有这么多的注册制公司上市，意味着一线城市又产生了很多富豪，富豪的收入增加对当地的房价又有支持作用。

以广州、深圳为例，近两年人口的流出量和流入量巨大，总体来讲还是净流入。实际上是进城务工人员大量流出，高端人才更大规模流入，收入高的人进来，收入低的人出去，当然对房价也是有支持作用的。研究人口流、货币流、货物流、信息流，对投资房地产也有一定的指导意义。从全国来讲，房地产高配置时代已经过去了，我们应该要配置金融类的资产，黄金也是准金融类的资产。

近年来，黄金与白银之间的价差是在扩大的。中国在鸦片战争之后向帝国主义列强赔付的都是白银，因为中国在很长时间里，是银本位的货币体系，现在央行储备的是黄金，不是白银，所以白银更具备商品属性，而黄金更具备货币属性。研究黄金不仅要研究它的避险功能，还要研究它的投资功能，即黄金与其他类型的金融资产所具有的共性。

目前受疫情和某些“去中国化”思潮的影响，需要考虑在外循环不顺畅甚至被阻断的极端情况下，是否会出现粮食、能源的短缺问题，所以首先要研究通胀问题，因为中国是全球最大的原油进口国，中国对原油的依赖度在 73% 左右。

其次是人民币汇率。到底该如何看待人民币的汇率？我觉得人民币作为一种国际货币，它的地位应该是在不断提高的，不过我认为人民币目前尚不具备长期升值的基础。在当年人民币预期贬值的时候，央行说“人无贬基”，如今，在资本项下还不能自由兑换，M2 余额巨大。所以我认为汇率的均衡点维持在 6.5 左右属于比较均衡的水平。但是未来全球所持有的人民币比重还会上升，所以在美元指数周期性走弱的情况下，这轮人民币升值的过程或许还会持续。

黄金是避险工具，同时还是投资品。我在 2016 年写了好几篇文章表示看好黄金，许多人都反驳我，我在微信公众号发表了《换美元不如买黄金》，很多人说黄金以后要被比特币取代了，人民币会大幅贬值，所以换美元是应该的。之后我又写了一篇《再论换美元不如买黄金》，大部分读者还是认为我错了。所以要说服别人是很难的，唯有用未来的价格趋势来证明你到底说对了还是错了。

从历史的维度看，在货币持续泛滥的大趋势下，配置黄金还是正确的，因为黄金的供给量很小，迄今为止，全球地上、地下的黄金总量加起来只需要一个 21.3 米长、宽、高的正方体，就能装满了，所以黄金供给量是有限的，而全球发行的货币是无限量的。

布雷顿森林体系解体之后，美元与黄金脱钩，美元对黄金大幅贬值，而全球新兴市场货币对美元又大幅贬值。现在格局有没有发生变化呢？还是没有发生变化的。将来美国还有什么路可走呢？因为改革是长期而艰巨的任务，既然改革很难，还是要搞财政赤字、释放无限量的流动性。当然拜登上台后可能会好一点，有助于美元走强，但因为每位总统上台都会选择可行性强的路走，或者只剩下几条路可以走，所以今后“放水”还是大概率事件，这有利于黄金等金融资产价格上涨。

1971 年至今，美国黄金的涨幅超过股票，当然这没有算上股票的分红，如果算上的话，股票还是第一的，但至少黄金的涨幅远远跑赢了房地产，而房地产的涨幅远远跑赢了通胀，最惨的就是居民收入增长缓慢。所以持有纸币的风险依然是最大的，还是要把它配置出去。

但是我们不能看现在的表象，现在美国股市涨黄金也涨，美国股市跌黄金也跌，但这只是一个短期的现象，当前这个阶段更加体现出黄金的投资属性，如果不发生危机，则黄金还没有体现出其避险属性。如果把时间拉长，黄金与货币泛滥的相关性会更加明显，所以我们的目光不要太短浅了。比如，2016 年下半年我一直在宣扬买黄金的时候，黄金非但没有涨反而下跌，到 2017 年也没涨，一直到 2018 年 10 月才开始上涨，所以作为资产配置逻辑，不要在乎今天的涨跌，在进行大类资产配置时，通常要看得更加长远。

“好赛道”上跑的究竟有多少匹“好马”？*

“好赛道”已经拥挤不堪

2020 年证券市场的一个流行词叫“赛道”，意思是资产配置就应该配置在“好赛道”上。那么，“好赛道”有哪些呢？主要有医药生物、食品饮料、电子、计算机等行业。2020 年公募基金的业绩也都非常好，上半年股票型基金的平均收益率为 24.21%。从行业 ETF（交易型开放式指数基金）的净值变化看，医药生物、食品饮料、半导体等行业的投资回报率名列前茅，成为令人羡慕的“好赛道”。

“好赛道”意味着赛道内的公司具有高成长特性，所以这些“好赛道”上奔跑的“马儿”（公司）估值水平（P/E 和 P/B）都不低。如根据我们对 2020 年末股价水平的计算，医药生物行业的大市值股票（行业营收排名前 30%）的 P/E 为 51.3 倍，P/B 为 7.8 倍；食品饮料行业的 P/E 为 58.7 倍，P/B 为 9.7 倍，电子行业的 P/E 为 48 倍，P/B 为 6.3 倍。

相比之下，“差赛道”的估值水平就处在历史的低位，如银行业的 P/E 只有 5.7 倍，P/B 只有 0.7 倍；房地产业的 P/E 只有 6.9 倍，P/B

* 原文发表于 2020 年 9 月，本书对部分数据和内容做了更新。

只有 1.2 倍，均处在历史估值水平的极低位置。

王晓东用“交易市盈率”的概念，进一步论证了“好赛道”已经变得非常拥堵了，即大部分投资者的交易都集中在这些赛道上。所谓“交易市盈率”，是指最近 10 个交易日的交易金额加权。图 4.2 展示了不含 2020 年新股（当年上市新股至少一个季度后纳入核算），剩余近 3 750 家公司（含科创板）的 A 股市场交易市盈率与全市场市盈率中位数的比较，计算的口径均为 TTM（最近 12 个月市盈率），其中利润按“扣非”（扣除非经常性损益）口径计算。

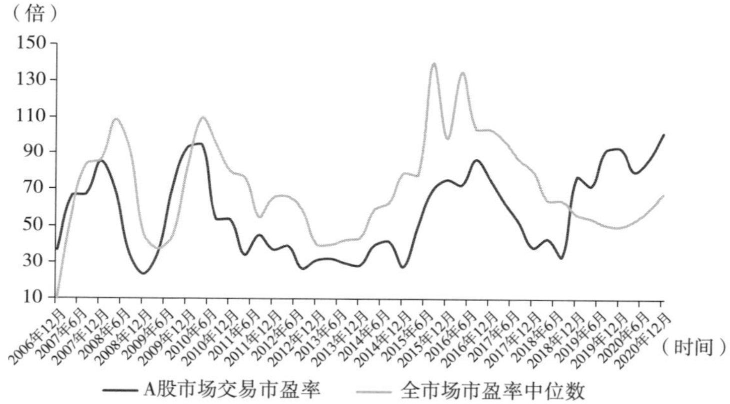

图 4.2　A 股市场交易市盈率与全市场市盈率中位数比较

资料来源：Wind，中泰证券研究所。

2020 年 8 月 A 股市场交易市盈率已经创纪录地超过 100 倍，而且显著高于全市场市盈率中位数 78 倍的水平，表明市场交易结构已经发生了巨大变化：热门赛道交易异常活跃，低估值股票的交易异常清淡，高估值股票的交易非常活跃。即便不扣除非计算 A 股市场交易市盈率，也达到 78 倍的历史新高，对应的全市场市盈率中位数为 55 倍。

2006 年至今，A 股市场交易市盈率一直低于全市场市盈率中位数，但 2018 年末起则出现了强者恒强的现象，即交易的集中度显著提升，以银行、房地产行业为代表的大市值、低估值板块交易清淡，反映出投资者对周期股的看淡和对新经济、高成长行业的乐观预期。

你买的或许只是你臆想中的未来

买股票就是买未来，投资者对半导体、医药生物等板块给予较高估值，实际上就是对这些板块未来高成长的憧憬。但这些当前估值水平已经较高的公司未来究竟能否成为高成长的明星呢？现在肯定没有答案，但追溯历史，或许可以得到一些可供借鉴之处。

中泰证券的策略团队曾经在2017年对2006—2016年利润增长率超过20%的上市公司数量进行统计后发现：连续5年中，年利润增长超过20%的公司占比只有1.2%；连续5年中，年利润有4年增长超过20%、另外1年增长不低于–20%的公司占比为2.9%；连续5年中，年利润有3年增长超过20%、另外2年增长不低于–20%的以及年利润有4年增长超过20%、另外1年增长低于–20%的，占比为6.4%。

也就是说，连续5年利润能够保持20%以上增长的公司，只能是百里挑一了，如今A股市场有超过4 000家上市公司，估计其中只有不超过50家上市公司能获得连续5年20%以上的年利润增长率。

2020年凌鹏在《一个数据引发的思考》一文中，统计了2000—2019年A股市场所有上市公司连续*n*年“扣非”净利润增速超过50%、40%、30%的数量，发现最近10年中，连续7年盈利增速超过50%的只有3家，超过40%的只有11家，超过30%的只有39家。这再次印证了持续高增长公司在A股市场上只有百里挑一的概率。

很多公司未来3年的盈利预测都可以达到100亿元，或者是赛道优良，或者是龙头集聚。但只要简单看一下数据就会知道，A股市场中仅有105家归属母公司净利润超过50亿元，其中超过100亿元的仅 59 家。而这 59 家公司中有 47 家属于银行（20 家）、房地产（8 家）、建筑（5 家）、证券保险（6 家）、采掘（4 家）、电力和钢铁（2 家）、铁路（2 家）等天然大市值领域。其他 12 家优秀的公司分别是贵州茅台（412 亿元）、五粮液（174 亿元）、上汽集团（256 亿元）、温氏股份（140 亿元）、海螺水泥（336 亿元）、格力电器（247 亿元）、美的集团（242 亿元）、三一重工（112 亿元）、万华化学（101 亿元）、恒力石化（100 亿元）、工业富联（186 亿元）、海康威视（124 亿元）。这么多年也就这 12 家公司，其难度可想而知。

2016 年，我曾撰文《你买的只是你想象中的未来》，认为在任何时候，都不要忘记“二八定律”。未来的“现实”，往往与你想象的相去甚远。因此，每个投资者都只能买到自己所想象的未来，但如果你想象的美好未来不能得到大家的认同，那就只好顾影自怜了。

很多投资者都希望能够找到 10 年涨 10 倍的股票，根据王晓东的统计，10 年涨 10 倍的股票确实有不少，但“千里马常有而伯乐不常有”。例如，2006 年初，全市场约有 1 300 只股票，到 2015 年末，10 年间，股价涨幅超过 1 000% 的股票有 410 多只，占比达 32%（经历了 2007、2015 两轮大牛市）。但扣除每只股票涨幅最大的 2 年后，其余 8 年的平均涨幅只有 7%。而其后 5 年（2016 年初至 2020 年 9 月）的年平均跌幅高达 11%。

又如，1998 年初至 2007 年末这 10 年间，共有 50 多只股票 10 年涨 10 倍，占比达 8%。但扣除每只股票涨幅最大的 2 年之后，其余 8 年的平均涨幅只有 5%，且其后 5 年（2008 年初至 2012 年末）的年平均跌幅达到 14%。

再如，1996 年初至 2020 年 9 月这 25 年间，全市场 10 年涨 10 倍的股票占比大约为 5%（有的显然多次），但这些股票的年均涨幅中位数只有 8.6%（相当于 10 年 130% 的涨幅）；这其中只有 10% 的股票年均涨幅超过 19.5%（相当于 10 年 5 倍的涨幅）。

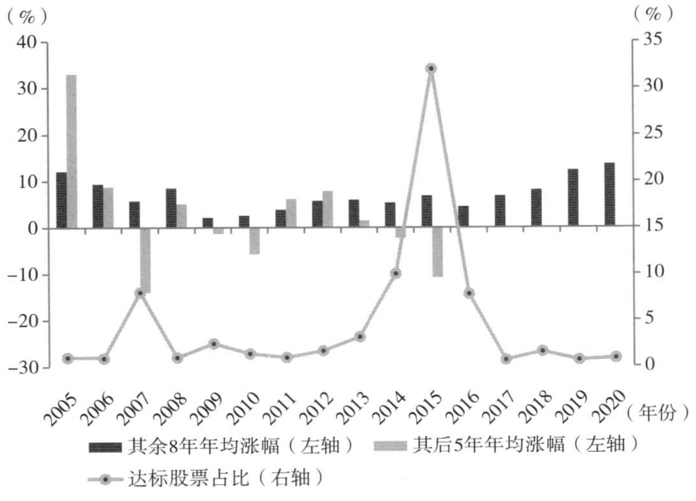

图 4.3　10 年涨 10 倍的股票的达标率与波动幅度

注：年初、年末在设定时剔除新股当年涨幅。

资料来源：Wind，中泰证券研究所。

从图 4.3 中我们发现两个现实：一是 10 年涨 10 倍的股票不少，但波幅巨大，即便你选对了买入时机，也很难对卖出时机做出正确抉择，如果长期持有，则很多 10 倍股又成了过山车；二是 2017 年以后，10 年涨 10 倍的股票的占比与高峰期相比，已经呈现明显回落，2019 年和 2020 年不足 1%。

综上，回顾历史，A 股市场上能保持利润持续高成长的企业凤毛麟角、百里挑一，今后，随着经济增速下行，要成为高成长企业的难度进一步提高。对于投资者而言，要成为“伯乐”谈何容易；而像巴菲特那样，要获得 20% 以上的年化投资回报率，确实太难了。因此，投资时还是应该降低收益预期。

国内投资者为什么爱讲故事不爱算估值

2012 年，我写了一篇文章《中国投资者为什么爱讲故事不爱算估值》，当时我统计了一些数据：截至 2012 年 10 月 19 日，在 61 家“A+H”上市公司中，A 股对 H 股折价的有 17 家，只占总数的 28%，折价率最高的约为 30%，而折价的股票均为大市值股票，所属行业多为银行、保险和建材等传统大行业；A 股对 H 股溢价的占比为 72%，最高溢价幅度接近 80%，且溢价高的公司相对于折价高的公司而言，市值水平要低得多。

原本以为，随着沪港通、深港通的开通，“A+H”的溢价率应该会大幅下降，因为境内外投资者都可以通过两地市场“价差”的存在，来投资“同股同权”的相对低价公司。但事实却并非如此，目前，所有的“A+H”股票中，A 股对 H 股 100% 溢价，已经没有折价的股票了。其中有 7 只股票的溢价率超过 80%。其中某证券公司 A 股价格在 2012 年 10 月末，对 H 股的折价率超过 10%，如今溢价率高达 50%（见图 4.4）。

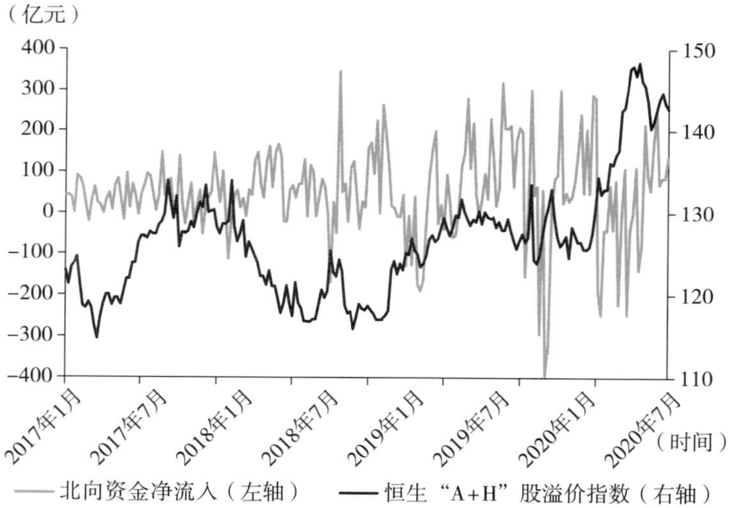

图 4.4　北向资金流动与恒生“A+H”股溢价率变化

资料来源：Wind，中泰证券研究所。

如今，通过陆港通，内地投资者的投资规模已经成为香港股市中占比最大的“境外投资”，但为什么没有让 H 股的估值水平提升呢？经过观察发现，“A+H”溢价率小的，往往是那些处在“好赛道”上的行业股，如医药生物、新能源汽车、先进制造业等，而溢价率高的，往往是赛道不好股票。

放着港股市场中如此便宜的股票不买，而去追逐 A 股市场中的高市盈率股票，逻辑是什么呢？似乎没有，即便有最多也是一些经不起推敲的“故事”。那么，究竟为什么国内投资者喜欢讲故事而不爱算估值呢？

我在《中国投资者为什么爱讲故事不爱算估值》这篇文章中，做了这样的推测：是否可以从中国传统思维的特性上来寻求解释呢？从思维习惯看，与西方人相比，我们的形象思维比较发达，而逻辑思维相对偏弱（尤其是形式逻辑偏弱，辩证逻辑较强）。

在中国对外开放程度比较高的今天，中国人喜欢到境外参与博彩活动已为世人所知。根据澳门统计及普查局的数据，2002—2010 年，澳门博彩业收入从 235 亿澳门元上升至 2 691 亿澳门元，9 年增长了 10 倍，且 2010 年的收入已经是拉斯维加斯博彩业收入的 4 倍。而在澳门消费的主体人群来自内地。喜好博彩，本质上是希望通过参与亏损概率较大的不确定性活动获得高回报，这与理性投资活动存在明显分野。

剔除内幕交易和操纵市场这两种违法行为，投资的盈利模式不外乎两种，一种是大家所熟知的价值投资，即价值发现，挖掘被低估的品种，然后等待价值实现；另一种是揣摩市场偏好，如凯恩斯的“选美理论”：自己认为被低估的未必会涨，但大家都喜欢的投资品一定会涨。据说凯恩斯后来就是靠这种方法扭亏为盈，在股市上赚了大钱。

但这种方法的难点在于，它属于金融行为学的范畴，缺乏一套可实操的方法，所以实际操作起来很难被掌握，会陷入“子非鱼，安知鱼之乐”“子非吾，安知吾不知鱼之乐”这样的迷宫里。

2020 年是我国沪深交易所成立的 30 周年，与美国股市 200 多年的历史相比，还是很短。而美国股市从一个散户市场发展成为以机构投资者为主导的市场，花了 70 多年的时间，所以我们对中国资本市场的发展还是应该充满信心。例如，2017 年以后，中小盘绩差股的跌幅明显加大，出现了估值回归的局面。2020 年以来，全市场自由流通市值排序后 50% 的公司，市值占比从 2017 年初的接近 20% 回落到目前的不到 10%，交易额占比则从 35% 回落约 15%。

因此，所有的这些问题实际上都是发展中的问题，只要多采取市场化的规则和手段，少用行政管控手段，则很多扭曲的现象就可以被化解，要严格执行如注册制、做空机制、IPO（首次公开发行股票）市场化定价机制、退市制度等制度。

第五章

机构投资者壮大趋势下的“价值重估”效应

我认为，本轮结构性牛市的开端是在2017年，这与2016年下半年出台的重组新规有很大的关系，即对借壳上市和再融资做了很多限制，于是从2017年开始，小市值绩差股的估值水平开始大幅回落，标志着市场开始对A股市场的估值体系进行修正。而这种修正的背后，实际上也是机构投资者规模不断增大的结果。

2017年，我认为A股市场的估值架构存在扭曲情况，应该给予大蓝筹的估值“确定性溢价”，给予中小市值绩差股的“不确定性折价”，而2017年之前的市场估值结构恰好相反。如今，“确定性溢价”这个提法已经被越来越多的人接受并引用。

无论是欧美股市还是我国香港股市，都是由机构投资者主导的市场，这些成熟市场的估值体系，一定会被A股市场效仿，因为A股市场的机构投资者比例正在不断上升。如2018年A股被纳入MSCI新兴市场指数，目前北上资金和南下资金的规模越来越大，A股市场与成熟市场的融合度也在不断提升。

机构投资者一般都倾向于配置大市值股票，在美国的5 000多家上市公司中，按流通市值大小排序，其中后一半股票的总市值占比不足5%。A股市场目前流通市值后一半股票的市值占比还接近10%，但也比2017年之前有了大幅下降。估计，今后中小市值股票的总市值还会进一步下降。所以从大的投资思路看，其实就是要“抓大放小”。

抓大放小 剩者为王——存量经济时代寻找“确定性溢价”*

随着A股国际化进程加速，其估值体系也逐步向美国等成熟市场靠拢。A股市场中的龙头公司、长期业绩优异公司的“确定性”价值仍有一定的估值提升空间，在经济步入存量主导阶段，行业的分化和集聚将不断推进，应该给予头部企业更多的“确定性溢价”。

均值回归：中国经济步入存量主导时代

在数理统计上，可以把散点图上的散点用一条曲线大致串起来，这条曲线的走向就代表趋势，散点围绕着曲线上下波动，称之为均值回归。

做宏观研究的人很容易就会发现，在经历了30多年的两位数增长后，中国经济增速从2011年开始回落。

若从相对短的时间观察，如10~20年，经济增速下行或成为今后的趋势；若从更长的历史发展阶段去考量，如100~500年，可以

---

* 原文发表于2018年9月，本书对部分数据和内容做了更新。

将这种不算长的趋势看作均值回归，即过去 40 年的高速增长是对更早 30 年的中低速增长的均值回归。正如日本“失去的 20 年”是对之前 50 年经济高速增长的均值回归一样。

因此，未来随着人口红利的消减、技术进步速度的放缓，全要素生产率的增速不断下移，中国经济增速势必会“稳中向下”，步入“存量主导”的时代。

在人口流、货物流和资金流全面减速之后，存量经济将面临一个在很多领域内都在发生分化和集聚的过程，如人口的分化和集聚、收入的分化和集聚、行业内的分化和集聚，新旧动能的转换，存量内的此消彼长，优胜劣汰、强者恒强的现象会在企业内部大量出现。

因此，今后我们将看到，传统产业的衰落和新兴产业的崛起会愈演愈烈，行业的集中度会不断提高，行业内企业数量的减少和收入的集中会同时出现，区域经济的不平衡会导致人口的集聚和分化等。

也就是说，过去看中国经济，我们习惯于看周期性波动和政策的逆周期应对。今后，结构变化将成为经济发展的主要特征。对资本市场而言，它一定会反映宏观经济所经历的这种变化，并重新构建一个新的估值体系。

成熟市场的昨天就是 A 股市场的今天——给予“大”和“稳”公司估值溢价

美国股市发展了 230 多年，A 股市场有点类似于 20 世纪 70 年代的美国股市，即经济增速放缓，经济结构出现了一系列问题，调整需求上升，同时，机构投资者的比重开始快速上升。

研究美国股市的估值结构可以发现：

从经营预期讲，大公司经营相对稳定，而小公司不确定性更高。

在标普500指数成分股中对市值排名前20%的公司和市值排名后20%的公司进行比较会发现，在美国市场上大市值公司享有更高估值，即市值大的估值水平高，市值小的估值水平低。

从业绩稳定性讲，业绩稳定的公司更符合价值投资的标准，事实上，这些公司也在美股中被给予了更高的估值。业绩越稳定，估值水平就越高，业绩波动幅度比较大的估值水平相对较低。

如把标普500指数成分股按2008—2018年的ROE均值分为小于0%、0%~3%、3%~10%、10%~15%和大于15%这5组，每组取其中ROE波动率最高的30%及波动率最低的30%（ROE水平中性），会发现波动率越低的组估值越高，这说明业绩稳定的公司具有明显的估值溢价。

从市场有效性来看，美股市场对“确定性”的估值溢价高度有效，美股的估值水平有效地反映了公司的业绩变化。在标普500指数成分股中，以2005年和2010年为两个时间节点，取估值最高30%与估值最低30%进行对比。两个组合在之后5年的表现可以证明，美股的估值水平有效地反映了公司未来的业绩变化：高估值组合在随后5年内的ROE增幅明显，其中2005年以后5年ROE中位数提升了16.35%，2010年以后5年ROE中位数提升了11.65%，而低估值组合的ROE中位数显著下降，同期分别下降44.85%和21.27%。

A股市场过去存在“不确定性溢价”现象——炒“小盘绩差”

A股市场中的小公司长期溢价明显，无论是否消除行业干扰，A股市场历史上一直存在小盘股估值溢价，这与美国股市恰好相反。

如果把申万小盘股指数的估值与大盘股指数比较会发现，小盘股的估值水平明显过高。同时，沪深300指数成分股小市值公司也存在估值溢价现象。当然，随着近两年来价值正在回归，小市值股票估值水平已经明显下降了，说明市场正在回归理性。

我们发现，ROE表现最差的10%（行业中性）的公司历史估值：绩差股组合的P/B中位数，并没有显著低于全市场中位数，甚至还高一些。可见A股市场过去对绩差公司并没有进行合理的风险溢价。但值得一提的是，绩差股组合估值自2017年以来回落幅度明显大于全市场。

过去炒绩差股的现象也有一定的合理性，因为穷则思变，意味着被并购重组的概率大大增加，但在合规性方面，会涉及很多问题，如今，市场规范性和透明度在提高，投资者行为也在逐渐回归理性。

1. 从后市表现看A股市场估值的有效性

从后续业绩表现来看，A股对小盘股和绩差股的估值溢价也并不是很有效。若在2005年和2010年两个时间节点，把沪深300指数成分股，按估值最高30%与估值最低30%进行比较，看两个组合之后5年的表现。

结果发现，A股市场估值的有效性相对较弱：2005年之后的5年，高估值组合的ROE整体有所增长，而低估值组合的ROE则下降明显且波动幅度较大，可见之前的估值高低大体反映了后市的变化方向；2010年之后的5年，两个组合的ROE一路下降，虽然低估值组合的ROE降幅更大，但总体来看，后市分化对2010年时的估值差异反映并不明显。

2. “壳价值”是绩差小盘股最大的确定性

绩差公司虽然在业绩上表现得不尽如人意，但在“借壳”、跨界并购重组等事件的驱动下，股价涨势更加明显。如业绩最差的10%（行业中性）的公司涨幅远超市场：2005年至2015年末，组合总涨幅1 280.9%，同期全A指数涨幅只有604.5%；尤其是在2009年之后，绩差股组合股价走势一路领先于全A指数。2015年之后，绩差股组合股价走势才与全A指数呈反向变化，趋于回归合理的估值水平。

A股市场“确定性溢价”全面回归——严监管下“壳价值”消退

统计结果表明，小市值公司的股价正在加速下跌，风险溢价得以体现：比较市值排名前30%和市值排名后30%的公司，可以发现2017年之后大市值公司ROE的改善情况明显优于小市值公司（见图5.1），而且小市值公司的P/E值回落幅度也更大。

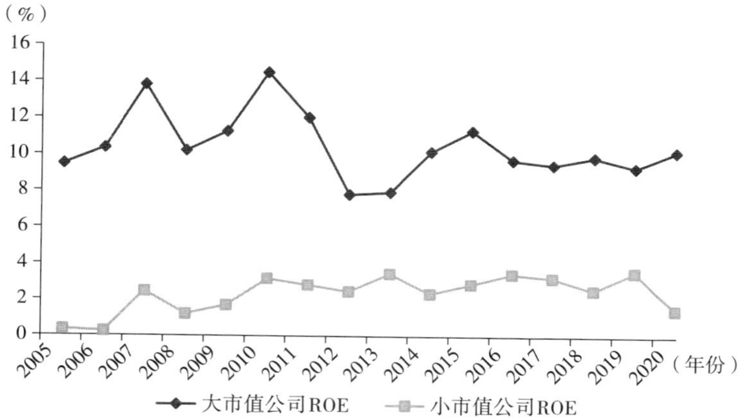

图5.1　A股市场大公司ROE改善情况优于小公司

资料来源：Wind，中泰证券研究所。

同样按估值水平P/E来看，2017年之后小市值公司的P/E回落幅度更大。当然，即便回落了，小市值公司总体的估值水平还是高于大市值公司的估值水平，说明 A 股市场的估值结构仍有进一步调整的空间。

我们从小市值公司的交易额变化情况看，可以印证它们逐步被边缘化的可能性较大。小盘股指数（中证 1000 指数）成交额占全市场的比例从 2017 年掉头向下：即日均换手率不到 1% 和 1‰的股票只数显著攀升。成交额急剧下降，说明市场关注热度明显减弱，流动性风险显现，似乎有向成熟市场小盘绩差股长期少有问津的现状接轨的趋势。

此外，绩差公司和业绩波动大的公司估值回落明显：绩差股（业绩最差的 10%）自 2017 年估值回落明显；业绩高波动股（ROE 波动率最高的 30%）估值显著回落，而波动率最低的一组估值水平变化相对平稳（见图 5.2）。

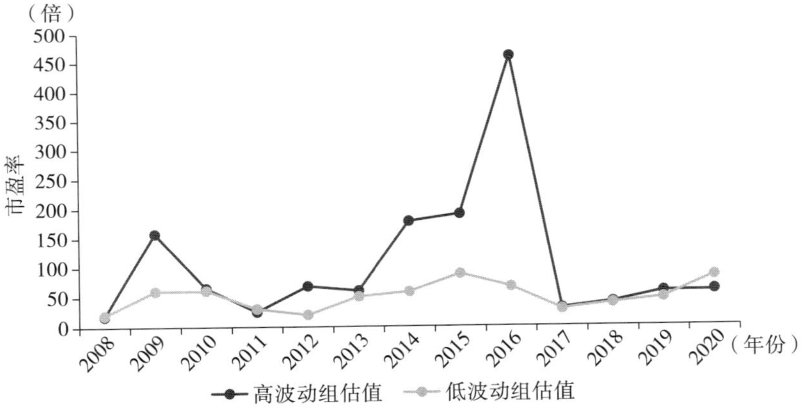

图 5.2 A 股市场业绩低波动公司估值与高波动公司估值的波动情况

资料来源：Wind，中泰证券研究所。

信用利差扩大是风险溢价回归的表现。过去较长时间，信用利差并没有有效反映信用风险，国内债市对低等级信用债的风险溢价并不充分：信用利差与国债收益率一般应该反向变化，但国内债市 AA 级信用利差与 10 年期国债利率常同向变化（除 2012 年一小段时间）。这说明信用利差长期以来主要受流动性影响。

2017—2018年，即使在国债收益率回落期间，信用利差也维持上升趋势，可见债券市场信用风险溢价正在回归。对股市而言，过去投资者极少关注信用风险，如今，对于在债券发行后出现兑付违约的上市公司，抛售现象十分明显，估值水平大幅下降。

如何看待银行、房地产板块的长期低估值现象？

银行业估值长期维持低位，但从事后看，市场对银行业的估值基本还是有效的：

早在2012年，银行业ROE在20%以上时，P/E仅在10倍以下，之后无论是P/E还是P/B都在不断回落，理由是，2013年以来银行业ROE开始不断下行。

时至今日，上市公司中银行类公司的盈利总额要占到所有上市公司盈利总额的近一半，这是很不正常的，从长期看，占比必然会不断回落。尤其是目前在金融去杠杆的大背景下，银行业的盈利能力和资产质量都存在较大不确定性，因此低估值正是对这种不确定性的风险溢价。

为什么房地产和建筑业的估值水平也难以提升呢？我的理解是，它们均属于周期性行业，业绩波动属于中等水平。尽管2017—2018年ROE有所增长，但现金流状况都在显著恶化。因此，当前的低P/E或许反映了它们盈利质量的不确定性。

而且，房地产和基建投资的高增长时代已经过去，尽管与房产税相关的政策会延期出台，但仍然无法改变人口老龄化背景下的经济下行、城镇化率增速放缓和对住房需求的下降。

总体来看，在业绩波动较小、确定性较高的行业中的大公司，估值倾向于提升，而在业绩波动大、盈利质量不确定性较高的行业中的小公司，估值下降的比例明显更大：估值提升的公司，其市值大多高于所在行业的市值中位数；而估值下降的公司，其市值大多小于所在行业的市值中位数。

由此可见，2017 年之后，A 股市场的“确定性”估值溢价正在全面回归。这也印证了本书开头提到的宏观逻辑，在存量经济主导的经济特征下，对大公司的发展更为有利。

行业的分化和集聚、大公司的市场份额提升现象，还可以从国家统计局提供的宏观数据中得到印证。用国家统计局发布的钢材、水泥产量数据所计算的增速，与其发布的同比增速做比较，可以发现从 2016 年以来二者的差距逐渐拉大。

如 2018 年 7 月钢材产量累计为 62 587 万吨，2017 年同期为 64 855 万吨，从总量看为负增长，而公布的同比增速竟然为 6.6%。因为集中度提升会导致部分 2017 年规模以上企业在 2018 年退出了样本（统计局的解释是营改增导致工业企业将非工业业务剥离也有很大影响），而在可比统计口径内的大企业得益于集中度提升，其实际产量是增加的。

“抓大放小”：寻找 A 股的确定性机会

过去 A 股市场投资者以散户为主，投资偏好于“炒短”“炒小”“炒概念”“炒题材”“炒朦胧”。如今，随着机构投资者的比重在不断增大，散户边缘化趋势越来越明显，市场的整体估值水平也出现了前所未有的大幅回落。

对 2018 年 A 股市场数据的统计归类表明，A 股市场中相对便宜的是连续 10 年或者至少 8 年 ROE 水平维持在 10% 或 15% 以上的公司（已剔除估值较低的银行股），即绩优股。其 P/E 中位数均在 20 倍以下，美股的中位数则在 20 倍以上，而且 P/B 更是低于美股（见表 5.1）。

表 5.1　A 股市场长期业绩明星估值低于美股

	公司数（家）	P/E 中位数（倍）	P/B 中位数（倍）	公司数（家）	P/E 中位数（倍）	P/B 中位数（倍）
	近 10 年 ROE 高于 15%			近 10 年 ROE 高于 10%		
中国	28	18.3	3.8	150	18.2	2.5
美国	101	22.3	6.9	206	22.5	5.2
	近 10 年中 8 年 ROE 高于 15%			近 10 年中 8 年 ROE 高于 10%		
中国	127	19.6	3.3	438	19.4	4.4
美国	229	21.4	5.9	456	21.3	4.0
	近 10 年中 5 年 ROE 高于 15%			近 10 年中 5 年 ROE 高于 10%		
中国	913	25.1	2.9	1 827	25.5	2.5
美国	480	21.7	4.3	789	21.3	3.3

资料来源：Bloomberg，Wind，中泰证券研究所。

不过，对于 2008—2018 年间只有 5 年 ROE 高于 10% 的公司而言，A 股市场的 P/E 中位数在 25 倍多，而美股只有 21 倍多，A 股市场的估值仍然偏高。

从历史的时间轴上看，A 股市场与美股市场中的高 ROE 公司的估值变化趋势呈现反向变动：2008—2018 年，A 股市场中高业绩确定性公司估值中位数持续走低；美股中高业绩确定性公司估值中位数则持续走高（已经剔除银行股）。这就给 A 股市场中的绩优龙头股的估值提升创造了空间。

如消费板块和周期板块中的龙头股估值水平明显低于非龙头股。今后应该会反过来，估值修复会给 A 股市场中的绩优龙头股创造更多的机会。

在存量经济主导下，即使业绩较优的小公司相对大公司也渐显弱势，市场份额向头部企业集中是大趋势。如同样属于绩优股（2008—2018 年有 8 年 ROE 超过 10% 的公司），若按公司市值分为大公司组和小公司组，发现2017—2018年业绩优异的小公司组业绩下滑，估值水平回落；而大公司组业绩与估值水平则呈上升态势。

在金融去杠杆的大背景下，企业尤其是中小企业的融资难度将持续增大，因此，企业的现金流状况更加值得关注。以市值排名在后50%的中小公司为例，2017年其净利润总额增加，但同时净现金流和经营性净现金流均下降，可见这些公司的现金流状况在恶化。

因此，较稳定的现金流可获得确定性的估值溢价，而恶化的现金流意味着市场将给予更高的风险溢价。一级行业的大致情况见表5.2。

表5.2　一级行业2018年ROE及现金流状况

	现金流明显改善	现金流平稳	现金流明显恶化
ROE明显提升	煤炭、餐饮旅游、食品饮料	基础化工、钢铁、医药生物	机械、电子、房地产、建筑
ROE平稳	有色金属、纺织服装、商贸零售	电力及公用事业	石油石化、交通运输、汽车、计算机、通信、家电、建材
ROE明显下降	国防军工	农林牧渔、电力设备	传媒、综合、轻工制造

资料来源：Wind，中泰证券研究所。

剩者为王：不确定性将面临折价

在增量经济时代，通常是“鸡犬升天”，因此，躺着赚钱的案例很多，创业成功的案例也很多。而步入存量经济时代后，经济和社会的大格局已经基本形成。因此，今后各行各业内翻盘和重新洗牌的机会就不多了，创业者的风险也大大增加。

随着社会法制不断健全，社会秩序也逐步理顺和规范，靠监管套利或体制套利的难度增加，也就是说，高度投机的时代已经趋于尾声。此外，随着人口老龄化加剧，企业家的平均年龄也在不断提高，风险偏好一般会随着年龄增长而下降，因此，未来我们也将面临创新动能不足的问题。

2018 年，由于中美贸易摩擦超出预期等各种因素，导致 A 股市场的股票价格大幅下跌。因此，在投资者风险偏好大幅下降的大背景下，应该对不确定性折价对估值的影响予以重视。

不确定性风险来自多个方面，首先，是外部环境的变化，过去中国的出口导向型战略非常成功，实现了全球出口第一。但 2008 年之后，外需对中国经济的贡献大幅下降。就中美贸易而言，贸易摩擦加剧会提升上市公司海外业务的风险。

其次，各个行业内部的整合、行业集中度的提升会给行业内的众多企业带来很大的不确定性。例如，证券行业未来一定是“剩者为王”的结局，看看美国的投资银行发展历史就知道了：大部分都已经被商业银行兼并，而且，前十大投行在很多业务上的市场份额超过 50%。今后 A 股市场的换手率会越来越低，仅靠经纪业务不可能养活百余家券商。

又如，家电行业目前已经形成三大巨头，从未来趋势看，随着今后房地产行业趋弱，家电行业的需求肯定下降，行业的整合不可避免。

最后，政策的不确定性给行业和公司带来赢利的不确定性。国家往往在新兴行业的发展早期给予政策扶持和补贴，一旦产能过剩，鼓励政策就难以为继。在我的印象中，上市公司的盈利结构中，应该有一块不小的体量是政府补贴，这类补贴属于非经常性收益。例如 2018 年“531 新政”就为光伏企业带来巨大影响。

因此，今后中国企业整合的道路，会与成熟市场类似，即大企业的市场份额越来越高，行业进入壁垒也越来越高。新兴产业的崛起和淘汰过程都会很快，但能否持续经营下去，则很难说。而那些经历了几轮经济周期起落，经历了产业升级和经济转型，经历了岁月考验后生存下来并且依然能够活得很好的企业，一定能够获得“确定性溢价”。

把握预期差带来的确定性机会*

中国经济：均值回归下的分化和集聚

记得 2019 年中国股市开局就非常火爆，涨幅据全球之首。但资本市场火爆与经济增速下行形成了一个鲜明对比。我们不要因为股市好，就认为一切都好，还要冷静思考一下，中国的宏观经济面临的压力，这种压力是长期存在的。

2019 年是新中国成立 70 周年，中国经济可分成两段，一段是前 30 年，另一段是后 40 年。中国经济在前 30 年业绩平平，起伏很大，因为不是以经济建设为中心。正是因为前 30 年经济增速相对较低，经济动荡，所以后面 40 年才迎来了经济的高速增长。

但经济很难长期持续高速增长，每个国家都是如此，如没有任何一个国家的经济能够一直保持 8% 以上的增长速度。但是，纵观二战结束之后全球的经济发展历史，可以发现，但凡一个国家经济高速增长持续 30 年以上，就会成为高收入国家，而中国经济持续高速增长了 40 年，却依然还是一个发展中国家，这是有点奇怪的，我认为核心原因在于前 30 年被耽误了。

---

* 原文发表于 2019 年 3 月，本书对部分数据和内容做了更新。

经济的增长受到种种要素的影响，如总人口平均年龄、资本回报率、技术进步等，这些因素的增速最终都会下降或变为负增长，导致经济增速回落。世界各国经济发展都会受到生产要素的制约，如目前没有一个发达经济体的经济增速在5%以上，2018年美国GDP增速反弹，也不过2.9%，2020年受新冠肺炎疫情的影响，出现了4%的负增长。

对中国来讲，过去GDP增速低于6%都是难以接受的。日本、韩国都是在二战结束之后经济增长迅猛的国家，而且实现成功转型，但现在其增速也都在回落。因此，当前中国经济增速的下行趋势（尽管2021年可能出现短暂反弹），是经济长周期中的均值回归。中国、印度、韩国人均GDP变化如图5.3所示。

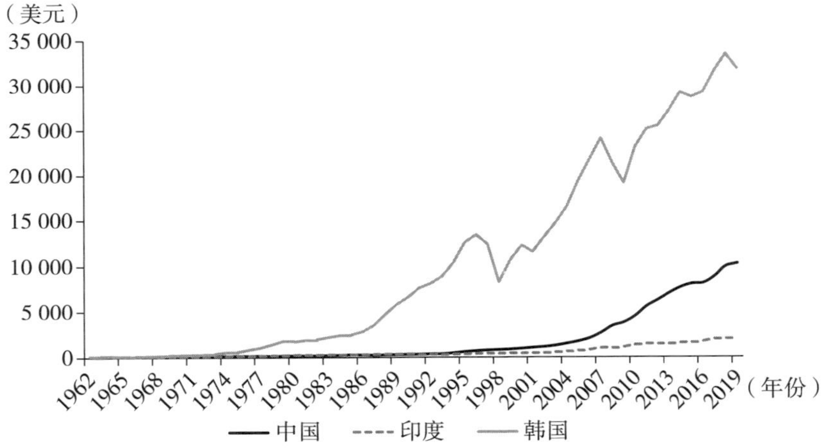

图5.3　中印韩三个国家人均GDP变化

资料来源：Wind，中泰证券研究所。

从国际比较看，决定长期经济走势最主要的生产要素是劳动力要素。如1929—1982年美国经济年化增长率为2.92%，其中1.34%来自劳动力贡献，0.56%来自资本，1.02%来自生产率提高（见图5.4），比如人口老龄化，不仅会导致劳动年龄人口数量的减少，还会导致专利数量增速放缓，所以劳动力还是生产要素中最主要的因素。

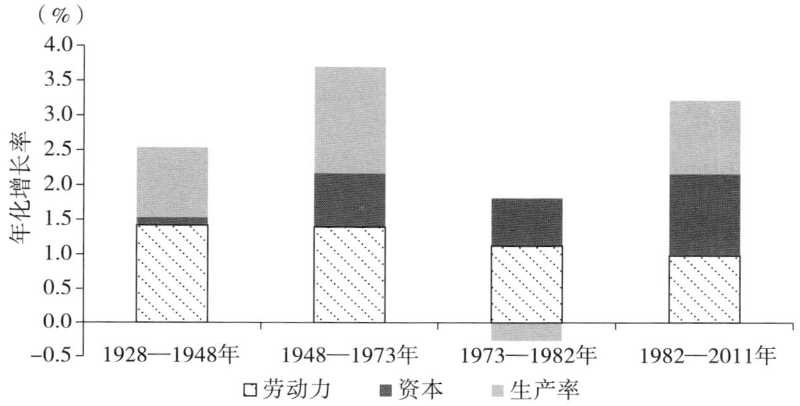

图 5.4　美国经济增长驱动因素分析

资料来源：Denison（2011），中泰证券研究所。

中国在改革开放后的 40 年里保持经济高速增长，根本原因可以归结为改革开放政策的实施，但其中也有相当一部分原因归于劳动人口数量大幅增长，即人口红利因素。而人口红利的产生，恰恰是受新中国成立后到改革开放前 30 年鼓励生育政策的影响，在鼓励生育政策实施的这个阶段，人口抚养比例大幅上升，经济增速自然会减慢。

如 1966 年时中国平均 5 个劳动力养 4 个人，之后抚养比例逐步回落，如今平均 5 个劳动力养 2 个人。加之 20 世纪 70 年代后期计划生育政策实施逐步严厉，人口出生率下降，人口出生一增一减，终于在 20 世纪 80 年代到 21 世纪初形成巨大的人口红利。

当经济发展到一定程度，即便放开了生育政策，大家的生育意愿也下降了。所以我国原本应该出现的第三代婴儿潮消失了，劳动年龄人口不断减少。未来可能面临的压力是，到 2050 年，要实现第二个 100 年目标的时候，或会发现没有那么多年轻人了，因为到

2050 年，中国人口结构会与现在的日本人口结构一样，现在日本 GDP 几乎零增长，我们到 2050 年会不会也出现这样的情况，这使我对于经济长期增速感到担忧。

但是经济增速下降也属于正常的现象，发达经济体的发展周期都是从经济高速增长到中速增长，再到低速增长的过程，这是一个不可逆转的趋势。我国现在面临经济下行压力，但同时也带来经济转型的机遇，经济要成功转型，是需要通过改革开放政策进一步加大力度才能够实现的，所以这也是我们现在面临的重要发展机遇期。

规律不可改变，不要奢望中国经济还可以进一步回升到高速增长，城镇化进程还会继续加快。近年来，进城务工人员的数量还在逐步减少，且最近两年的人口迁徙数据发现，大部分城市的人口都在收缩。人口收缩与否的考察指标，就是看常住人口减去自然增长人口后，到底是净流入还是净流出。研究发现，真正引领中国经济增长的，主要是长三角和珠三角，其中广东和浙江两个省表现得最出色，连续几年都是如此。

与此相关的，山东、河南、湖南、陕西、贵州等大部分省份的城市净流动人口数量都在减少，大部分三、四线城市人口都在净流出，流到那些核心城市、中心城市及其他一、二线城市，这使得在经济下行过程中人口的集中度进一步提升。

未来东部地区的经济，还将继续向浙江、广东等省份集中。在广东会向粤港澳大湾区集中，在浙江会向杭州湾区域集中，集中度的提升是一个大的趋势。也就是说中国经济在未来会面临存量经济主导的特征，分化和集中是大的趋势。

松货币扩财政应对经济减速

从过去 3 年的固定资产投资构成看，制造业投资增速一直疲弱，基建投资增速始终低于预期，房地产开发投资成为一枝独秀，但主要是靠土地投资，2018 年建筑安装投资增速为负，虽然 2019 年建筑安装投资全年增速为 11.8%，但土地购置投资增速为负。在这种情况下，稳投资更多要依赖于基建投资。

基建投资主要靠政府加杠杆，经过 2017 年以来的降杠杆，政府部门对于逆周期经济政策的操作更加趋于理性成熟，但地方政府的债务压力仍在加大，投资回报率也在回落。2020 年初，大家曾对新基建寄予厚望，但实际上新基建的占比太小，也不达预期，所以未来基建投资增速下行也是大趋势。

很多人说当前面临消费降级压力，实际上消费仍在升级，居民收入增速还是在上升，恩格尔系数还是在下行。问题在于，现在居民收入差距依然还是在扩大。从 2020 年的统计数据看，把居民可支配收入分为 5 个等分，高收入群体收入增速明显快于低收入群体增速，而中间层的收入增速最慢。

尤其受到疫情和新旧动能转换等因素影响，居民收入差距仍在扩大，这个扩大对消费增长带来了一定的负面影响。因为中低收入群体消费意愿较强烈，消费倾向是比较大的，高收入群体消费倾向会趋弱。如果中低收入群体收入增速趋缓，高收入群体收入增长加快，则不利于消费增长。

我国的网购增速很快，2020 年增速达到 15%，但是在网购的消费总额中，5% 的网购者贡献了 50% 的消费额比重。我国网购的人数总和约为 7.8 亿，7.8 亿人口中的 5%，即 4 000 万人贡献了 50% 的网购消费额。我曾研究过国内到底有多少人从未坐过飞机，有多少人从来没有出过国，甚至多少家庭里还没有用上坐便器等，这些数据推算的结果都令人吃惊，都明显反映出贫富差距固化的问题。

但无论如何，消费升级仍是大趋势，因为居民收入还在增长，尤其是过去两年由于三、四、五线城市房价大幅上涨，这些城市的消费占比明显上升。总体来讲，消费仍在升级，只是升级速度放缓了。

2019—2022 年都是关键之年。2019 年是新中国成立 70 周年，2020 年是全面建成小康社会收官之年，2021 年是我们党成立 100 周年，2022 年是党的二十大召开之年，所以今后几年维持稳定经济的政策还是可以期待的。

因此，2021 年经济和社会稳定将成为政策制定的出发点，经济增速下行，但必须维持在合理的区间内，所以政策需要一定的逆周期性。记得 2019 年习近平总书记在省部级以上主要领导培训班上讲话时，提到了“六大安全”，这是中央首次全面而系统地对防控风险进行的表述：政治安全、经济安全、科技安全、社会安全、外部环境安全、党的建设安全。这六大安全都要抓好，就是为了避免在 2019 年之后的 3~4 年中出现各种各样的风险，从而确保今后关键之年的平稳发展。

在讲到经济安全时，又具体提到房地产、金融、中小企业、僵尸企业这四方面，对于存在的潜在风险、潜在问题，都要拿出应对之策。

我认为，对策可以分为两个方面，需求对策和供给对策。一方面，从需求的角度进行逆周期的调节，比如货币政策和财政政策。另一方面，从供给的角度推进改革，推进产业升级和区域合理布局。

就货币政策而言，一定要防止“大水漫灌”，然而 2020 年的信贷和社融（社会融资）数据明显偏高，创了历史“天量”。一定要评估“放水量”与“水位”之间的关系，2019 年初“放水量”较大，是因为“水位”比较低，2020 年是受疫情影响而采取了对冲举措，导致宏观杠杆率再度上升，“水位”也偏高了。

对“水位”的评价，可以构建一个银行业信用扩张度指标，信用扩张度 =（银行业表内资产扩张 + 银行业表外规模化）/ 名义 GDP，该指标 2017 年迅速下降，尤其是表外业务规模大幅下降（见

图 5.5）。当前，货币政策还会有空间，但是这个空间主要体现在量的方面，而不是在价（利率）的方面。

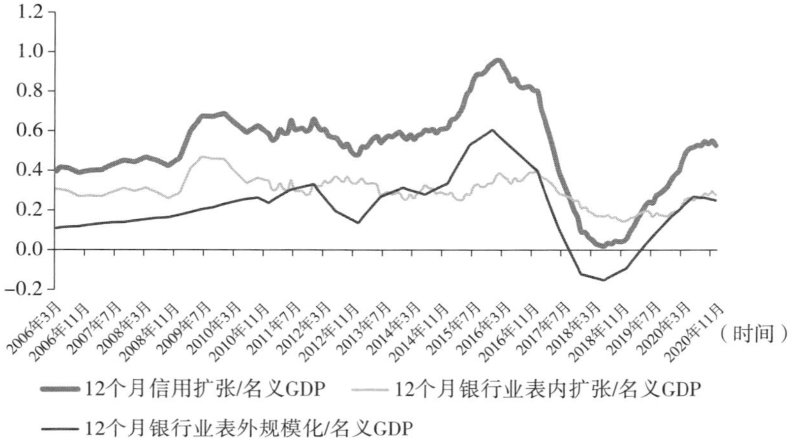

图 5.5　银行业信用总扩张 / 名义 GDP

资料来源：Wind，中泰证券研究所。

货币政策和财政政策只是从需求端去维持经济平稳，使得经济下行的幅度能够进一步缩减。但是稳增长不能解决根本问题，中国的根本问题是什么呢？

就是结构性问题，即如何实现经济的新旧动能转换、缩小收入差距等，这些问题只有通过各种改革去推进，才能治本。如对产权制度、土地制度、行政体制、国民收入的再分配等进行改革，以及进行税制改革、社保改革、国企改革、医疗教育改革等。

只有改革超预期才能稳预期

过去习惯于通过稳增长或发展的方式去解决或缓解问题，这样做更多的是把问题平滑了，始终没有触及那些发展中解决不了的问题的根源。随着经济增速放缓，依靠发展去解决问题的难度越来越大，唯有深化改革，才能真正解决问题。因此，我认为，只有改革超预期才能够稳预期，这一轮资本市场的好转，更多是反映了各项改革举措正在逐步推进，有些改革举措应该超出大家的预期。

我认为，改革的动力和压力来自外部和内部两个方面。外部压力就是中美的竞争乃至对立的格局将如何演变，这需要引起中国的重视。在全球经济增速下行的情况下，更要朝着全球经济一体化、分工合作这样一个目标去推进。中国作为对全球经济增长贡献最大的国家，一定会遵守国际标准和国际规则，在环保、食品安全、知识产权保护、出口补贴、关税等领域顺应全球经济一体化的大趋势，积极推进改革。

就国内而言，改革的动力和压力来自国内存在的问题长期不能得到有效解决，仅靠货币政策和财政政策是治标不治本，而且问题会越积越多，倒逼改革，成为改革的压力和动力。

拙作《更少的选择之下走更对的路》中曾提出，我们过去可以选的路都已经走了一遍，甚至有些走了两遍，但是效果还是不佳，并且付出了代价。比如过去全社会杠杆率水平为什么大幅上升呢？主要是为了实现高速增长，而非高质量增长。如关于区域振兴方面的政策，可谓红旗早已插满全国，无处不给开放、振兴和发展政策，但现实是不可能都实现发展繁荣的目标。不是说没有去试图解决过去遇到的诸多问题，事实上解决路径已经走过很多次，但解决的效果总是不理想。

所以我们现在再走从前的老路已经行不通了，不仅是因为时过境迁，而且成本巨大，现在只有一条路可以走，那就是推进改革。所以我说在更少的选择之下，我们要走更正确的路。

记得在10年前，在鼓励民间投资的《国务院关于鼓励和引导民间投资健康发展的若干意见》(即“新36条”)中就讲到，国有经济要逐步从竞争性领域退出，民企可以进入很多国企垄断、民企无法进入的行业，现在可以重新提。过去提这一点的时候，民企还有回旋余地，因为那个时候民营企业日子还比较好过，即便不让民营企业进入一些限制进入的领域，比如金融服务、电信、油气开采等领域，它们还有别的地方可以去。

现在制造业面临产能过剩、环保、劳动成本过高等问题，都导致民营企业债务压力加大、投资意愿不足。因此，再不取消产业进入限制，民营企业面临的问题会越来越严峻，最终触及金融安全。

改革使得国有企业的日子好过了，但民营企业的问题不断被激化，当问题越来越严峻的时候，就要想怎么去改革才会见效。依靠减税降费政策肯定是必要的，但还是解决不了根本性的问题，只有从改革最基本的制度出发，实行中性竞争原则，才是根本之策。我们最需要解决的是制度问题，而不是一些政策性问题。如民企问题应该与国企改革同步推进，如减费降税可以有效减轻企业负担，增强民企投资意愿。同时，还可以加快推进国有股权划拨社保的进程。

如企业的社保减费之后，全国社保长期存在的巨大缺口进一步扩大了，靠财政补贴社保，属于拆东墙补西墙，只有扩大国有股权划拨的比重，才能弥补缺口，这样做其实是隐含了对国有股权的改革推进，因此，盘活国有资产，也有利于推进国企改革。

从长期看，我认为政府依然需要通过加杠杆来应对未富先老问题。而且，中央还有很大的加杠杆的空间。尽管中美之间全社会杠杆率水平相差无几，但是中国政府部门所拥有的资产量是巨大的，如国有金融企业、非金融企业的净资产规模在 80 万亿元左右；国内大部分土地为国有，自然资源也是国有的，所以政府资产负债表内的资产应该是超过全球任何一个经济体的，既然有这么大的资产，负债加杠杆的空间应该很大。

如果我们把全社会杠杆率进行国际比较，把杠杆率的分母 GDP 换成资产。那么，我国政府的杠杆率和居民杠杆率水平将大大降低，因为政府的国有资产和居民的房产都是巨大的资产，所以我们不要对杠杆率问题有过多的担忧。

从美国杠杆率的结构来看，2007 年之后居民和企业的杠杆率都在下降，政府为了振兴经济，在次贷危机后开始加杠杆，疫情之下又进一步加杠杆，联邦政府杠杆率从 2007 年底的 57.7% 提高到 2020 年底的 115%（见图 5.6）。

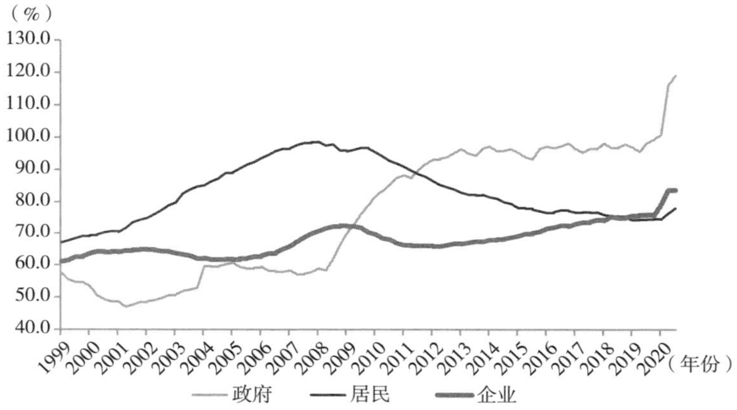

图 5.6　美国各部门杠杆率

资料来源：Wind，中泰证券研究所。

杠杆的结构是可以优化的，在企业和居民部门的泡沫被刺破的过程中，政府可以托底经济。杠杆优化的过程也是金融、经济资源优化配置的过程。而资源被优化后，经济就可以更健康地增长，杠杆率走平甚至开始下降。

经济再平衡下的确定性投资机会

通过对需求和供给两端的政策扶持和改革推进，经济会实现再平衡。在经济再平衡的过程当中要寻找的是确定性机会。我预计 2021 年的货币政策还是会稳健地回归常态，“稳健”与否不是只看货币供应量到底增加了多少，还要看目前货币的整体存量是多少，在存量偏低、增量偏大的情形下，不能断言货币政策不稳健了。流动性会有所收缩，但不会大幅收缩。

长期来看，利率还是存在下行的空间，因为经济增速在下行。当第二产业增速下行、经济维持下行趋势时，对于大宗商品来讲长期机会并不大。研究发现，M1–M0 增速对大宗商品（南华工业品指数）也有一定的领先性，因为产出水平对商品表现影响比较重要（见图 5.7）。2021 年大宗商品应该有一定上涨空间，因为随着欧美经济复苏，补库存的需求会上升。

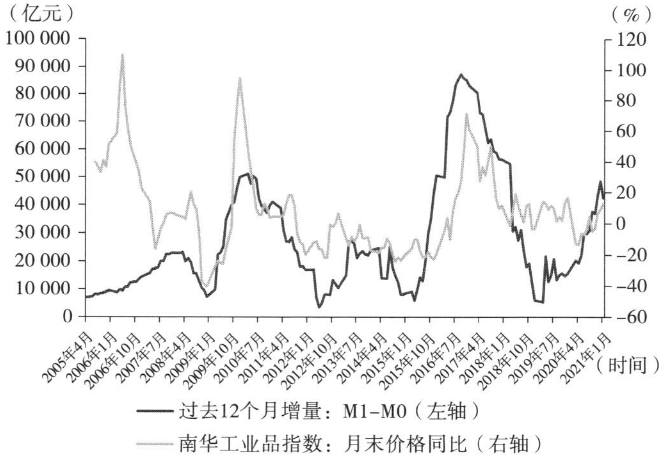

图 5.7　产出水平影响商品表现

资料来源：Wind，中泰证券研究所。

最值得关注的大类资产还是来自权益类市场的结构性机会，结构性机会来自多个方面，一方面是新旧动能的转化，虽然新的动能比重并不高，但是增长速度很快。比如 2020 年信息技术产业的增加值累计增长了 17%，与此相关的，房地产、建筑业等增加值的增长只有 3% 左右，所以基本上存在 6 倍的差距。

我们还是要对新经济领域的结构性机会予以重视，像现在讲的

5G、边缘计算机、基因检测、氢动能等新技术和新发明会成为未来经济增长的几个亮点。

另一方面，关于金融供给侧结构性改革对资本市场带来的正面影响，还要有一定的理解高度。比如要解决此前金融严监管带来的金融抑制，影子银行业务大幅消减，民企融资难问题进一步加剧。

过去人们对金融的理解过于片面，认为金融太虚了，金融加杠杆导致债务的增加。但近年来，在去杠杆、降债务的过程中又产生了资产缩水。实际上，把资产这一分母做大，即便负债这一分子不变，资产负债率也会下降。如今，要推进注册制试点，提高直接融资比重，加大金融市场的开放度，都是有利于资本市场的长期发展的。

2019 年初至今的这轮结构性牛市的动力主线是改革，在经历过 2015 年的金融创新，或经历过 2009 年两年 4 万亿的“铁公基”大投资之后，我们对过去的经验教训已经有了很深入的反思和总结，不会重蹈覆辙。这也是我所强调的逻辑——更少的选择之下走更对的路。我们有过那些惨痛的教训，所以现在不能走老路，这一轮行情处在经济增速下行过程中，经济转型、深化改革是当前及未来应对困难的主要思路。

长期以来，A 股市场的估值体系较为扭曲，即绩优股的估值水平比较低，绩差股则较高，导致确定性折价和不确定性溢价，今后，随着机构投资者数量的增加，加上资本市场改革，对信息披露、退市制度的规范，市场的价值投资理念一定会深入人心，与成熟市场的估值体系也会逐渐接轨，所以未来确定性机会更值得去把握。

在大类资产中的另一个机会就是房地产，房地产行业总体来讲还是会趋弱的，这是由经济周期决定的。房价稳定也是保持经济稳定的重要方面，因为中国经济周期实际上就是房地产周期，所以政策现在要做的就是平缓房地产周期，使得经济周期更加平滑，在这一过程中可以促进资本市场的繁荣，减少中国经济对房地产的依赖程度，这对中国经济转型是有利的（见图 5.8）。

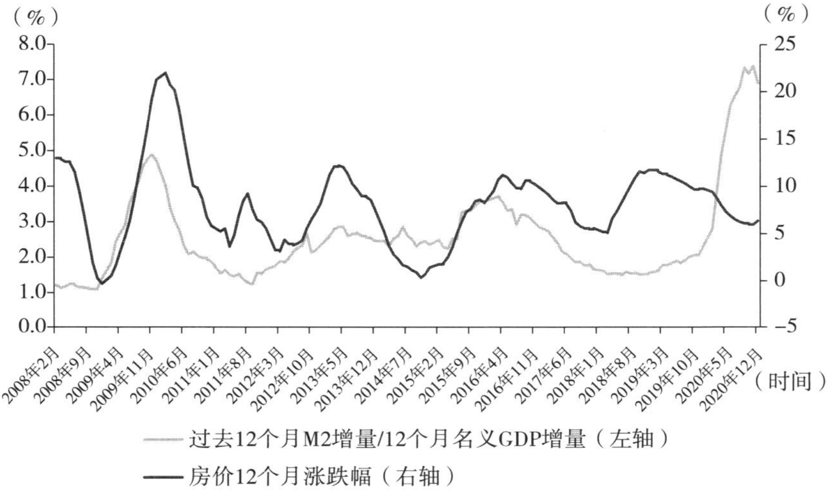

图 5.8　房地产周期趋于平缓

资料来源：Wind，中泰证券研究所。

2020 年一、二线城市房地产的相对表现较好，符合经济结构变化趋势；三、四、五线城市前期涨幅过大，随着棚改货币化力度减弱、传统产业的走弱和人口的净流出，房价会有回调压力，所以三、四、五线城市的房地产会偏弱一些。对于房产税的担忧，我觉得不必过度炒作，毕竟在稳房价的前提下，要推进房产税的征收难度较大。

我认为，对宏观经济政策的把握，只需要记住两点，第一点是稳中求进，因为中国已经成为全球第二大经济体，老子说“治大国如烹小鲜”，任何一个经济政策的出台，都要考虑对现有的经济会产生多大影响。第二点是底线思维，即不发生系统性风险的底线；如 2018 年上证指数跌破 2 500 点的时候，我认为已经触及底线了，那个时候，我对股市便开始持乐观态度了，并且多次撰文，提出一个过度超跌的资本市场必然有长期投资价值，因为到了要发生系统性风险的底线位置时，政策肯定会转向，改革肯定会启动。

因此，稳中求进和底线思维，是我们把握宏观经济政策方向和力度的两大要点，包括对资本市场投资机会的把握，也要掌握这两个要点。

今后无论是中国资本市场，还是房地产市场，更多呈现的是结构性机会。中国经济已经步入存量经济主导时代，中国经济新动能、新产业不可能在全国遍地开花，经济份额将更多地向两个区域——长三角和珠三角集中，更具体地说，会往浙江和广东这两个省集中，会往北上广深及其他中心城市、大城市集中，产业在集中、技术在集中、人口在集中、金融在集中、各类资源都在集中。

存量经济的特征是此消彼长，今后我们会看到，一些地区的 GDP 高增长，另外有些地区的 GDP 负增长。在这种格局下，投资一定要有结构性思维，更多地以此消彼长的观念把握好区域、产业及资本市场的结构性机会。

关于“确定性溢价”*

2017年，我提出了“确定性溢价”这个概念，因为我发现A股市场的估值体系与成熟市场存在很大差异，但这一差异今后一定会缩小。如今，我看到不少学者也都接受或使用了“确定性溢价”这个概念，那么，不妨对这个概念的前因后果做一番解释。

大市值战胜中小创——2017年是元年

记得从2016年第三季度开始，上证50指数的走势就明显强于创业板指数，并从第四季度开始出现了彼此背离的走势，于是市场开始叫嚷“新价值投资时代”。因此，2017年是大部分机构投资者扬眉吐气的一年，同时也是大部分散户垂头丧气的一年，很多股民从此不再自信，甘愿成为基民。

事实上，几乎所有成熟市场的发展历程，都是一部“绞杀”散户史，而当前散户交易量占大头的市场，都无一例外地被称作新兴市场。因此，从新兴市场向成熟市场转型的过程必然是痛苦的。如2018年初不少人预言2018年股市将出现“风格切换”，但预期中的

* 原文发表于2018年6月，本书对部分数据和内容做了更新。

“风格切换”并未出现。

从宏观角度看，似乎并不支持“风格切换”。通过对2017年上市公司年报的汇总统计，发现在中小市值企业净利润增加的同时，净现金流和经营性净现金流均出现下降。根据国家统计局对规模以上企业利润的统计，发现国企的利润增速从2015年10月见底回升，而私营企业的利润增速则在低位持续徘徊，并在1年以后开始回落。

2017年，国企的利润增速维持在30%以上，而私企只有10%左右。由于大型企业多属于国企，中小创多属于私企，因此，大致也可以反映大企业的利润增速快于中小创企业。此外，从国家统计局公布的全国城镇私营单位在岗职工的平均工资增幅看，2017年只有6.8%，低于名义GDP增速，而非私营企业的平均工资增幅为10%。

总体来看，产业上段的利润要好于中下段，这从PPI和CPI的不同涨幅中也可以看出来，产业上段的企业以大企业居多，如石化、钢铁、有色、电力等。这实际上反映了供给侧结构性改革背景下大型企业，尤其是国企的优势，因为它们既有资源的定价权，又可以获得较低的融资成本。

相比之下，集中在产业中下段的中小企业要面临环保成本提高、原料成本上升、融资难和融资贵等困难，自然就竞争不过大型国企。

从全球看，世界500强企业多属于行业巨头，并且在行业中占有很大的市场份额，如沃尔玛、壳牌、三星、西门子、大众、丰田、亚马逊、苹果等。尽管中国不少企业在世界500强中占有一席之地，但绝大部分都是以国家垄断为特征的国企。大部分国内制造企业在国内对应行业所占的份额不高，更不用说是在全球市场的份额了。

这说明两点：一是今后独角兽类型的企业数量会不断增加，赢家通吃的格局会越来越明显，因此，大企业的发展空间比中小企业更大；二是目前的中国大企业市场份额不大，仍有提升空间。因此，在投资上应该“抓大放小”。

当初之所以提出 2017 年是“抓大放小”的元年，是因为从宏观层面看，大企业的提速似乎刚刚开始，中小企业的降速及优胜劣汰也开始不久。

存量博弈时代——给确定性溢价

2017 年，我首次提出中国经济步入存量主导时代，何谓存量主导呢？不是说没有增量了，而是当存量足够大了之后，增量对存量的影响越来越小。存量经济的特征，可以从人口增速到货币增速，周期品到非周期品的产量和销量等多个方面体现出来。

国家民政部公布的社会服务报告显示，2018 年第一季度结婚登记人口数为 301.7 万，2017 年同期为 319.8 万，同比减少了 18 万；2018 年第一季度火化遗体数为 140.2 万，2017 年同期为 122 万，同比增加了 18 万。从短期看，这有点像减量经济。此外，流动人口数量从 2015 年开始下降，劳动年龄人口数量从 2012 年开始下降，2017 年开始，全国客流量也首次出现下降。

2017 年以来，M2 增速出现了快速回落，过去 20 多年，M2 增速平均达到 18%，2020 年受新冠肺炎疫情等因素的影响，虽然回升至 10%，但 2021 年将再度回落。

能体现存量经济特征的数据还有很多，如二手车交易量的两位数增长和新车销量的负增长；在存量经济主导下，趋势性机会必然减少，如 2015 年 6 月之后，A 股市场波动幅度大幅收窄，上证综指波动不大，总体呈现结构性行情（见图 5.9）。

在指数相对稳定的情况下，个股的涨跌幅度变化却是巨大的，如医药生物、食品饮料板块中不少股价创出历史新高，但还有不少小市值的股票连续 10 个跌停板。在 2016 年之前，占总市值 5% 的小市值股票经常上演“麻雀变凤凰”的故事，累计的年化涨幅远超巴菲特的平均年收益率。如今，这样的故事很难继续下去了，因为存量博弈的特征就是此消彼长，增量博弈的结果往往是“鸡犬升天”。

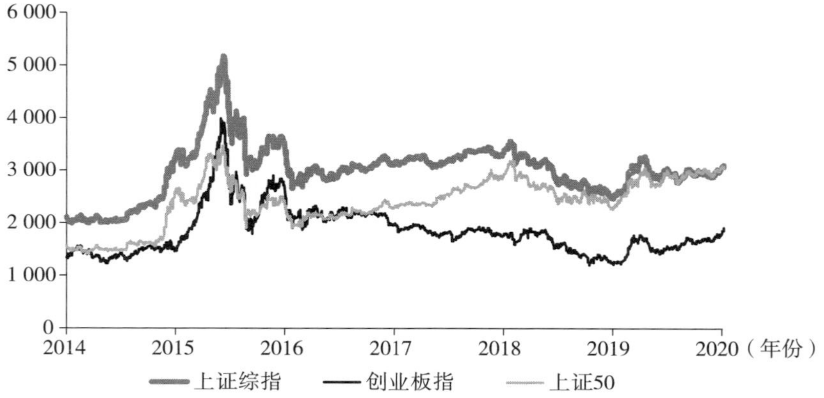

图 5.9　A 股市场主要指数走势

资料来源：Wind，中泰证券研究所。

例如，2007 年前后白酒销量的增速超过 30%，而 2020 年白酒产量再度出现负增长。因此，2007 年前后什么酒厂都赚钱，2018 年以后很多酒厂都经营不下去了；2007 年前后高端消费群体都还习惯于浓香型白酒，如今相信相当一部分高端消费群体都更喜欢喝酱香型白酒了。

我在 2018 年写了《买自己买不到的东西》一文，提出品牌类的高端白酒未来现金流稳定增长，就应该给它们更高的估值。类似的，如水泥行业、家电行业或者其他细分行业的龙头已基本确定，假如未来还能继续提升市场份额，则应该给予龙头企业更高的溢价，因为它们的未来龙头地位比较确定，作为理性的投资者，应该给出确定性溢价。

那么，何谓确定性呢？我所指的确定性应该包括但不限于以下几种类型：第一类，当然是行业龙头或头部企业。

第二类，长期维持较高毛利率和ROE的企业，以证明这类企业可以跨越周期。如过去10年中至少有8年的ROE维持在10%甚至15%以上。我相信，大部分所谓高成长的企业都很难做到ROE长期维持在10%以上。能维持在15%以上ROE的，在美国基本上属于全球知名品牌类上市公司，如烟酒食品、服装及生活家居用品、国家管制的金融企业等。估计中国也是大同小异，只是品牌类相对少，管制类相对多。

第三类，公司治理结构比较完善、主营业务很稳健的企业，不存在未来行业管制要放松、管理层发生大变动、补贴要取消等风险。

过去，个人投资者对A股市场具有很强的定价权，大家都喜欢讲故事，不喜欢讲估值。如“炒地图”时，号称“东有深圳，西有喀什”，或“南有茅台，北有皇台”，越偏远的上市公司，估值水平越高，因为越遥远，越朦胧，越不确定，想象空间越大。

如今，随着机构投资者规模的不断扩大，市场也渐渐趋于理性。过去认为上市公司改变主业是“麻雀变凤凰”的机会，估值水平可以提高；如今则认为改变主业是风险，股价要打折。自1990年我国股市开设以来，第一个5年给予从单一经营向多元化经营的企业股价大幅溢价，因为那时处在短缺经济时代；第二个5年给予经营不下去的企业股价大幅溢价，因为这些企业必然会进行资产重组。

再之后呢，出现了网络股泡沫，概念股、题材股长盛不衰。但是，这些没有业绩支撑的股票，最终都会显露原形，股价会回归到合理的估值水平。比如，有些带H股的中小市值A股，原先对H股的溢价率超过100%，但最终是A股向H股的股价靠拢，而非H股股价上涨。

乌鸡变凤凰或丑小鸭变天鹅，原本成功的概率就是极低的，或几乎不会成功，对于这类具有不确定性的小概率事件，应该给予折价而非溢价。如今A股市场终于从“博傻”转变为博弈，从给不确定性溢价，到给不确定性折价。

相信今后 A 股市场的估值理念会越来越接近于成熟市场，即给不确定性折价，给确定性溢价，给中小企业相对低的 P/E 和 P/B，给大企业的相对高的 P/E 和 P/B。

相信趋势的力量

过去，我研究并撰写过不少报告来解释为什么小股票的估值水平可以更高，如《A 股高估值之谜》《为什么 200 倍市盈率的股票比 20 倍更有投资价值》等，分别从流动性溢价和信用溢价的角度来探讨风险溢价的合理性。但到了 2017 年，小市值股票高溢价的思维定式不再延续了，代表价值投资的理性趋势逐步形成。

或许你会质疑，大企业盈利增速之所以会提高，是因为供给侧结构性改革、环保以及国家对国企的扶持，如果国家没有给国有企业提供这些优厚条件，那么，这些企业未必能经营好。此话有一定道理，但不可否认，所有的发达经济体，都存在从社会资源到市场份额都向大企业集聚的结果或趋势。

如国内的 BAT（中国互联网三大巨头，B 指百度，A 指阿里巴巴，T 指腾讯），应该说没有获得政府部门的多大支持，否则它们就不会到海外寻求上市了。但它们早已成长为国内乃至国际的巨无霸企业。因此，我们既要看到短期因素，如供给侧结构性改革推动去产能和优胜劣汰过程加速，也应该看到中长期趋势，如环保要求提高，行业为达到规模经济要求，加速整合。

数据表明，过去 10 年大部分行业的集中度都得到了提升。行业集中度的提高，意味着行业进入门槛的抬高。过去行业的进入壁垒都很低，以养猪产业为例，过去农民养猪很普遍，散养户贡献的猪产量占到全国总产量的一半以上。如今，随着环保成本、饲料成本及人工成本的上升，集约化养猪成为最经济的方式。

2014 年以后，中国猪肉消费量开始下降，这也导致了养猪行业的产能过剩。因此，当存量经济特征越来越显现的时候，企业投资传统行业的风险也越来越大，靠加杠杆赚钱的时代过去了——这与过去增量经济时代的投资模式迥然不同。

行业集中度提升是一大趋势，监管制度更加完善、产业政策更加科学或是另一大趋势。2016 年之后，随着监管制度的规范和严格执行，套利机会大大减少，“壳价值”大幅缩水。实际上，我国资本市场监管质量的提升，也是借鉴成熟市场的通常做法，未来监管理念与成熟市场的监管理念越来越接近，这是大势所趋。

就产业政策而言，它对资本市场的影响也非常大，如过去就有过国有企业优先上市的现象，如今则是独角兽企业优先上市。因此，从资本市场的发展轨迹看，我们正沿着成熟市场的发展轨迹，在曲折中前行，趋势的力量之所以强大，是因为它合乎逻辑。

2020 年，A 股市场近一半的股票下跌，这实际上就是对未来“不确定性”的折价，但大部分行业的头部企业的股价表现却异常强劲，其股价的上涨多半并不来自盈利水平的提升，而是估值水平的提高，这就是“确定性溢价”的体现。

第六章
经济转型趋势下看好大消费与高科技

中国经济处在高增长阶段，投资对经济的拉动作用很大，如果按支出法计算，投资对GDP的贡献率平均在40%左右，而全球的平均水平大约为20%，即中国是全球平均水平的两倍。近年来，虽然投资对GDP的贡献率已经有所回落，但仍在30%以上。不过，从A股市场的行业涨幅排序看，2004—2009年，涨幅前五的行业分别为有色金属、食品饮料、汽车、建材、煤炭，2009年至今，涨幅前五的分别为食品饮料、家电、消费者服务、电子、医药生物，即周期性行业均已退出前五，消费与高科技成为领涨行业。

尽管2020年受新冠肺炎疫情的影响，投资和出口保持正增长，而消费为负增长，但消费股的表现依然强劲，这是因为买股票是买未来，未来消费主导中国经济没有任何悬念。消费股走强的另一原因则是高端消费、品牌消费受到追捧，这当然与居民收入增长和消费升级有关。

10年前，我写了一篇《白酒成为奢侈品背后的经济推力》，分析了当年白酒销量与GDP增速具有明显相关性。但高端白酒之所以销量大，与商务消费和高收入群体收入增速提升有关。最典型的案例则是中国的奢侈品消费在全球份额的不断提升。

至于看好高科技，则更无争议了。中国经济正在转型升级，经济增长的质量也在不断提升，这都需要以科技作为支撑。国家在“十四五”规划中，提出了发展新一代信息技术、生物技术、新能源、新材料、高端装备、新能源汽车、绿色环保、航空航天、海洋装备等九大战略性新兴产业的目标，并把强化科技战略作为经济支撑。因此，中国高科技和互联网产业发展将与欧美越来越同步，未来高科技企业的市值也有望不断提高。

存量博弈下的结构性机会：大消费与高科技 *

2019 年 10 月 14 日，我受邀做客今日头条《首席讲坛》线上访谈栏目，探讨存量博弈下的结构性机会。

论“经济周期”

早几年曾有观点认为，经济周期消失了，或者说“周期的波动性正在淡化”，2019 年中周期和中短周期确实有弱化现象。这是因为当今主要经济体都加大了逆周期调控的力度，使得中短周期呈现弱化现象。例如，2017 年有不少人认为新周期来了，我当时就写了一篇文章《可怕的时滞》，表示不要被假象所迷惑，尽管 2015 年以来的逆周期政策导致房地产和基建投资大幅上升，但政策只能改变斜率，不能改变趋势。事实证明，2018 年以后，中国经济仍然处在稳中向下的减速中。

因为周期是学者对于经济社会发展历史轨迹的形象描述，历史会重复，但不会简单重复，所以周期现象还是存在的，但表现方式会有所变化。比如，过去谈论比较多的为期三年的去库存周期，在

---

* 原文发表于 2019 年 10 月，本书对部分数据和内容做了更新。

“三去一降一补”政策下，就淡化了。简言之，中国经济目前更多表现出结构性而非周期性特征。

不过，中国经济的中长周期和长周期依然是存在的，因为这两个周期太长，因此，研究者不多。尤其是中长周期，或称为建筑周期，目前已经处在下行阶段，它将以房价回落并在未来走稳为结束特征。至于长周期（康德拉季耶夫周期），我没有什么研究，但我个人认为，中国仍处在长周期的上行阶段，起点是 1979 年，中国的 GDP 总量或将在 10 年内超过美国。中国经济从 1700—1820 年，走了一波上行期，GDP 的全球份额从 25% 上升到 32%；1820—1949 年，是非常痛苦的下行期，GDP 的全球份额降至 5% 左右；1949—1979 年，是盘整期,GDP 的全球份额没有上升；1979 年以后，是新一轮长周期的开始，估计到 2030 年前后，我国 GDP 的全球份额可以达到 20%。

但是，对于这轮经济增速下行趋势而言，远没有止跌迹象，欧美经济增速也在放缓，全球经济将经历低增长、高震荡的阶段。但中国经济的相对优势依然很明显，即 GDP 增速几乎是全球增速的两倍，中国经济总量将在减速中成为全球第一。

下一个增长点

很多人问，中国经济的下一个增长点在哪些地方？在我看来，中国经济正在进行新旧动能转换，新的动能很多，如现在大家热议的“硬科技”，硬科技包括人工智能、航空航天、生物技术、光电芯片、新一代信息技术、新材料、新能源、智能制造八大方向。这些都有可能在未来形成新的增长点，但这些增长点，与传统的家电、汽车、智能手机和房地产对经济的拉动作用相比相对有限。

事实上，只有形成新的巨大需求，才能构成社会发展的动力，比如，第一次工业革命以蒸汽机、纺织机械为代表，拉动了英国经济发展，使英国成为全球老大；第二次工业革命，以美国和德国为龙头，带来了电力设备、汽车技术等的迅猛发展，也持续了近100年时间，美国成为全球老大；第三次工业革命，仍是美国领头，以计算机和信息产业为主导，已经持续了近70年时间，但这些年来，由于缺乏具有革命性的科技发明或技术进步出现，发展的动力不断减弱。因此，发达经济体的劳动生产率增速都在放缓，中国也不例外。

此外，如今的投资机会也多是结构性，而非普遍性的。因为在存量经济下，行业内部是此消彼长的，行业之间也存在新旧动能转换。就资本市场而言，我觉得主题投资可能是两大方面：一是大消费，逻辑是投资、出口都在下行，中国GDP中消费的相对比重在上升；二是高科技，毕竟科技引领时代进步。但是，这只是概念，投资需要落到具体的企业上。我在2018年末写的文章《买自己买不到的东西》，意思是目前市场上钱太多了，但好项目、好标的少，过去是钱少，好标的多，那时应该买自己买不起的东西。

从就业的角度看，IT行业仍然有较大发展空间，毕竟是科技引领时代进步。金融业的发展空间不大了，目前金融业的增加值占GDP比重在7.5%以上，已经是超前发展了，今后金融业可能不是存量博弈，而是减量博弈。

互联网行业的机会

2018年中泰研究所TMT分析师已经对国内移动互联网用户红利做出了见顶的判断，但海外第三世界国家包括印度尼西亚、印度、非洲地区等国家仍然处于用户红利阶段，从2019年这些地区4G（第四代的移动信息系统）基站发展较快的情况也可以判断，这些地区的移动互联网还在快速发展中。

从国内来看，可以说移动互联网已经走出用户红利阶段，受益于国内良好的无线网络基础设施覆盖，中高低端各个层次的用户都已经发掘得较为充分，进入需要依托产品内容进行用户价值深度挖掘的阶段，对企业竞争实力的要求很高。这可以视作移动互联网行业的拐点，但仍然存在很多的机会，比如腾讯音乐、美团点评都是以有竞争力的产品服务用户、实现用户价值深度挖掘的典型。4G 带来了移动互联网创新的大机会，驱动了过去多年产业的大发展，而未来的机会有望聚焦在 5G 带来的物联网领域。5G 是第一次从技术上满足物联网发展的需求，将开启从人联网时代走向物联网时代的创新周期，现在正是在起点，需要从战略上给予重视。

“核心资产”还能长期持有吗

2018 年年中，我提到“存量博弈时代，市场正在给确定性溢价”“2017 年是‘抓大放小’的元年”。2019 年以大消费为代表的股票大幅上涨，市场给了这些股票一个名字，叫作“核心资产”。

在 2017 年以前，股市是一个非常典型的散户市场，如小市值股票的估值水平非常高，大市值股票被相对低估。2017 年进入所谓新价值投资时代，其机会正是来自估值体系的修复，而非宏观基本面的逆转。所谓存量博弈，与存量经济特征相对应。博弈的结果，就是有一大批过去被称为“壳资源”的股票，市值不断缩水，而过去被当成“大白马”的股票，估值水平不断提升。

核心资产和“漂亮 50”，实际含义都差不多——蓝筹股，但用在 A 股市场上，还不是太精准的。A 股市场想再回到从前以“炒概念”为主导的所谓“风格切换”已经不太可能了，A 股市场已经走上了向成熟市场迈进的“不归路”。至于成长和价值，这两者之间不属于“风格切换”。有价值的公司，一定具有很好的或很稳定的成长性，否则就没有价值可言。所谓转向成长之说，说穿了，就是一部分人希望重“炒概念”。我认为，个别热门板块有可能被炒作，但伪成长的股票，要想再度提升估值水平已经很难了。

至于目前核心资产贵不贵，应该说，从静态看，大部分核心资产都已经实现了价值回归，处在估值洼地的已经很少了。从 2019 年前三季度公募基金的表现看，回报率很惊人，可见一斑。但从动态看，不少成长型企业在若干年后，可能又会进入估值洼地。

因此，最终还是要看这些核心资产的成长性如何，如果成长性很好，市场份额在提升，则股价仍有上升空间。所以投资选股就得认认真真、老老实实去做基本面分析。

投资机会，从逻辑上讲，看好两方面。一方面，存量经济下的结构性机会，企业分化带来头部企业的投资机会，产业分化带来新旧动能转换的投资机会，包括大家讲的大消费、高科技等，这也是一个新旧转化的过程；区域分化带来热点大城市的房地产投资机会依然存在，但大部分中小城市的房地产投资风险增大。

另一方面，从散户时代步入机构时代的估值体系存在重整机会。整体而言，过去是大企业被低估，小企业被高估，确定性的增长被低估，不确定的增长被高估。今后，就是要让价值投资理念不断深入人心。

经常听到这么一个说法：核心资产已经不便宜了，接下来应该会发生“风格切换”，成长股行情会起来，这样的观点听起来似乎很有道理，也不排除判断准确的可能性，但是它存在一个逻辑缺陷。

因为走势是围绕着均值上下波动的，离均值远了，便会出现回归，但不意味着回到均值后就不动了。有个成语叫“矫枉过正”，也就是说，从下往上回到均值附近后，有可能继续往上，反之亦然。低估的时候叫价值发现，回归的时候叫价值实现，再度偏离均值的时候叫过热或过冷。投资时如果有逻辑依据，就会踏实些，包括资产价格理性阶段逻辑，也包括非理性阶段逻辑。

分散和聚集

应该说，市场份额较为分散的行业大部分属于新兴行业，机会很多，同时风险也很大。例如，在2000年前后的互联网热潮中，互联网企业大量产生，“触网”的上市公司也非常多，估值从市盈率变成了“市梦率”，当时如果能够选对BAT，就可以获得惊人的回报率，但如果选错，就可能血本无归。因此，投资应该相信“二八定律”，即选对的概率总是很低的，即便你做再多的研究，恐怕也很难回避新兴行业未来可能存在的诸多风险。

因此，为什么我在过去反复强调“确定性溢价”呢？因为很多投资者抱有侥幸心理，喜欢投资不确定性高的标的，希望一夜暴富，乌鸡变凤凰，由此导致不确定的股票估值过高，而确定性的股票被冷落而导致估值偏低。所以我还是建议去投资相对成熟行业中的头部企业，风险收益比相对较高。因为A股市场正在经历从散户市场转向机构主导市场的过程，即理性的投资者数量会越来越多，资金实力决定了话语权，投机股将来会缺乏接盘者。

增量资金

首先，我不觉得在经济增速下行的大背景下，A股市场会有一场轰轰烈烈的大牛市，但指数的缓慢上涨是必然的，因为指数走势主要是由大市值股票走势决定的。2019年的增量资金多来自北上资金，这是由于在A股被纳入MSCI指数之后，外资进入A股市场的规模大幅上升。

其次，今后外资在A股市场的投资比重还将进一步提升，如印度、韩国等新兴市场的外资投资市值比重都在 20%以上，目前我国的外资占比在 5%以下，作为全球第二大经济体，外资不可能不增加投资比重。

最后，从长期看，国内的保险资金、银行理财子公司设立的基金、社保基金、企业年金、职业年金的入市规模还将持续上升，一是增量部分入市规模可观，二是存量部分会逐步提高权益资产投资的比重，如目前保险资金投资权益类资产比例的上限是 30%，而行业实际运用比例为 22.64%，还有一定的空间。

股市从来都不缺资金，缺的是信心。只要信心提升了，各路资金将会纷纷入市。现阶段只是外资的被动入市居多，主要是 MSCI 的配置需要。因此，我国要观察的是基本面是否改善，如果基本面改善了，则股市马上会有涨势，因为 A 股市场的效率一直比较高。

家庭资产配置

从发达市场的居民资产配置结构看，金融资产配置比重远高于房地产，存款类资产配置比重比较低，个人投资者买的基金类产品比较多。我想，未来中国居民也会像成熟市场国家的居民一样，增加对权益类资产的配置比重，或把钱交给机构投资者去理财，即购买基金产品。此外，随着资本市场的开放，国内投资者应该增加对海外资产的配置比重，如目前港股通、沪伦通都已经开通，投资一定要有全球化配置资产的意识。

在全球经济增速下行，甚至有可能出现衰退的大背景下，投资者还应该有防范风险的意识，其中，对家庭资产的流动性管理显得很重要。如果专业一点，可以选择外汇、贵金属或商品期货、股指或国债期货等对冲工具，以防范可能发生的金融风险。此外，由于今后全球经济进入低增长、高震荡模式，各国之间的冲突会多于合作，导致全球风险加大，投资者风险偏好下降，避险意识提高，因此，像黄金这类贵金属作为避险性工具，值得长期增持。

房地产的分化

我在 2019 年初的《宏观经济与投资策略报告》中曾提出，房地产作为国内居民最主要的大类资产，已经进入减持窗口。我的逻辑是，长达 20 余年的房地产牛市已经步入尾声，即便利率再降，美联储再推量化宽松的货币政策，它们能改变的只是经济下行的斜率，而不能改变趋势。我认为，经济下行的主要原因是结构性问题日益严峻，这是由全球性长期和平所引发的难以避免的结构性问题。此外，长期和平带来的人口老龄化，也会对房地产的价格产生抑制作用。

从古今中外看，资产价格总是波动的，长期高位走平的案例几乎没有。而且不少投资者是贷款买房，即便房价走平，各种持有成本加起来比较，也将导致实际投资亏损。此外，还要关注房地产的流动性，一旦流动性极度萎缩，则投资性购房的持有风险会大幅上升。以上均为减持理由。

从今后看，房地产市场还是有结构性机会的。因为当前及今后房地产调控的总基调是因城施策，防止大起大落。由于人口流向大城市，所以三、四线城市总体看，房地产库存率会不断提高，一、二线城市则相对好一些，因为需求仍将持续增加。

就房地产行业而言，将加速头部公司的形成。从数据看，房地产行业的集中度在快速上升，很多中小房地产企业会因为土地购置成本上升、融资难度加大而难以生存下去。而龙头房企的优势将更加明显。因此，房地产行业的结构化时代已经到来了。

消费增速滑坡——为什么仍看好大消费*

2020年，我国社会消费品零售总额391 981亿元，较2019年同比下降3.9%，在拉动经济的“三驾马车”中，是唯一负增长的。从最终消费对GDP增长率的贡献看，2017年占到58.8%，2018年上升至70%，2020年受疫情的影响，贡献为负，尽管如此，我们依然看好大消费，以及资本市场的大消费板块。

宏观层面看好大消费的三大逻辑

宏观研究最忌讳的就是用“显微镜”分析当下经济并借此预测未来。任何人看到图6.1，都很难给予未来消费乐观的评价，但如果看中美之间消费增速的比较，看全球最大的消费市场规模，看我国消费在“三驾马车”中占比的上升呢?

第一，从拉动经济增长的投资、消费和出口这“三驾马车”看，随着人口红利的消减、城镇化进程的速度必然会放缓，制造业产能过剩成为常态，我国固定资产投资占GDP的比重过高，以前曾达到80%，现在虽然有所回落，但其（资本形成）对GDP的贡献率接

* 原文发表于2019年5月，本书对部分数据和内容做了更新。

近发达国家的两倍左右。所以未来投资对经济增长的贡献率一定会下降。

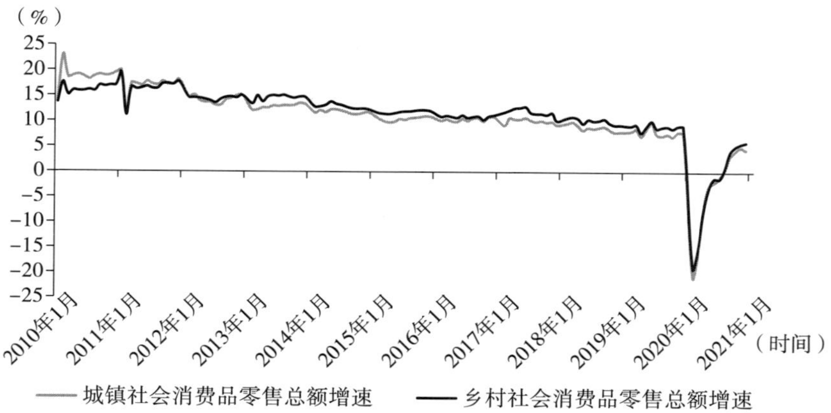

图 6.1　城乡消费增速

资料来源：Wind，中泰证券研究所。

此外，出口增速也会下降，这与中美贸易摩擦无关，但与人力成本刚性上升，以及全球经济增速下降导致的外需不足有关。既然投资与出口这两驾“马车”出现增速下降，那么，消费这驾“马车”就得担当重任。

我国最终消费对 GDP 的贡献率在 20 世纪 90 年代时曾经占到 65%，之后大幅回落，如今回到了 50%多，比发达国家落后很多，如美国和日本都在 80%以上；即便与新兴国家比，也明显落后，如印度也占到 70%。因此，今后我国消费对经济的贡献率一定会上升。

第二，在经济转型过程中，第三产业比重上行是必然趋势，从而带动服务消费的上升。2017 年第三产业增加值占 GDP 的比重为 51.6%，2019 年继续上行至 54%，2020 年受疫情的影响，不具有可比性，但今后这一比重必然会提高。

第三，人口老龄化也会使得我国的消费占比上升，储蓄占比下降。中国是全球居民储蓄率最高的国家。人口结构变化对消费的促进作用体现在两个方面。一方面，随着人口老龄化程度的不断提高，居民储蓄率会缓慢下降，消费率会相应提升，类似日本模式。另一方面，中国居民收入按年龄段划分，最高的应为“60后”“70后”群体，随着他们步入职业生涯的后期，在保健养老、休闲娱乐等方面的消费势必会增加；而对于收入水平相对不高的“80后”“90后”“00后”群体而言，他们更能接受现代人的超前消费理念，即信用消费。据统计，过去10年，居民杠杆率水平提高了一倍左右。

疫情之下，鼓励消费应有政策举措

任何一个国家，只要经济发展到一定阶段，增长的模式就会趋同，即消费驱动，道理很简单——民以食为天。我国过去的增长模式与其他国家的不同之处在于，一是投资拉动，二是出口导向，消费对经济增长的贡献率偏低。

对此，我国很早就提出经济转型的目标就是要靠消费驱动。但是，过去我国经济比较落后，居民收入水平较低，因此，通过投资和出口双轮驱动也合乎逻辑：廉价劳动力吸引外资流入；不断上涨的地价维持土地财政的运营。如今，这两种模式均难以为继，即便没有中美贸易摩擦，中国经济也要转向消费驱动。

但是，目前向消费转型的最大掣肘是中等收入群体的收入增速放缓，因为中低收入群体的消费/收入弹性要远高于高收入群体，仅仅让高收入群体的收入增速提高，对消费的拉动作用不大，至多只能有利于高端消费增长。

那么，如何增加中低收入群体的收入水平呢？过去设想通过国民收入二次分配来解决，但难点在于运用税收手段的效果有限，如减税降费，有多少收益最终可以落到中低收入群体的手中？房产税、遗产税及资本利得税应该是有效的工具，但短期内要运用并不现实。

我的建议是扩大国有股权无偿划拨给社保的比例。按照当前划转 10% 的比例，未来划转规模最大可达 8.7 万亿元，但实际的补充作用被高估了。根据 2017 年国务院发布的《划转部分国有资本充实社保基金实施方案》，当前的国资（国有资产）划转补充社保基本只获得企业分红和资本运作收益，而且划转企业相对较少，填补效果并不明显。

如果能将划拨比例提高至 20%，同时，在国资委的准许下，若能通过社保减持适当引导国有资本从传统的竞争性领域中退出，不仅有利于国资的资产配置优化，也能改善部分领域产能过剩的局面，而且可以弥补社保资金的缺口。

资本市场也进入了大消费时代

大消费板块是指与人们生活密切相关的泛消费类行业，如食品饮料、医药生物、家电汽车、商贸零售等。记得在 2017 年 4 月，我们的“中泰时钟”就发出了“配置大消费”的信号，因为相比上、中、下游行业和成长性行业，大消费的得分最高。

那一年，正是市场憧憬“新周期”的时候，因为 PPI 在大幅上涨。两年后的 2019 年，我们发现周期类股票指数走势总体仍偏弱，而消费类股票指数走势却强劲，如 A 股市场中有两只消费 ETF 基金，一只（159928）已经创了历史新高，另一只（510150）也接近 2015 年的高点。

这就很说明问题了，因为宏观层面的消费数据在连年下滑，但自上而下的数据并没有反映行业结构的变化，同时也没有反映股市估值体系结构的重整，即绩优股的估值水平被长期低估，如今正逐步获得“确定性溢价”。

在巴菲特的投资组合中，消费类公司居多，这不仅是因为美国经济主要靠消费拉动，还因为消费类公司大多具有业绩增长稳定、现金流充裕及盈利波动较小等特征。如前所述，中国经济正在步入消费主导的时代，不管消费增速快慢，消费市场依然是全球最大的，消费基数也非常可观，使得消费行业长期投资机会较多。

此外，即便某些消费板块在个别年份会走弱，但头部企业仍能获得较好的利润或市场份额。中国的股市就像中国经济一样，正在进行着结构性调整，尽管调整时间的长短不好预测，但方向却是明确的。中国经济和资本市场结构都将与发达经济体、成熟资本市场一样，殊途同归。

收入下行反而迎来消费升级——行业机会何在*

记得在2018年有很多人都在抱怨消费降级，当时的消费数据确实在下行，尤其是一、二线城市的消费增速下行更为明显。2018年高收入群体的收入增速比2017年同期回落，与此相对应的是，国内八大知名品牌白酒（茅台、汾酒、五粮液、泸州老窖特曲、剑南春、西凤酒、古井贡酒、董酒）的销售收入和利润峰值均出现在2017年第三季度，之后则出现了回落。

此外，豪华乘用车的销量增速也同样出现明显回落，如2017年豪华乘用车销量整体增长17%，高于2016年。2018年前三季销量增长率为10%，之后降至个位数。但这只是反映了消费升级的速度在放缓，并不等于消费降级。

实际上，反映消费升级最有说服力的数据是恩格尔系数，即食品支出在消费支出中的占比，该指数持续下行，到2018年已经降至28.4%，比2017年下降了近一个百分点。2020年受新冠肺炎疫情的影响，服务性消费占比大幅下降，恩格尔系数再度上升，但这只是短暂的。

因此，我在2018年8月写了一篇《大家是否误判了：房租、滞

* 原文发表于2019年4月，本书对部分数据和内容做了更新。

涨与消费降级》，在当时引来很大争议。但时至今日，大部分人应该还是认同了消费升级这一大趋势。

那么，为什么在2018年居民人均可支配收入增速出现明显减速的情况下，消费升级趋势依然不改呢？我认为，推动消费升级主要有四大动力，这也是2019年以后的这轮大消费行情崛起的基础。

第一，中国经济正处在消费升级阶段。从人均GDP水平看，中国处于人均8 000~10 000美元这一消费升级阶段，而且，居民人口可支配收入依然保持与GDP同步的增速；例如，高端香烟、白酒和豪华乘用车的销售占比在持续上升，不受经济周期变化影响，豪华乘用车的销量依然保持正增长，与普通乘用车的负增长形成鲜明对比。

从居民收入结构分组看，2016—2019年高收入组的收入累计增长29%，高收入组对应2.8亿人口，人口规模接近美国总人口，成为我国高端消费的主力，所以高端消费市场的容量仍有很大扩张空间。

第二，消费主力的年龄结构变化有利于消费升级。过去消费主力是“60后”“70后”，如今已经是“80后”“90后”。现在，“60后”“70后”的投资意愿比较强，储蓄率比较高，消费注重实用性和性价比；“80后”“90后”的消费意愿比较强，负债率比较高，即更愿意负债消费，且注重消费品牌和个性满足。

近年来，居民房贷余额增速回落，在房住不炒的政策下，预计消费贷的规模增速仍将呈现高增长，有利于消费并促进消费升级。

第三，财产性收入或预期收入增长促进消费升级。这些年来，股市和楼市均出现交替上升的势头，虽然结构性的特征越来越明显，但总体而言还是使得居民尤其是高收入群体的财产性收入显著增长。有数据表明，10%的高收入群体的收入增长主要来自股权投资，其余90%的收益主要来自房地产投资。

第四，2021 年我国将把扩内需作为实现稳增长目标的主要支撑点，这将有利于大消费作为中国经济增长的主要动力。2021 年在政策层面对消费的支持力度明显加大，除了提出增加中低收入群体收入和福利等各项举措外，还提倡发挥第三次分配的调节作用，鼓励发展社会慈善事业，鼓励以富人捐款来缩小收入差距。这些举措将有利于居民消费能力的提升。

白酒迈向奢侈品背后的经济推力之变*

10年前，我发表了一篇文章《白酒迈向奢侈品背后的经济推力》，2011年正逢4万亿投资刺激政策落实之后，中国经济出现繁荣景象；同时，欧美经济也处在复苏过程中，全球通胀抬头，实物资产价格攀升，黄金价格大涨。此时国内的奢侈品消费额大幅上升，然而，经济增速的头部实际上已悄然形成。

近来大家讨论高端白酒比较多，所以重温这篇旧作，一是对比10年前后，高端白酒背后经济推力发生的变化，即从10年前的政府和商务消费为主，演变到私人消费为主；从以商品的消费属性为主，演变到消费属性和投资属性并重的格局；二是回顾和反思2011年至今我国经济变化究竟有多大，究竟哪些在我的预期之内，哪些超出我的预期，哪些是我误判了。

作为长期在投资银行从事研究工作的一员，我的研究不外乎涵盖三方面内容：一是研究经济走向，二是找出经济发展中存在的各类问题，三是自上而下揭示投资机会。

---

* 原文2011年2月发表于《新财富》，2019年6月修订，本书对部分数据和内容做了更新。

从对经济走向的判断看，我当时偏乐观，认为“从‘十二五’规划各地上报的经济增长目标看，大部分省市的GDP增速都在两位数，所以2011—2015年中国GDP增速将不会低于9%，投资拉动经济增长的模式还难以改变”。而事实上，2011—2020年，经济增速已经出现了连续10年的下行，但经济转型的步伐仍在加快。

从对经济结构问题的揭示看，还基本正确，即认为未来高收入群体的收入增长会很迅猛，消费将趋向高端化。但还是低估了高收入群体收入增长的速度。

10年前，白酒迈向奢侈品源于政府消费和商务消费的推动。原本以为严控三公消费将导致高端消费（如高端酒店及餐饮、奢侈品、海外旅游等）增速的回落，但事实上，高端白酒的消费主体，从政府和商务人士迅速转为私人——民间消费和收藏。速度之快，超乎预期。

有一个非常有趣的案例，是奥迪与茅台销量的迥异走势，因为两者曾经是“官车”和“官酒”，都能带来销量的上升，但“八项规定”出台之后，奥迪不再成为民间仿效性高端消费的首选，销量明显回落；而茅台则仍然是高端消费的首选，且愈加供不应求。

2018年我国奢侈品消费总额占全球的份额已经上升到33%，2020年估计要接近40%，高收入群体高端消费能力和投资能力都十分强劲。

坐飞机的时候，我时常会翻阅航空公司的刊物。早些年，杂志上的汽车和手机广告特别多。如今坐飞机，发现白酒尤其是酱香型白酒的广告特别多。之所以有些品牌类消费品还存在买不到的现象，可能与高收入阶层收入增长速度较快有关，其背后则是居民收入差距的扩大。

2018年曾一度热炒“消费降级”，事实上，消费降级之说并不成立，毕竟恩格尔系数总趋势在往下走。当然，部分居民房贷压力较大，如果他们的工薪收入增速放缓，或股票投资亏损，则这部分群体确实存在“消费降级”的可能性，但并不代表大部分居民都会出现消费降级情况。

因此，我国消费市场的主要特征应该是消费分级与消费升级并重，而且，由于人口基数巨大，占总人口 20% 的高收入群体达到 2.8 亿人。当如此众多的高端消费群体在对某些品牌的认可度保持高度一致的时候，就导致了这类品牌消费品的供不应求。

例如，随着居民健康意识的增强，烟草和白酒的消费总量都在下降，但高端品牌的香烟和白酒的消费占比却在上升。由于物价管理部门采取了限价政策，这就更使得品牌被高度认可的消费品供不应求。因为大家的保健意识在增强，烟民数量在减少，而且香烟缺乏投资属性，所以高端香烟并未出现供不应求的情况。尽管白酒的消费量也在下降，但高端白酒的消费占比却在上升，而且无论是消费需求还是投资需求都在上升，因此对某类高端白酒价格的管控，就难言成功了。

目前酱香型白酒的产量约占我国白酒总产量的 7%，但从消费者需求结构看，未来对酱香型白酒的需求占比至少在白酒消费需求的 15% 以上。如果再加上某些高端白酒具有存放增值的投资属性，则实际需求更大：欧美早有收藏葡萄酒的历史和传统，茅台酒在我国民间的收藏规模估计也非常可观。

由于资产泡沫的“刚性化”，高收入群体的收入增速超过 GDP 增速，所以高端消费需求似乎一直大于高端消费品的供给。其供不应求折射出中国当前消费升级的几大特征：一是都属于非必需品，且白酒、卷烟的总产量在下降，但结构发生了变化，消费趋向高端化；二是消费高端化与高收入群体的收入增长速度较快有关；三是在消费升级中，品牌认可度的集聚性不断提高。

我一向的观点是：一旦发现某类资产出现了泡沫，其他资产的泡沫其实也都存在了，就像水无孔不入一样。如果某类资产的泡沫不破，那么，其他资产的泡沫也会刚性化。未来，资产泡沫及奢侈品供不应求的现象一定会消减，但近期似乎看不出来。

回顾 2011 年至今的中国经济变化特征，可以发现它已经不再像过去那样，以周期性的起落为主，而是以广阔而深远的结构变化为主。这就是我一直提示的“分化”，我们正处在分化时代，人口、地域、产业和企业等都在加速分化。这其中，私人部门对经济的影响越来越大，当然，2013 年以后，民企投资增速就开始下降，未来私人投资增速还会继续下降，但私人消费对经济增长的贡献一定会越来越大。例如，2012 年“八项规定”出台之前，高端白酒消费主要靠行政和商务活动拉动，但之后则主要靠民间拉动——与全球消费拉动的模式相一致。

附：

白酒迈向奢侈品背后的经济推力

公认的奢侈品大部分是国外品牌，唯有在文化习俗难改的“食”方面，中国品牌才能够得以彰显实力，比如烟和酒，过去几年，中高端白酒的价格涨幅远大于 CPI。中国高端白酒消费的一大特色是政府和商务消费占相当大份额，在信贷规模大幅增加的 2009—2010 年，高端白酒的消费主要集中在铁路、公路和基础设施建设以及金融、房地产等领域。贵州茅台酒每瓶单价上千元，实际上意味着公款消费或商务性宴请的消费升级。

白酒中的高端品牌如茅台、五粮液、国窖 1573 和水井坊等早已成为奢侈品，当然，不是所有的白酒都会成为奢侈品，不会成为奢侈品的白酒还是多数。但是，今后我们将看到越来越多的白酒品牌步入奢侈品行列，或者很多名不见经传的牌子也会推出高端系列产品，且其价格可能高过国内最著名品牌的同档次白酒价格。对此，笔者试图分析其中的经济因素。

经济增长与消费升级推动奢侈品需求

中国经济持续高速增长，带动了居民收入的大幅提升、企业盈利总额的增加和政府财政收入的增加。过去 30 年中，没有一个国家比中国经济总量的累计增加值更大。2010 年，中国的人均 GDP 已经在 4 000 美元以上，而政府的财政收入或许已经超过 8 万亿元，名列全球第二。因此，美国高盛公司判断，2010 年中国奢侈品消费额高达 65 亿美元，连续 3 年全球增长率第一、销售量第一。未来 3 年，中国奢侈品消费总额有望超过日本，成为世界第一大奢侈品消费国。

从中国近几百年来落后欧美的历史来看，在服饰、交通工具等消费品方面大家更崇尚西方的品牌，而在吃的方面，却难改长期以来形成的文化习俗。就卷烟市场而言，进口烟也曾经一度占据中国高端卷烟消费的很大份额，但好景不长，之后国内卷烟厂纷纷走高端化之路，最终，像中华这样的品牌获得了非常大的市场份额。而中国白酒的历史长达数千年，白酒迈向高端，形成了一批奢侈品品牌，更容易被大众所接受。而经济高速增长和居民收入提升，也将带动高端白酒的消费量增长。

因此，我们不妨对经济增长、居民收入增长与白酒销售额增长之间的相关性做分析。1998—2009 年白酒产量增速和中国 GDP、居民收入增速的相关性分别为 0.69 和 0.65，说明经济增长以及居民收入的提升，与白酒消费存在明显的相关性（见图 6.2）。

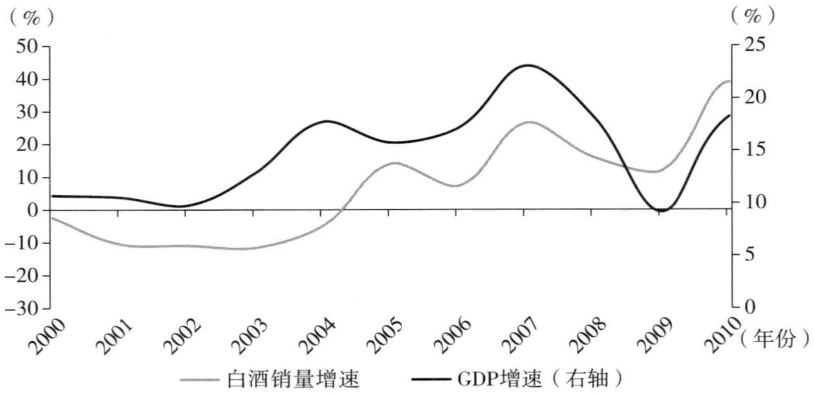

图 6.2　中国白酒销量增速与 GDP 增速存在相关性

资料来源：Wind，中泰证券研究所。

此外，我们发现，白酒的产量实际上在 1996 年达到 800 万吨后就没有再创新高，2005 年之后销量开始增加，但价格的上升比销量的增速更快。2003 年，中国白酒行业规模以上企业的吨酒价格为 1.6 万元，而 2008 年吨酒价格已上升到 2.83 万元。这说明，我们的消费升级在过去几年里非常明显，中高端白酒价格的上涨幅度远超过 CPI。

由于白酒主要以高度酒为主，其主要消费者的年龄层偏高，如国内在 30~50 岁，从未来看，随着现代社会中人们对酒类的消费越来越倾向于低度酒，白酒消费群体因年龄增长而逐渐减少，因此，要期望白酒的产量长期保持较快的增长，似乎不太现实，但基于城镇化率的提高和居民收入的增加，中低端白酒的消费量仍然能够保持稳中有升的格局，其持续时间大约与城镇化率提升的进程相关，至少会是 10 年。

而高端白酒在白酒消费份额中的占比，还将有较大的上升空间。因此，未来白酒行业发展的特征应该是，产品结构由中低端向中高端调整的速度会快于产量的增速。

投资拉动型经济与白酒成为奢侈品的潜质

中国高端白酒消费的一个最大特色是团购消费占相当大的份额，即政府消费和商务消费。据某研究机构对2009年高端白酒消费群体所做的判断，政府消费占46%，商务消费占35%，私人消费占19% *。这一比例是否准确，恐怕难有定论，但高端白酒的政府消费和商务消费所占份额之大，使其具有不同于其他消费品或奢侈品的特征。

这种特征从更深层次看，与中国经济增长方式密切相关。因为改革开放以来中国经济的高增长主要靠投资拉动，而投资又是政府主导的，政府要主导投资，就得招商引资，就得开展土地招拍挂等一系列商业性运作活动，这势必增加政府的行政费用支出。

有学者研究称，1978—2006年，中国财政支出中用于行政管理的费用增长了143倍，其占财政总支出的比重从1978年的4.71%上升至2006年的18.73%，这远高于一般国家10%的比例。2007年，中国财政预算开始采用新科目体系，行政费用支出分散在诸如一般公共服务、外交、国防、公共安全、教育、科学技术等功能分类中，但估计最近这几年的行政费用占比不会下降。同时，我们的财政收入年年高增长，远超GDP增速，按2010年为8万亿元计，行政费用估

* www.doc88.com.《高端白酒行业报告》2009.6。

计在1.5万亿元左右（这还不包括政府性基金中实质上也属于行政费用的部分）。

从“十二五”规划各地上报的经济增长目标看，大部分省市的GDP增速都在两位数，所以今后5年中国GDP增速将不会低于9%，投资拉动经济增长的模式还难以改变，这也为高端白酒消费的中长期增长提供了保证。

同样，商务活动也是消费高端白酒的重要渠道，尤其在信贷规模大幅增加的2009—2010年，高端白酒的消费主要集中在铁路、公路和基础设施建设以及金融、房地产等领域，其中，银行业、建筑业、房地产业及其他相关行业是高端白酒的主要消费行业。此外，像世博会、亚运会等一些重大活动也都会促进高端白酒的消费。

高端白酒在私人消费方面的占比将有更快速的提高。原因有二，一是高收入群体的迅猛崛起，过去10年全国房价的平均涨幅在5倍左右，从投资房地产获取的收益看，中国高收入群体的财富增长不仅超过GDP的增速，甚至也超过M2的增速（4.5倍），中国已成为全球富人增加人数最多的国家，这就大大提升了奢侈品的购买力；二是高度白酒易于储藏，且具有保质升值的功能，因此，高端白酒不仅变成奢侈品，也成为投资品。如最近在南京举办的一场茅台酒专场拍卖会上，一箱1985年产的茅台酒整箱拍出了惊人的130万元高价。

因此，原先单纯作为高档消费品的高端白酒，随着市场需求的不断上升，便跃升为奢侈品，并进而演进为投资品。其实，全球高端的蒸馏酒都具有投资属性，如白兰地、威士忌、伏特加等，最名贵的如法国白兰地路易十三，目前国内售价在1.5万元/瓶左右，比前些年涨了50%。

中国目前正面临通胀，而这种CPI的上涨更多来自成本推升，其本质是日常消费品的补涨，所以持续时间会比较长，因此，资产保值增值便成为人们的迫切需要。高端白酒如茅台、五粮液等，其生产流程中80%都是手工制作，适宜长期存放，因此具有奢侈品兼投资品的特性。以茅台酒为例，1999年，每瓶53度飞天茅台的售价为168元，如今市场价格已经在1 300~1 500元，涨幅达到7倍，如果按收藏品价格来估算，则涨幅恐怕在20倍以上了。

正是名牌高端白酒的需求远大于供给，导致了假冒酒的出现，因此，为了迎合市场对高端白酒的需求，将有更多的白酒通过营销手段提高价格，以奢侈品面貌出现。这种模式可能与过去各地推出的各类名贵香烟类似，不少地方品牌烟的价格都远超中华，是因为有满足区域性的高端消费需求及作为名贵地方特产的送礼需要。白酒也有类似特性，比如五粮液集团2008年推出了将军酒，零售价为810元/瓶，当时就超越飞天茅台成为国内高档饮用型白酒的价格新霸主；而轩尼诗控股了文君酒厂后，一下子将其产品从中低档白酒升格为高端白酒，推出了1 200元/瓶的天弦酒。

因此，奢侈品的价格不是由成本决定的，而是由需求决定。在20世纪80年代洋烟进入人均GDP很低的中国时，万宝路和箭牌的价格远高于本土香烟，便理所当然地成为中国的奢侈品。1988年，国产13种香烟价格放开，中华烟零售价为7.2元/包，成为当时最高的价格，超过万宝路。2011年，万宝路仍是国外普及率较高的普通消费品，价格无法上涨，国内售价为16元/包；而中华售价已经到了65元/包，万宝路便成为中低档香烟了。而作为地方香烟的“黄鹤楼1916”，价格是万宝路的10倍，因为只有160元/包的香烟，才能满足国内商务送礼及高端人士消费心理的需求。同样，茅台酒价格上千元，实际上意味着公款消费或商务性宴请消费的升级。

其实，名烟与名酒的价格还是存在相对稳定的比价关系的，如江苏省物价厅 1988 年 7 月 28 日核定 53 度茅台酒的零售价为 140 元 / 瓶，是当时“软中华”香烟价格的 20 倍；如今，1 300 元 / 瓶的茅台酒，仍然是“软中华”香烟价格的 20 倍。

假如“软中华”的价格保持稳定，这种比价关系或许意味着飞涨的茅台价格也会在一段时间内稳定下来。因为茅台产量有限，消费者担心买到赝品，从而去寻找其他高端替代酒，这就会制约茅台价格的继续上涨，同时给其他品牌高端白酒带来发展的契机。可以预期，在今后经济继续高速增长而通胀开始蔓延的背景下，将会有更多品牌的白酒成为区域性消费者追逐的“新贵”。

高端品牌白酒应该扩大本土份额还是走向国际化

从茅台酒长期供不应求且假酒在国内高端白酒市场占据一定份额来看，扩大产能及进一步提升国内市场的份额应该是其当前的首选。随着茅台酒行业龙头地位的确立，高端白酒的消费偏好也将从浓香型白酒逐步转向酱香型白酒。目前，酱香型白酒的市场份额估计在 5% 以下，所以扩展空间还非常大。茅台的计划是 10 年翻一番，到 2020 年产量达到 4 万吨（最新说法是到“十二五”期末，年产基酒就要达到 4 万吨），销售额达到 500 亿元，看来这完全有可能实现。由此也可以看出，今后高端白酒的两大趋势，一是产量和销售收入在白酒产业中的占比上升，二是酱香型白酒的占比上升。中国的白酒市场最早是清香型占主导，之后是浓香型，今后大众消费恐怕还是以浓香型为主，但在高端消费方面，极有可能是以酱香型白酒为主导了。

从名牌白酒企业的发展战略看，国际化肯定是战略之一，但一般都会作为长期发展战略，中短期内，企业都把扩大产能、发展中高端系列产品、并购其他白酒企业等作为扩大国内市场份额的主要手段。如茅台收购了习酒，五粮液则推出了酝酿 10 年之久的酱香型白酒——“永福酱酒”。

面对中国高端白酒市场的诱人前景，国际著名的烈酒跨国公司也有兴趣来分一杯羹。如 2007 年，洋酒巨头酩悦轩尼诗将剑南春旗下的四川文君酒 55% 的股权收入囊中，他们聘请白酒酿造大师吴晓萍担纲负责人（泸州“国窖 1573”以及酒鬼“馥郁香型”白酒，都出自吴晓萍之手），打造新的高端品牌。此外，2007 年，水井坊牵手世界最大酒商之一——帝亚吉欧，将水井坊（全兴集团）43% 股权转让给帝亚吉欧，这从表面看是双赢的结果，因为水井坊可以借此加快国际化的步伐，帝亚吉欧也可以借此填补其众多品牌中唯一缺少的中国品牌，但事实证明，这种模式并没有取得立竿见影的成效，高端白酒要走向国际市场，还有很长的路要走。

中国的茅台、五粮液、泸州老窖等的国际化程度比全球绝大部分奢侈品都要低。其中最有希望扩大海外市场份额的，还属茅台，因为五粮液过去多年基本上采取的是买断经营和 OEM（原始设备制造商）这类的品牌全覆盖模式，只有茅台坚持走高端路线。但目前茅台在国外的销量只占其全部销量的 5% 左右，离国际化的目标还很远。

不过，由于茅台的现金流比较充裕，且一直没有做过大的资本运作，稳健有余、进取不足，所以未来可以考虑参照帝亚吉欧的发展模式。作为品牌运营商的帝亚吉欧才成立十余年，即通过并购占有全球30%左右的洋酒市场份额，并拥有100个世界顶级酒类品牌中的14个。由此看，茅台可以通过海外并购的方式，控股一两家名牌洋酒，并利用其营销渠道来推广自身品牌。中国有些民营的汽车、家电、服装企业都已经在采取这种模式了。

当然，中国高端白酒要真正实现国际化，恐怕仅仅依赖酒类企业自身的并购和营销是不够的。消费品或奢侈品的营销，更多依赖于文化和习俗乃至民族精神的认同感。为什么西欧的奢侈品能够让中国的消费者趋之若鹜，是因为它们的诞生地有过世界霸主的历史，这些奢侈品传承着王室贵族的元素。中国也正处于新兴大国的崛起阶段，当中国在全球有更多的高层次移民，当中华文化、民族精神得到更广泛的认同时，中国奢侈品的国际化也就水到渠成了。

第七章

金融开放趋势下把握“估值差”收窄的机会

金融开放是大势所趋，因为中国要实现伟大复兴，只能依靠提升自己在全球金融和贸易中的比重，说白了，就是要为全球人打工才能富起来。道理很简单，中国人均资源拥有量远低于全球平均水平，如人均耕地面积只有全球平均水平的一半。日本、德国和韩国，都是二战结束后成功晋升为发达经济体的国家，它们无一例外地发展高端制造业，出口全球。

我国资本市场的开放度还比较低，外资在A股市场流通市值的占比，只有4%左右，而印度、韩国、中国香港等股市的外资占比，一般都在20%以上。这意味着，未来A股市场的外资占比仍将有较大提升空间。

但就目前A股与H股之间存在较大的溢价率看，H股的估值水平显然存在一定低估，这也是2021年新年伊始，港股市场受到南下资金追捧的原因。在金融开放度不断提升的过程中，国内投资者对全球主流市场，尤其是人们对美国股市的熟悉度也在提升。中国股市规模在全球排名第二，因此，未来中国股市与全球主要股市的同步性应该会加强，无论是港股A股化，还是A股美股化，在这样一个金融开放和互联互通的时代，A股市场一定会加快成熟的步伐。

当然，A股市场的成熟度，受制于市场经济的发达程度。目前我国的人均GDP不足美国的1/6，机构投资者的占比也比较低。但这不等于巴菲特的投资理念在国内水土不服，A股市场的估值体系也正慢慢向成熟靠拢。

中美股市比较：我们的发展潜力与方向*

分析和比较中美股市对做出投资决策和提供政策建议都具有重要的现实意义。此处对中美股市的行业构成、估值水平、公司治理以及投资者结构等方面进行了对比，并对深层次的原因展开了讨论。

总的来说，中美股市反映了两国经济发展阶段的不同以及经济成分的差异，不应该简单机械地对比和追求接轨，但在注册制改革、健全退市制度、发展壮大机构投资者以及提升上市公司治理水平等方面，A股应该借鉴和学习美股的经验，加快自身的发展和成熟。

在“双循环”的背景下，疏通国内投资者与企业融资间的“内循环”是当前更为重要和紧迫的任务，而全面提升上市公司治理水平和盈利能力是这一任务的重中之重，这需要在提升国企经营层的激励机制、更健全的法治环境、更稳定的政策预期以及提升民营企业家的长期信心和企业家精神等方面全方位发力。同时，按照人民币国际化和资本项目开放的战略需要，按节奏提升资本市场的开放程度，促进投融资的“外循环”。

---

* 原文发表于2020年11月，唐军为本文共同作者，本书对部分数据和内容做了更新。

上市公司分布反映中美经济构成的差异

1. 金融和传统周期性行业在 A 股占比显著高于美股

过去三四十年中，中国经济依托人口优势，向发达经济体发起赶超。而以欧美为代表的发达国家已经历了超过百年的工业化历程。表现在产业结构上，美国的服务业及高科技产业在经济总量中已经占比很高。中国经济经过 40 年的飞速发展，传统制造业已经实现了超越，但在服务业和高科技产业等领域仍处于追赶状态。这种经济构成上的差异反映在了股市上，即 A 股市场中金融、传统周期性等行业的市值占比都明显高于美股，而通信服务、信息技术等高科技行业的市值占比明显偏低（见图 7.1）。

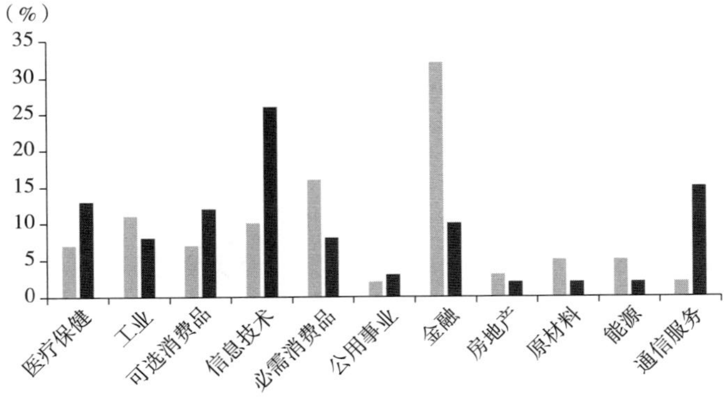

■ 沪深300成分股行业占比　■ 标普500成分股行业占比

图 7.1　沪深 300 成分股与标普 500 成分股行业构成对比

资料来源：Bloomberg，中泰证券研究所。

2. 上市公司行业分布的差异反映了中美两国经济所处的发展阶段不同

20 世纪八九十年代以来，随着信息技术革命和经济全球化的推进，美国经历了一轮去工业化的过程，第二产业占 GDP 比重一路下降至 18%，而第三产业占比则上升至 81%。与此同时，中国沿海地区利用自身优势相继步入工业化阶段。中美上市公司的行业构成一定程度上反映了两国经济所处的不同发展阶段（见图 7.2）。

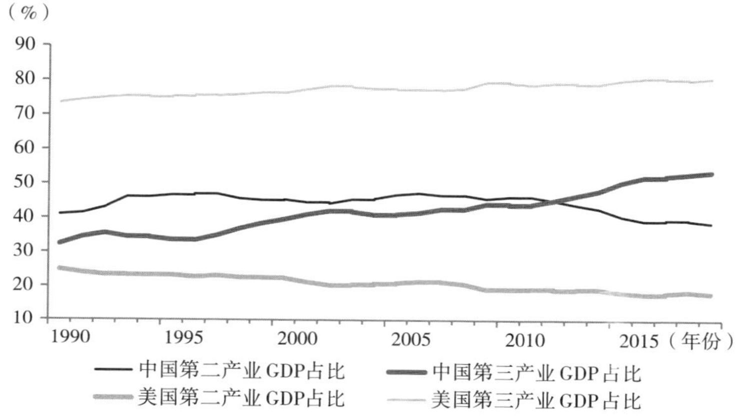

图 7.2　中美两国 GDP 中第二产业和第三产业的占比演变情况

资料来源：Wind，中泰证券研究所。

从上市公司的具体行业占比来看，A 股市场中信息技术、通信服务等高科技产业占比明显低于美股，反映了我国高科技领域仍在奋力追赶的现状。在消费品行业中，A 股市场日常消费品（必需消费品）占比高于美股，而非日常生活消费品（可选消费品）占比低于美股，这可能与我国居民收入水平还处在明显低于美国的阶段有关。

不过，我国的产业结构也在持续优化。2009 年以来，传统周期（能源、原材料、工业）行业指数市值占比由 48% 下降到 25%，大消费（可选消费品、必需消费品、医疗保健）行业指数市值占比由 9% 上升至 30%，科技（信息技术、通信服务）行业指数市值占比由 2% 上升至 11%，金融行业指数市值占比相对稳定。从中证一级行业指数来看，必需消费品、医疗保健、信息技术行业占比明显上升，能源行业占比明显下降（见图 7.3）。

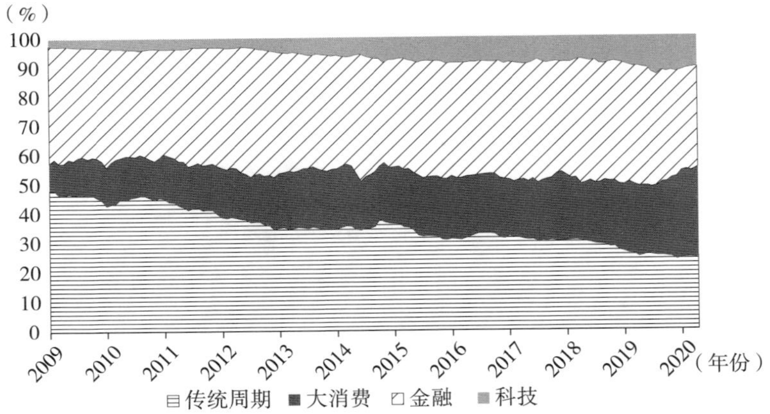

图 7.3　中国的产业结构正在优化

资料来源：Wind，中泰证券研究所。

3. A 股市场里国企市值占比较高，但民营经济比重在显著上升

与美国等资本主义经济体不同，中国是以公有制经济为主体的社会主义市场经济，国有企业在经济中占有重要地位。A 股市场里国有控股企业的市值占比一直较高，虽然 2007 年以来国企市值占比明显下降，但到目前为止仍在 40% 以上。以金融、能源、传统工业为主的国有企业在 A 股市场中占有较高比重，这也是与美股的重要差异所在（见图 7.4）。

但最近两年来，民营经济的比重在显著上升。从指数市值占比来看，中证民企指数市值占比总体呈明显上升趋势，这与更多优质民企上市有关。在 2017 和 2018 年，民企指数市值占比有阶段性回落，这或许与当时大力去杠杆、信用收缩的政策环境有关，信用收缩下民企受到的影响更大。2019 年之后，民企市值占比重回升势（见图 7.5）。

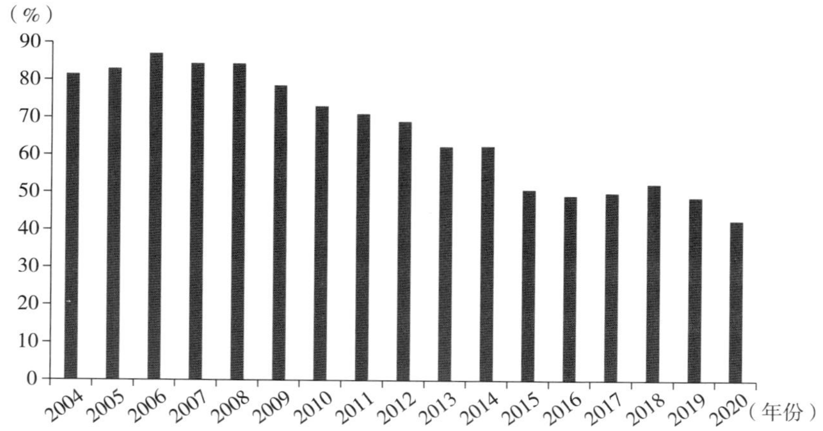

图 7.4　过去近 20 年 A 股市场国有控股企业市值占比变化

资料来源：Wind，中泰证券研究所。

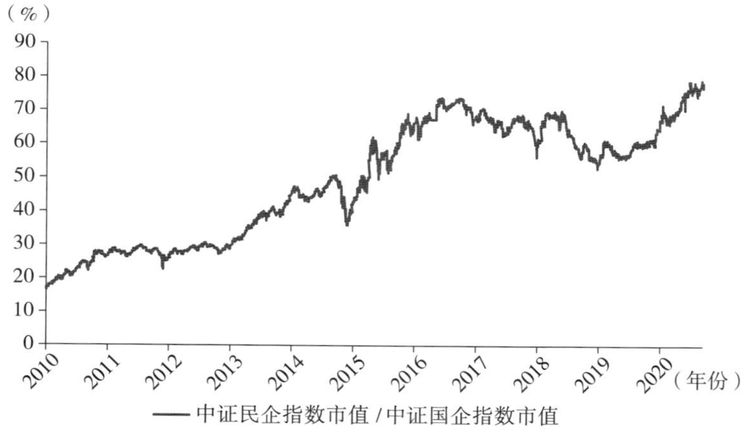

图 7.5　民企指数市值占比提升

资料来源：Wind，中泰证券研究所。

多因素导致 A 股估值高于美股

1. A 股整体估值水平长期高于美股

比较 A 股和美股的主要股票指数的 P/E，除了沪深 300 指数受权重较大、估值较低的银行股影响外，其他 A 股主要指数的 P/E 过去长期高于美股。如果从各指数成分股的 P/E 中位数来看，A 股主要指数的 P/E 过去长期明显高于美股（见图 7.6）。

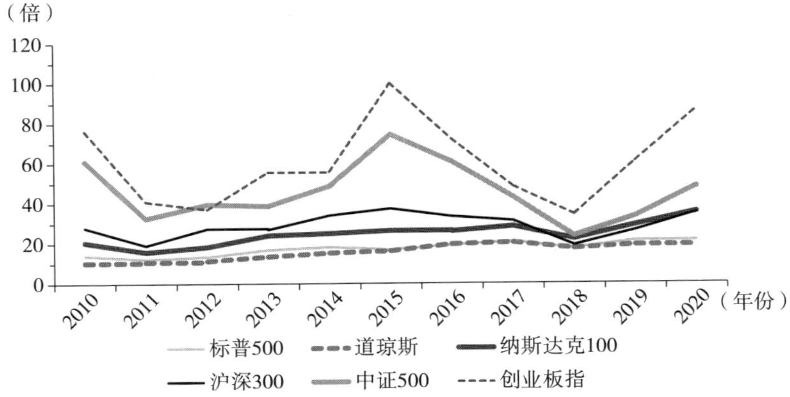

图 7.6　中美主要指数成分股 P/E 中位数

资料来源：Wind，中泰证券研究所。

2. 审批制下 A 股市场供给不足和缺乏严格退市机制是 A 股高估值的主要原因

A 股市场长期的高估值现象与 A 股市场的供给机制有关。在“借壳”、跨界并购重组等事件的驱动下，绩差“壳股”获得了惊人的涨幅。

2016 年以来金融监管趋严，A 股估值也趋于回落。2016—2020 年 A 股市场总共有 1 269 只新股上市，仅有 34 只退市。绩差股的股价无法完全反映其退市预期，造成股价和业绩不匹配，拉高了 A 股市场的估值。在纳斯达克市场，上市公司退市是一种十分普遍和正常的市场行为。据统计，纳斯达克市场有 80% 左右的股票在上市后的第 3 年便因公司破产或被购并而退市。优胜劣汰的市场机制下，股价和业绩的匹配度更加合理，所以不容易出现过高的估值。2016 年以来纳斯达克 100 指数成分股的 P/E 中位数保持在 28 倍左右，同期上证 A 股成分股的 P/E 中位数则在 44 倍左右。

3. A 股市场个人投资者占比高、市场波动大

A 股市场中更剧烈的短期波动、更好的投机氛围会造成投资者更关注股价的短期波动，而降低对估值等中长期指标的关注。长期以来，在美国三大证券交易所中，个体散户日均成交量仅占总成交量的 11% 左右。2020 年上半年美国散户交易异常活跃，散户交易量占比也仅上升至 20% 左右。而根据上交所（上海证券交易所）公布的数据，A 股市场中散户交易占比常年保持在 80% 以上。

相对于机构投资者，个人投资者往往更容易追涨杀跌、炒作题材、频繁交易等，造成 A 股市场的波动率长期明显高于美股。2020 年上半年美股散户交易量创新高，美股指数的波动率也升至高位（见图 7.7）。

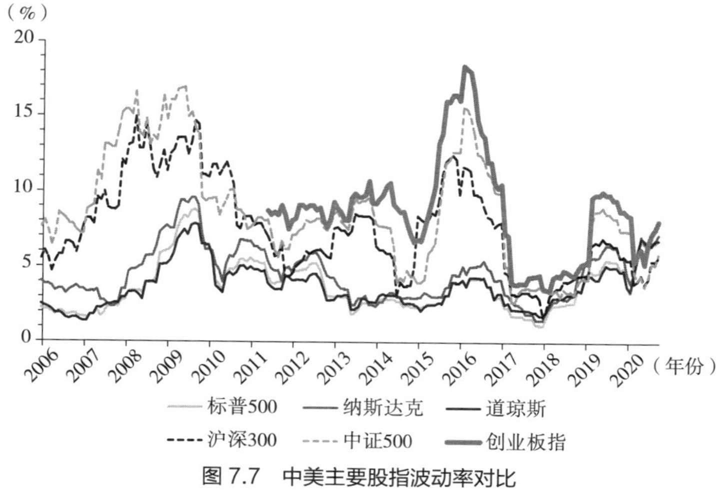

图 7.7 中美主要股指波动率对比

资料来源：Wind，中泰证券研究所。

4. A 股市场上市公司治理水平提升空间大

过去 30 年间，中国的经济增速显著高于美国，但 A 股市场的整体涨幅大幅低于美股，A 股市场上市公司的盈利能力也明显偏低。在经济增速更高的大环境下，盈利能力却明显偏低，这说明 A 股市

场上市公司的治理水平有待提高。

统计2010—2019年的数据发现，美股10年内ROE稳定高于15%的公司有88家，10年内ROA（资产回报率）稳定高于10%的公司有61家。而在A股市场中，10年内ROE稳定高于15%的公司仅有16家，不足美股数量的20%；10年内ROA稳定高于10%的公司也仅有15家（见表7.1）。当然有一部分原因是A股市场上部分优质公司上市仍不满10年，但不难得出A股市场对上市公司的治理水平的提升空间较大的结论。

表7.1　中美长期高ROE和高ROA个股数量

	A股（只）	美股（只）
近10年ROE高于15%	16	88
近10年ROE高于10%	46	203
近10年中至少8年ROE高于15%	40	264
近10年中至少8年ROE高于10%	100	507
近10年ROA高于15%	3	12
近10年ROA高于10%	15	61
近10年中至少8年ROA高于15%	6	35
近10年中至少8年ROA高于10%	32	126

资料来源：Bloomberg，Wind，中泰证券研究所。

5. 静态估值可能一定程度上反映了对未来预期的差异

美股短期激励力度大，静态估值可能被低估。在理性和有效的市场中，静态估值反映出对未来的预期，即假如预期未来上市公司的盈利上升空间大，则市场会给予当前更高的静态估值，反之则给予更低的静态估值。美股上市公司短期激励力度大，华尔街资本和经营层的职业经理人都有极大的动力做高当期的盈利，从而使得静态估值看起来比较低。

以A股市场中的消费龙头股贵州茅台与美股中的消费龙头股可

口可乐、星巴克、麦当劳为例。从静态 P/E 看，贵州茅台接近 50 倍，明显高于可口可乐（23 倍）、星巴克（27 倍）。但进一步分析，会发现美股消费龙头股的资产负债率都远高于贵州茅台。星巴克和麦当劳的资产负债率甚至超过 100%（见图 7.8）。

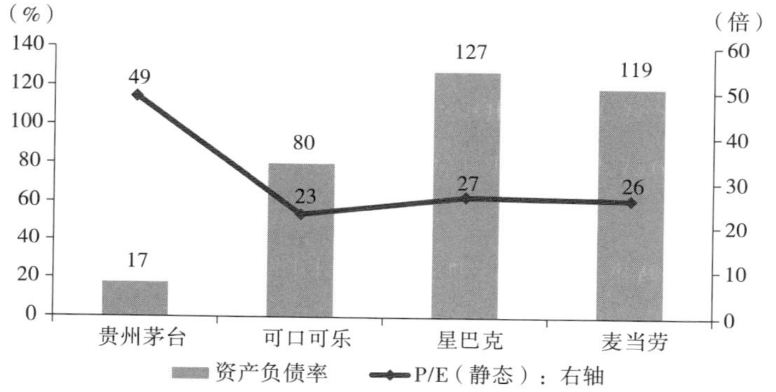

图 7.8 贵州茅台与美股消费龙头股的估值和资产负债率对比

资料来源：Wind，中泰证券研究所。

从理论上讲，资本结构对企业长期价值的影响不大，但对短期业绩的影响却非常明显，因此可能会造成当前的静态 P/E 失真。比如一家公司短期大幅提升杠杆，可能使得短期业绩暴增，静态 P/E 下降，但其未来继续提升杠杆的空间就没有了，且高杠杆可能降低未来的稳健性，当前 P/E 值就可能被低估。

另外，统计美国标普 500 指数成分股中市值最大的 60 家公司的资产负债率、过去 10 年回购股数占比、研发支出占营收的比例，可以发现职业经理人掌控的公司表现出更高的负债率和更大的回购力度，而研发支出占比却明显较低（见图 7.9，图 7.10）。可见，职业经理人更加追求公司的短期业绩和股价表现。随着美股上市公司的创始人及其继任者陆续退出（美股很多科技公司都是 20 世纪八九十年代成立的），由职业经理人接管，美股急功近利的现象将会更加明显。

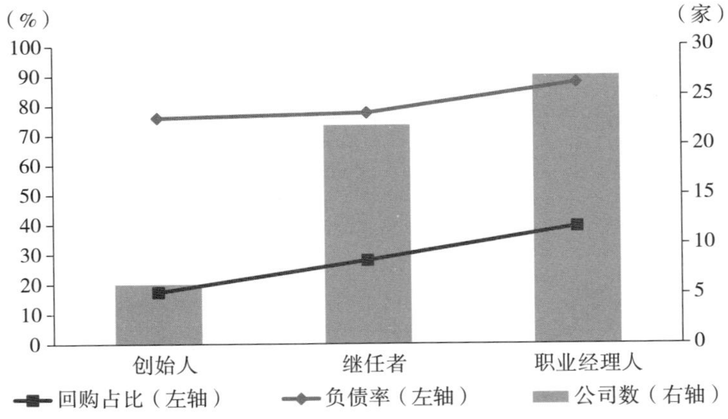

图 7.9　职业经理人掌控的公司的负债率和过去 10 年回购占比

注：统计了标普 500 指数成分股中市值前六十大公司。

资料来源：Bloomberg，Wind，中泰证券研究所。

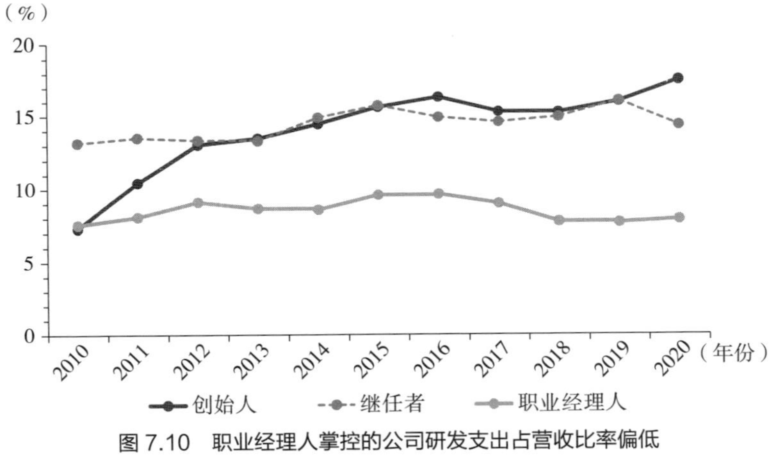

图 7.10　职业经理人掌控的公司研发支出占营收比率偏低

注：统计了标普 500 指数成分股中市值前六十大公司。

资料来源：Bloomberg，Wind，中泰证券研究所。

A 股静态估值偏高可能与未来提升空间大的预期有关。从理论上讲，给“好公司”更高的估值、给“差公司”更低的估值才是理性的。但如果是看静态估值，更严谨的说法应该是给“未来会变好的公司”更高的估值。因此，认为“A 股的上市公司治理水平低、盈利能力差，所以估值应该比美股低”的结论是不充分的。假如市场预期A股市场上市公司的治理水平和激励机制在未来能改善，那么当前更高的静态估值就有一定的合理性。

中美股市对比下的启示

1. 加快推进注册制和退市制度等市场化改革

从前面的分析可以发现，A股与美股在行业构成等方面的差异可能主要是由两国经济发展阶段和构成决定的，更多的是“股市反映经济”的客观结果；而A股的估值长期偏高则更多是由资本市场制度层面的差异造成的。

中国经济已经步入存量时代，加快推进注册制及退市制度，可以有效扩大供给，让更多企业得以在资本市场中竞争，实现优胜劣汰。这样才能提升上市公司的整体质量，真正发挥股市优化资源配置的功能，也促使A股市场的整体估值保持在合理水平（见图7.11）。

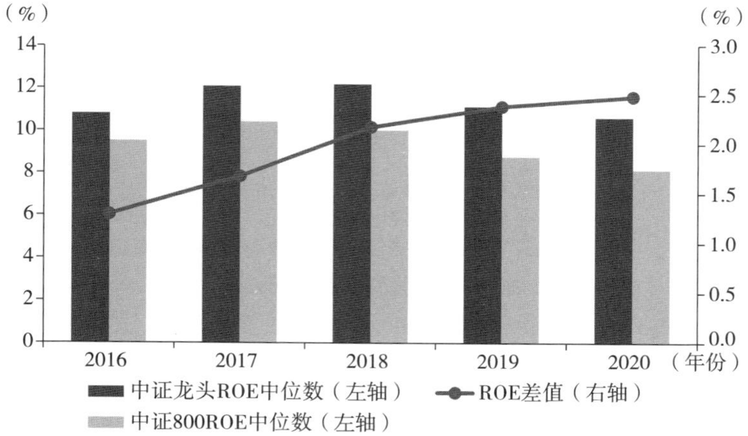

图7.11 A股市场龙头指数ROE较高，且盈利能力的优势在扩大

资料来源：Wind，中泰证券研究所。

2. 培育和壮大机构投资者，提升 A 股市场的开放度

资本市场要发挥优化资源配置的功能，需要对上市公司的质量和发展前景等进行专业的评估，具有较高的专业门槛，而大部分个人投资者很难具有足够的专业能力。培育和壮大机构投资者，引导个人投资者通过公募基金等专业机构参与股票市场投资，可以有效降低市场的波动率，并提升市场的理性程度。

3. 全面提升上市公司治理水平

只有全面提升 A 股市场上市公司的治理水平，提高长期盈利能力，才能给长期投资者、价值投资者带来较高的回报，以及促进资本市场投融资功能的良性发展（见图 7.12）。

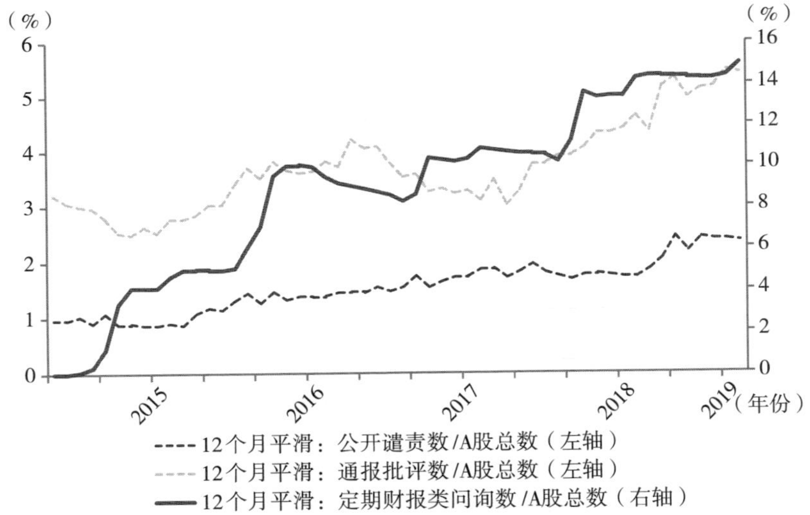

图 7.12　A 股市场监管不断趋严

资料来源：Wind，中泰证券研究所。

一方面，要加强和完善对上市公司的监管，提高违法成本，消除各种制度套利和“钻空子”的空间，遏制各种“赚短钱、赚快钱”的投机风气，促使上市公司更加专注于长期经营和提升长期盈利能

力。近年来，监管力度已经明显增强，并且取得了一些效果。比如监管机构和交易所对上市公司信息披露和财务数据等方面的问询、批评、谴责等不断增加。

另一方面，上市公司治理水平的提升还需要更市场化的激励机制、更完善的法治环境、更稳定的政策预期，以及更强的企业家信心和企业家精神等。整体的营商环境和社会文化氛围对长期提升上市公司治理水平可能至关重要。

“双循环”背景下的改革建议

1. 疏通“内循环”是当前更重要的任务

如果将国内投资者的投资需求和企业的融资需求对接称为“内循环”，国内投融资需求与国外资本对接称为“外循环”，那么疏通“内循环”应该是当前更为重要和紧迫的任务。

一方面，我国居民储蓄余额高达 80 万亿元，为全球第一，居民储蓄率也高达 45%，与发展中国家的地位极不相称。如此大规模的居民储蓄，背后也反映出居民的收入差距较大问题。

招商银行私人财富报告的数据也显示，高净值（资产 >1 000 万元）人群数量稳步增长，且高净值人群持有的可投资资产占全体可投资资产的比例提升速度较快（见图 7.13）。

另一方面，国内中小企业普遍面临融资难的问题，直接融资的比重不到 20%，远低于美国直接融资比重（接近 90%）。疏通投融资的“内循环”，提高股权融资在社会融资中的比重，既可以拓宽企业的融资渠道，降低企业的杠杆率水平，还可以缓解优质股权类资产供不应求的局面，改善中国居民家庭的资产配置结构，把居民资产从房地产领域部分转移到金融产品领域。

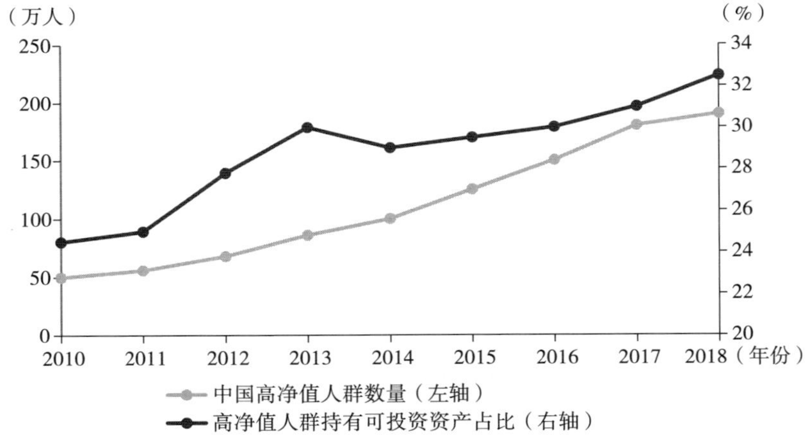

图 7.13　高净值人群数量和资产占比稳步增高

资料来源：Wind，中泰证券研究所。

提升上市公司治理水平是疏通“内循环”的重中之重。这需要从提升监管水平、完善国企经营层的激励机制、更健全的法治环境、更稳定的政策预期以及提升民营企业家的长期信心和企业家精神等全方位发力。

2. 有序推进投融资的“外循环”

提升 A 股市场的开放度，促进投融资的“外循环”，有利于引入国外金融机构的成熟理念，促进 A 股市场各方面的成熟发展。近年来不断提高 QFII 和 RQFII（人民币合格境外机构投资者）的额度乃至近期取消额度限制，以及与港股互联互通机制的建立等，都有效提高了 A 股市场的开放度。但与其他新兴市场相比，A 股市场的开放度仍然较低。A 股市场中外资持有的股票市值占 A 股总市值的比重不足 3%。相比之下，印度、中国台湾、韩国等其他新兴市场的外资占比，均超过 20%。

近年来，A 股市场与国际市场互联互通的机制不断完善，但在外资持有A股市场市值占比明显低于其他新兴市场的情况下，取消QFII和RQFII额度，并没有马上带来外资大量流入（取消之前的额度就没有用完），倒是人民币升值因素成为外资流入的重要因素。但未来人民币升值与贬值皆有可能，不能把希望建立在升值的基础上。

外资参与A股市场的深度和广度可能主要基于市场判断以及资本进出自由的便利度。可见，提升A股市场的开放度一方面需要提升A股市场的吸引力，另一方面可能需要与人民币国际化和资本项目开放的节奏同步。

金融开放加速：A 股的风格与机会如何演变*

在外资不断流入、持有 A 股市值规模已经超过公募基金的新格局下，A 股市场将发生哪些变化？有哪些投资机会值得关注？

A 股与国际接轨还远吗

1. 高波动率、高换手率等 A 股不成熟的表现已得到很大改善

2006—2020 年，万得全 A 指数上涨了 601%，年化涨幅约为 12.7%，而代表全球最优秀公司股价表现的标普 500 指数在此期间仅上涨 210%，年化收益仅 5.07%。如此看来，投资 A 股的长期收益并不低，这与 A 股的投资者，尤其是个人投资者的感受可能存在很大的偏差——大多数个人投资者可能都觉得投资 A 股不容易赚钱。这其中最大的原因可能就在于 A 股的高波动率和高换手率：高波动率意味着 A 股虽然长期看是上涨了，但短期波动剧烈；高换手率则意味着投资者频繁买卖而非长期持有，短期波动对投资收益影响更大，而短期波动并不容易把握，产生亏损的时候居多。A 股的波动率与

* 原文发表于 2019 年 9 月，唐军和李倩云为本文共同作者，本书对部分数据和内容做了更新。

美股对比情况如图 7.14 所示。

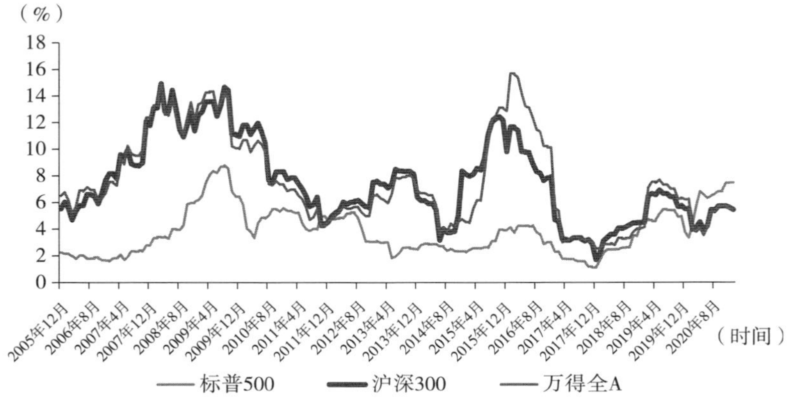

图 7.14　A 股与美股的波动率对比

资料来源：Wind，中泰证券研究所。

但值得注意的是，A 股市场高波动率、高换手率的“双高”表现正在不断被改善和修正。2017—2020 年，代表大盘绩优股的沪深 300 指数的波动率和日均换手率水平已经逐渐向美股靠拢（见图 7.15）。

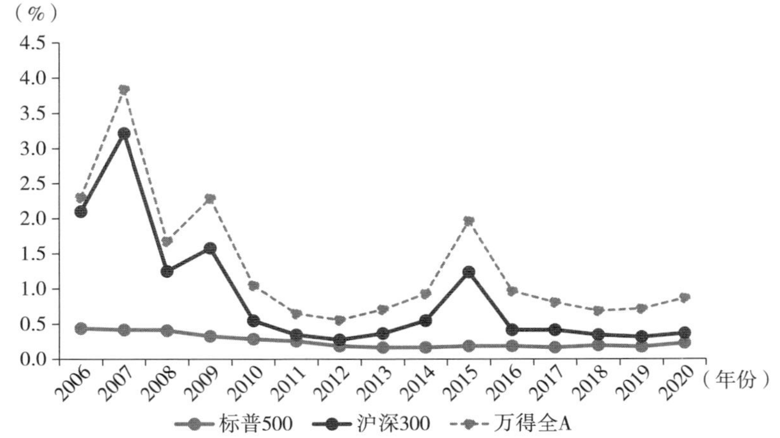

图 7.15　A 股与美股日均换手率对比

资料来源：Bloomberg，Wind，中泰证券研究所。

2. 市场机制的改进是 A 股市场趋于成熟的主要原因

过去 A 股市场的机制造成了短期的高波动和短期“赚钱效应”，促使投资者更关注短期炒作的非理性行为。以 2016 年以前绩差股受追捧的现象为例，我们认为主要是由 A 股市场的借壳制度和缺乏退市制度造成的。

我们将 A 股市场各行业中，每年 ROE 排名后 10% 的小市值公司挑选出来，滚动构成绩差组合，代表市场中业绩最差的公司的股价表现。结果是，绩差公司股价的平均涨幅远远超过万得全 A 指数。2005 年至 2016 年末，绩差组合总涨幅约 17.6 倍，而同期万得全 A 指数涨幅只有 6 倍，尤其是在 2009 年之后，绩差组合股价走势一路领先于万得全 A 指数。2016 年之后，绩差组合股价走势才与万得全 A 指数呈现反向变化，趋于回归合理的估值水平。

A 股市场给绩差公司的估值更高，源于 A 股市场中小盘绩差股特有的“壳价值”属性。绩差组合 2015 年之前的超额涨幅来自市场对这类公司重组与借壳的预期。以 2005 年和 2010 年的绩差股组合为例：2005 年绩差组合中共有 149 只股票，之后 5 年内借壳上市 2 只，发生重大重组 2 次；2010 年绩差组合中共有 179 只股票，借壳上市 21 只，发生重大重组 193 次。这与绩差组合的股价走势是吻合的：2010—2015 年绩差股借壳和并购重组更加活跃，其股价表现也更加突出了。可见，“壳价值”是绩差小盘公司持续获得估值溢价的根本原因。并购重组带来的“壳价值”波动主导了绩差股表现如图 7.16 所示。

而在限制借壳、跨界并购重组，限制炒作和加强监管之后，绩差股估值在 2017 年以来回落幅度明显大于全市场。这也与 A 股市场高波动率、高换手率改善的时间点是一致的。金融监管趋严带动“壳价值”消退，市场“炒壳”热情不再，向价值投资回归。因此，市场机制上的改进才是 A 股趋于成熟的主要原因。

图 7.16　并购重组带来的壳价值波动主导了绩差股表现

资料来源：Wind，中泰证券研究所。

3. 国内外机构投资者表现差异主要由考核机制导致

随着外资流入，外资金融机构参与内地市场的广度和深度提升，也将有利于市场机制的完善和市场成熟度的提升。

与股票市场类似，以公募基金为代表的国内机构投资者也表现出高换手率的特征。我们筛选了主要投资于美股，且仍在活跃交易的美国开放式股票型基金共 2 410 只，与之相比，我国普通股票型基金虽然股票的市值仓位较低，但换手率是美股基金的 3 倍，市盈率也更高。即使是与投资于 A 股市场的美国基金相比，国内基金的换手率也明显更高（见表 7.2）。

表 7.2 国内外股票型基金投资风格差异：国内基金换手率高

	统计基金个数(只)	基金周转率(%)	市盈率(倍)	当前股票市值占比(%)
美国开放式股票型基金 – 美股	2 410	44	23.9	97.1
美国开放式股票型基金 –A 股	14	67	16.2	95.4
中国普通股票型基金	210	157	28.4	89.3

资料来源：Bloomberg，Wind，中泰证券研究所。

国内机构换手率高与业绩考核短期化关系很大。以美国为例，家庭投资者通过直接或间接的养老计划持有约 90% 的共同基金总资产，一般属于长期投资，拥有共同基金的家庭比例也保持相对稳定。反观国内基民则换手率较高，基金的份额波动大。频繁申赎基金意味着市场对基金经理的业绩考核偏短期，早年基金偏爱“小票”可能也是由短期考核造成的（见图 7.17）。

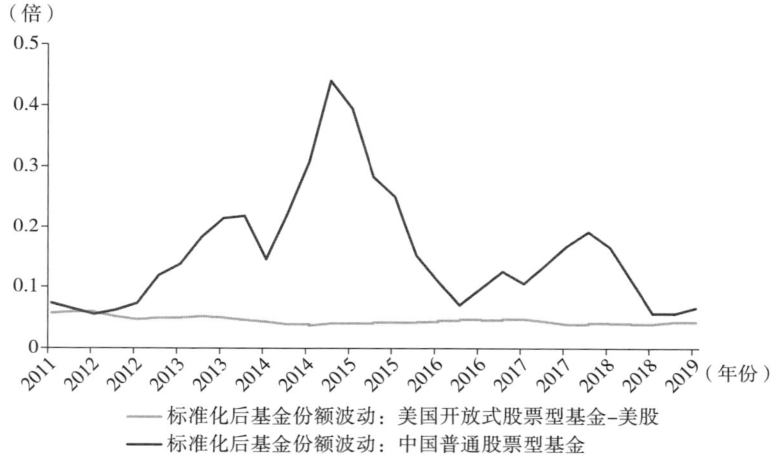

图 7.17　国内基民对基金申赎更加频繁

资料来源：Bloomberg，Wind，中泰证券研究所。

从长期业绩表现来看，国内股票型公募基金获取超额收益的能力并不差（见图 7.18），这或许是因为 A 股市场成熟度低，市场有效性也较低，相对更容易获取阿尔法。如果在 2004 年底以相同的本金分别投资国内普通型股票基金和美国开放式股票基金，那么截至 2020 年底，投资国内基金可获利 1 354%，同期沪深 300 指数上涨 421%，国内股票型基金平均可获得 933% 的超额收益。而投资于美国开放式股票基金，仅获利 249%，同期标普 500 指数涨幅 210%，超额收益只有 39%。但正是因为 A 股基民频繁申赎，所以基金净值赚钱了，而很多基民亏钱了。

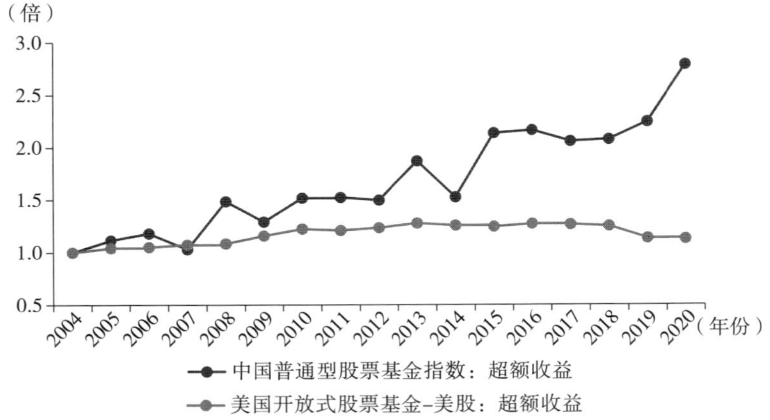

图 7.18　国内公募基金有更高的超额收益

资料来源：Bloomberg，Wind，中泰证券研究所。

4. 开放促进 A 股市场机制改革，与国际接轨有望加速

市场机制的改革才是国内市场投资风格与投资理念与国际接轨的主要推力。对外开放和机制改革可以相互促进：一方面，没有机制上的改革和完善，对外开放的力度和深度就会受到限制，外资参与的积极性就难提升，即使外资一定程度上进入了，恐怕也要“入乡随俗”；另一方面，在对外开放的过程中，外资金融机构的投资行为、对监管的需求等都能促进 A 股市场化机制的改革和完善。

2017 年在 A 股纳入 MSCI 指数谈判的过程中，MSCI 首席执行官亨利・费尔南德兹就公开表达了对中国股市特有的停牌现象的困惑，对这一制度会使海外投资者无法及时买入卖出股票，带来流动性问题表示担忧。另外，如果 A 股纳入 MSCI 指数后外资流入超过沪港通的每日额度上限，也会造成潜在风险。2018 年 4 月，央行宣布沪深港通单日额度扩容 4 倍，助力 A 股顺利纳入 MSCI。同年 11 月，监管层发布史上最严停复牌制度，明确提出要进一步缩短重大资产重组最长停牌期限、上市公司破产重整期间其股票原则不停牌、上市公司股票超过规定期限仍不复牌的证券交易所应当强制复牌等，

进一步消除海外投资者的担忧。国家外汇管理局宣布取消合格境外机构投资者的额度限制，标志着 A 股市场国际化进程进一步加深。

2018 年 6 月 A 股开始纳入 MSCI 指数体系，但纳入因子只占 2.5%。2018 年 9 月纳入因子提高至 5%。2019 年底前，纳入因子分三步增加至 20%（5 月、8 月、11 月），据此估算全年带来的被动增量资金就有 910 亿元。扩容第二步已在 8 月 27 日收盘后生效，A 股纳入因子从 10% 扩至 15%，被动资金在当天全部到位（见图 7.19）。

当前，外资已成为 A 股市场重要的增量资金。外资金融机构的进入不仅带来了先进的投资理念，也促进了市场机制的改革。

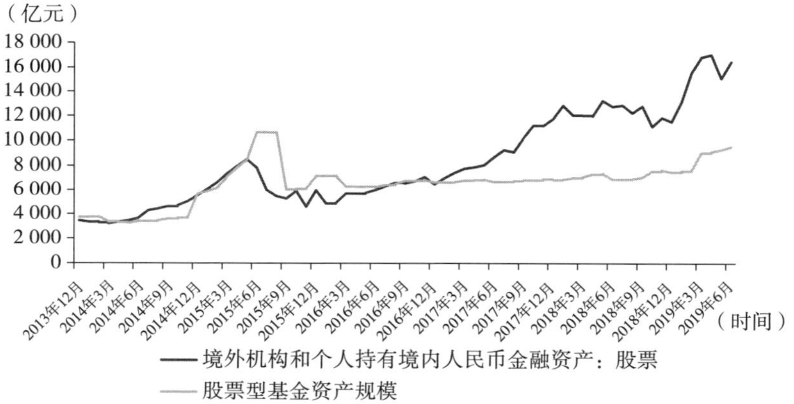

图 7.19　外资持续流入 A 股市场

资料来源：Wind，中泰证券研究所。

A 股市场与国际接轨，哪些投资机会值得关注？

1. “确定性溢价”机会

A 股的“确定性溢价”正全面回归，在 2017 年后已经有所体现。在严监管下，“壳价值”消退，小盘绩差股的风险溢价显著提升，业绩波动大的公司估值显著下降。在 A 股顺利纳入 MSCI 进程推动下，大市值公司将首先受益。按北上资金持股比例将股票分为 10 个组合，持股占比越高的股票组合，越能表现出大市值、高 ROE 的特征，即国内龙头股更加受到外资青睐（见图 7.20）。

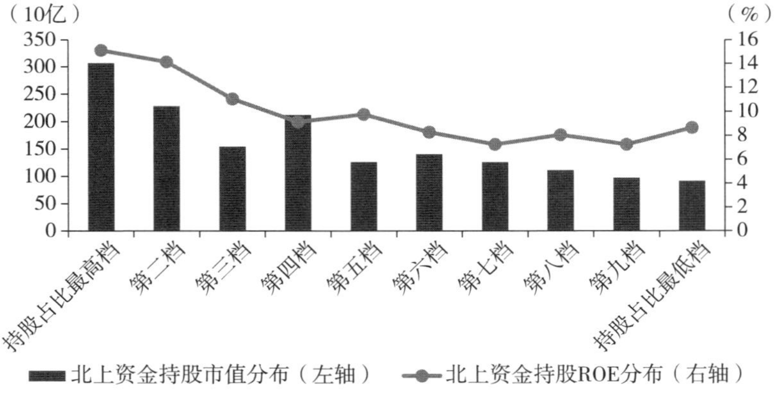

图 7.20　国内龙头股更加受外资青睐

资料来源：Wind，中泰证券研究所。

2. 高股息、低波动股投资机会

高股息、低波动是外资的选股标准之一。同样对北上资金持股比例进行分档，持股占比越高的股票，股息率越高，波动率越低（见图 7.21）。符合这些特征的股票未来被外资持有的可能性较大。

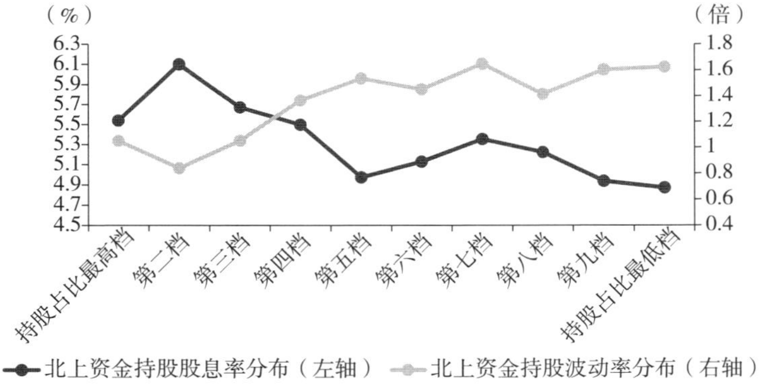

图 7.21　外资持股体现为高股息、低波动特征

资料来源：Wind，中泰证券研究所。

3. 科技新兴行业机会

我们统计了总资产最高的10家美国开放式股票基金企业的行业偏好，发现美国基金企业偏好互联网、软件、半导体等科技行业（见图7.22），即使是主要投资于中国公司的美国股票型基金，互联网行业持仓占比也在20%以上（见图7.23）。A股市场投资风格理念与国际接轨有望加速，科技新兴行业将存在长期机会。

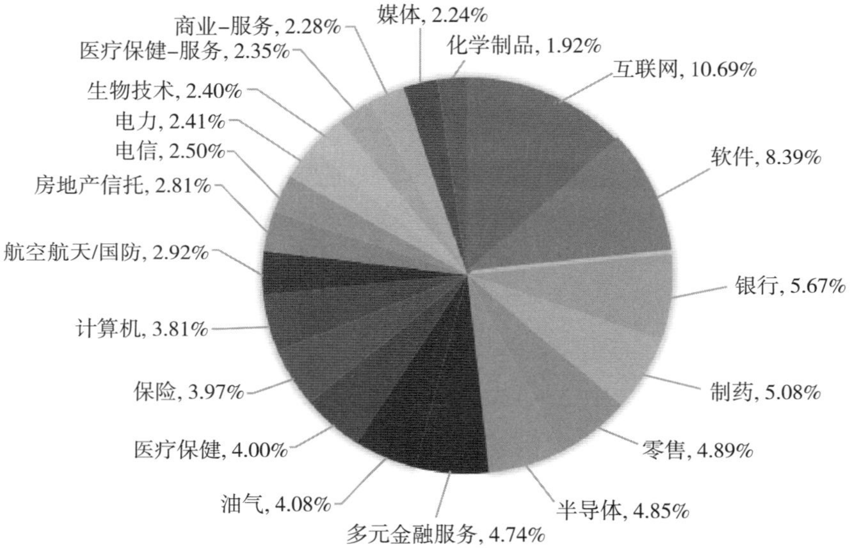

图7.22　美国开放式股票基金企业偏爱科技行业

资料来源：Bloomberg，中泰证券研究所。

4. MSCI指数及其成分股值得关注

对于普通投资者来说，要筛选出具有高确定性、高股息、低波动或科技属性强等特征的股票，可能需要花费一些精力。比较简单的办法是关注MSCI指数与A股相关的产品及其成分股。因为MSCI指数是由美国著名的指数编制公司（摩根士丹利资本国际公司）编制，为全球投资专业人士广泛应用，符合外资配置的偏好。

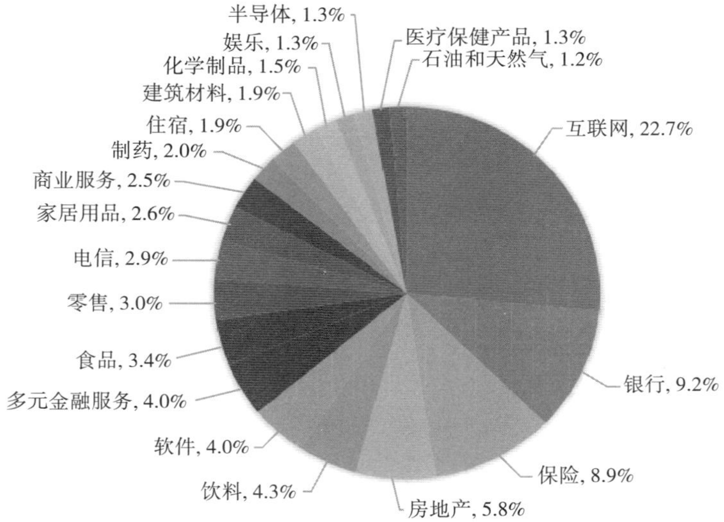

图 7.23 投资于中国公司的美国基金公司偏爱互联网行业

资料来源：Bloomberg，中泰证券研究所。

目前已成立了多只跟踪 MSCI 中国 A 股相关指数的 ETF 产品，受到投资者的广泛欢迎。相比个股而言，投资 ETF 能起到分散风险的作用，还具有交易成本较低、流动性相对较好的优势。随着退市制度的加强以及信息披露等监管趋严，个股出现“爆雷”的现象有所增多，ETF 可能成为个人投资者较好的投资工具。

巴菲特的投资策略在中国水土不服吗？*

记得2019年前4个月A股的涨幅领先全球，飞过去参加伯克希尔·哈撒韦股东大会的近万名中国人，想必很多都想成为巴菲特，而在“朝圣”回来的路上，恰好遇到股市大跌，“朝圣者”又有了成为“韭菜”的感觉。因此不少人认为，学习巴菲特的投资方法来投资A股如同学习美国的教学方式回来应对高考，很可能水土不服。

尤其是2019年5月初A股大跌，绩优股同样惨遭抛售，几乎所有股票都难以幸免，这更让人怀疑波动性如此之大的A股市场是否适合做价值投资，我国股市到底有没有类似美国股市所拥有的一大批优质企业？

回测检验：按巴菲特的选股原则，A股投资同样可获得高回报

巴菲特强调，一定要选ROE高的公司，在低P/E时买入，在P/E和ROE两个数字差不多的时候估值相对合理（如P/E 20倍，ROE 20%）。我们不妨做个简单的测算，看看“高ROE+低P/E”的

---

* 原文发表于2019年5月，唐军为本文共同作者，本书对部分数据和内容做了更新。

策略在 A 股市场过去的表现怎样（见图 7.24）。

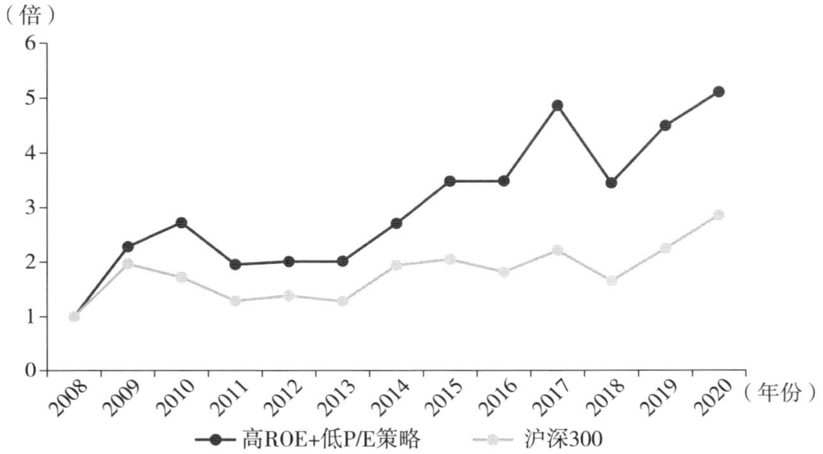

图 7.24　“高 ROE+ 低 P/E”策略过去 10 年在 A 股市场的表现

资料来源：Wind，中泰证券研究所。

由于国内股市历史太短，按巴菲特这么严苛的选股要求（如需要 10 年 ROE 在 20% 以上），几乎没有符合条件的公司，为此，我们放松对业绩持续时间的要求，选取过去 3 年 ROE 高于 20% 且 P/E 小于过去 3 年 ROE 均值的公司，等权配置，每年初调仓，看看过去 10 年的表现如何。

回测结果表明，“高 ROE+ 低 P/E”的策略净值在 2008 年以来的涨幅为 410%，而同期沪深 300 指数涨幅为 190%，大部分年份这一策略都获得了正向超额收益，可见“高 ROE+ 低 P/E”的选股标准在过去 10 年总体是有效的。

为什么人们会认为价值投资在 A 股市场水土不服

可能在很多 A 股投资者的印象中，A 股市场受政策影响比较大，“炒壳”“炒题材”“炒概念”等非理性程度比较高，因此价值投资在

A 股市场可能并不适用。这或许与大多数人过于关注短期表现突出的“牛股”有关。

表 7.3 和表 7.4 分别列举了 2009—2020 年每年涨幅排在前 50 的个股的市值分布，以及它们的上涨原因分析。

表 7.3　2009—2020 年每年涨幅排名前 50 的个股的市值分布（按年初的市值统计）

年份	2009	2010	2011	2012	2013	2014	2015	2016	2017	2018	2019	2020
30 亿以下	45	19	27	32	35	20	29	3	0	12	19	8
30 亿 ~50 亿元	1	15	7	8	8	9	14	23	2	9	13	9
50 亿 ~100 亿元	3	11	11	6	7	9	6	18	13	12	1	14
100 亿 ~300 亿元	0	5	2	2	0	8	1	6	17	9	14	11
300 亿 ~1 000 亿元	1	0	0	2	0	4	0	0	12	7	3	5
1 000 亿元以上	0	0	3	0	0	0	0	0	6	1	0	3
50 亿元以下占比	92%	68%	68%	80%	86%	58%	86%	52%	4%	42%	64%	34%

资料来源：Wind，中泰证券研究所。

表 7.4　2009—2020 年每年涨幅排名前 50 的个股的上涨原因分析

年份	2009	2010	2011	2012	2013	2014	2015	2016	2017	2018	2019	2020
期间有重大资产重组	8%	6%	0%	12%	32%	28%	56%	14%	4%	28%	6%	6%
高送转	6%	10%	6%	12%	20%	12%	12%	8%	0%	6%	16%	0%
摘帽	20%	6%	28%	22%	6%	6%	2%	6%	0%	0%	4%	2%
其他	38%	32%	34%	38%	38%	40%	20%	52%	46%	48%	32%	44%
业绩大幅增长	28%	46%	32%	16%	4%	14%	10%	20%	50%	18%	42%	48%

资料来源：Wind，中泰证券研究所。

此外，个人投资者由于过于关注短期回报，普遍关注股价波动更大的、所谓“股性活”的股票，尤其对于涨停的股票印象深刻，而对于业绩和股价都相对稳健的价值股可能兴趣不足。

根据“高 ROE+ 低 P/E”策略选出了哪些股票

从行业分布来看，在 2012 年之前周期类行业的公司容易入选，之后消费类行业明显占优。结合之前统计的模拟组合的年度表现，组合选入的消费类公司较多的年份，相对收益率基本为正，而相对收益为负的年份均有较多的非消费类公司入选，如 2011 年和 2012 年煤炭行业入选公司较多、2014 年房地产和银行行业入选较多、2018 年传媒行业入选较多。

从贡献超额收益较大的公司个数来看，入选的消费类公司贡献了大部分超额收益，而其他行业的公司即使入选模拟组合，其超额收益的贡献也并不明显。贡献超额收益最多的公司行业分布如图 7.25 所示。

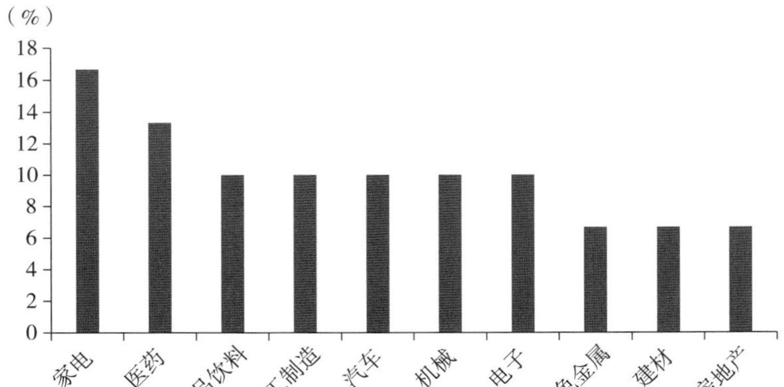

图 7.25 贡献超额收益最多的公司行业分布

资料来源：Wind，中泰证券研究所。

可见，“高 ROE+ 低 P/E”的选股策略在消费类行业中效果更好。其原因应该是消费类公司的业绩（ROE）波动相对较小，而 ROE 波动较大的公司过去 3 年 ROE 较高、P/E 较低（市场预期低），很可能意味着接下来 ROE 会迎来下降周期。

从入选次数较多的公司来看，“高 ROE+ 低 P/E”策略选取的公司基本都是各行业或细分领域的龙头。这其实体现了巴菲特的“护城河”理论：能长期保持高 ROE 的公司，必定有其“护城河”，也容易成为行业或细分领域的龙头。

可见，巴菲特的“高 ROE+ 低 P/E”策略在 A 股市场并没有水土不服，而是表现得更稳健，在较短的观察期内，其表现容易被各种题材炒作所掩盖，但长期来看，其效果是很明显的。“高 ROE+ 低 P/E”策略在消费类行业中表现更优，随着我国经济由投资推动型向消费拉动型转变，巴菲特的价值投资方法的优势还会越来越明显。

第八章

人口集聚与分化趋势下房地产投资的结构性风险与机会

中国房地产市场继续着20年牛市的神话。2020年，国内商品房新房销售面积17.6亿平方米，环比增长2.6%，比GDP增速略高一些。尽管有些一、二线城市房价涨幅惊人，但2020年全国房价的平均涨幅为5%左右，远不如美国14%的涨幅。而且在国家统计局公布的70个大中城市二手房交易中显示，37%的城市房价是下跌的。

中国房地产开发投资增速大概在2010年见顶，达到33%，2020年已经回落到7%，估计今后会更低。因此，不能把少数城市房价的疯涨作为整体现象。而且，疫情之下全球主要经济体货币超发，使得资产价格上涨成为货币现象，国内股市的走势更是强于楼市。

楼市的泡沫应该没有什么争议，中国房地产400万亿元左右的总市值，大约为美国、欧盟和日本三大经济体房地产总市值之和，而我国的人均GDP水平不足美国的1/6。但是，楼市已经与地方土地财政、银行和居民的资产紧密挂钩，所以坚持房住不炒和避免房地产大起大落已经是政策的两大着力点。

未来房地产的前景究竟会如何？从A股市场房地产板块的估值水平看，2007年市盈率达到90倍，如今只有7倍左右。可见，证券市场对楼市的前景似乎并不看好。从历史的维度看，没有不破的泡沫，哪怕刚性再强。日本房地产泡沫破灭之后，经历了“失去的20年”，这就是代价。

不过，中国经济仍处在上升期，城镇化的进程还在延续，虽然遇到人口老龄化问题，但毕竟有如此之大的人口基数，使得中国经济依然充满活力。加上我国独有的体制优势，使得今后相当长一段时间内，楼市将保持稳定发展。只是楼市的结构会发生变化，估计今后将呈现分化格局，如2020年的股市，一半涨，一半跌。我看好中国楼市的三条线：粤港湾大湾区一线、杭州湾区域一线、长江经济带一线，因为未来中国人口主要向这三条线集聚。

疫情让泡沫更刚性？*

说到房地产，几乎所有买过房的人都可以被称为“专家”，毕竟房子是居民资产结构中最大类的资产，是可以用来“改变命运”的资产，谁没有过刻骨铭心的研究呢？假如我说房地产有“泡沫”，那就得遭很多人骂，因为这涉嫌贬低他们的“资产价值”。2020年新冠肺炎疫情暴发后，深圳、杭州、宁波等一、二线城市的房地产就“火爆”得出人意料。为此，我旧事重提，谈一些感想。

中国房地产：理性繁荣还是非理性繁荣

2013年诺贝尔经济学奖得主罗伯特·席勒是我非常敬佩的一位经济学家，他是行为金融学的创始人之一。我从20世纪90年代初就研究中国资本市场，起初对于A股市场的估值水平长期偏高的现象难以理解，于是就试图从行为学和心理学的角度去寻找答案。后来，终于找到了罗伯特·席勒的惊世之作——《非理性繁荣》。

关于《非理性繁荣》，还有一个经典故事。1995年末某天，美联储主席艾伦·格林斯潘召集很多专家一起交换了关于股市的看法，

---

* 原文发表于2020年4月，本书对部分数据和内容做了更新。

大家一致认为，股市过热，应引起投资者注意，其中罗伯特·席勒教授把这个特殊阶段称为“非理性繁荣”。两天后，格林斯潘在一次私人晚餐会上的演讲，用“非理性繁荣”来形容当时的股市。

虽然这只是一场非正式的演讲，但发达国家的股市也“默契”地做出了反应，日经指数下降3.2%，德国DAX指数下降4%，英国富时指数下降4%，美国道琼斯指数前半段交易下降2.3%。然而，管理层的警告只是在短时间内让投资者清醒了一下，美国的股市继续带动全球股市向上。美国股市的真正下跌是在5年之后的2000年年中才发生的，而中国股市也跟随着美国网络股“泡沫”，直到2001年年中才下跌。

2007年3月，我认为A股市场也出现了“非理性繁荣”，于是在《新财富》专栏上发表了《资产膨胀下的估值缺憾》，试图从行为金融学的角度来解释A股股价走向非理性的原因。

2009年，我在上海交通大学上海高级金融学院召开的一场研讨会上，终于见到了罗伯特·席勒教授。当时，全球正经历着美国次贷危机所导致的经济下行。他在演讲中讲到，“我很担忧上海的房产价格”。我提问：您认为中国的房地产泡沫会马上破灭吗？他回答说：我不知道会不会破灭，但上海一直在跟纽约、伦敦做比较，也许这个比较的参照标杆不对，比如伦敦、纽约的房价就已经被高估了，然而上海比它们还高。美国加州房价与收入之比为8~10倍，而中国深圳的房价收入比达到36倍。

转眼10多年过去了，深圳、上海的房价比当时又涨了好多倍，看来，就中国而言，房价收入比不是衡量资本泡沫的很好指标。例如，根据易居研究院的测算，虽然2019年深圳的房价收入比还是全国最高的，但已经从2009年的36倍，略降至2019年的35倍，而全国50城的房价收入比，却从2010年的12.5倍上升到了2019年的13.3倍。

换言之，虽然房价在上涨，但居民收入几乎也是同步上升的，而且，深圳又是全国性的移民城市，深圳的房价与深圳户籍人口的收入关联度不大。更何况，中国居民的实际可支配收入与公布的抽样调查数据存在很大缺口。对此，王小鲁教授、甘犁教授和我都做过多年研究，得出的结论差异不大：缺口规模均为当年 GDP 的 10% 以上。

从房价收入比的走势看，2010—2015 年，实际上还是在“回归理性”的，2015—2017 年，则出现了“非理性”上涨，这与 2015 年的 5 次降准、5 次降息有关，经济存在“脱实向虚”现象。2018 年至今，由于政策上严控房价，总体看，房价再次呈现“回归理性”的趋势。但疫情以来，深圳和上海等一线城市房价上涨明显，2021 年开年，这些城市也陆续出台了楼市调控新政。

对于房地产的估值，可以与股票类比，如果说买股票是买未来，那么买房子也是买未来。如果我们把房价租金比看作是市盈率，从静态看，我国的房价租金比远高于发达经济体，但中国房产的“市盈率”似乎从来就没有低过，因为几乎没出现过熊市；从动态看，股市的估值还是取决于成长性，即（P/E）/G（G= 盈利增长率乘以 100），只要（P/E）/G 小于 1，就是非常有估值优势的。例如，P/E 为 30 倍，如果每年盈利增速都超过 30%，就很有估值优势了。但即便（P/E）/G 达不到 1，只要盈利增速超过股价的增速，那么，P/E 也还是能下降，去接近合理的估值水平。

从房产的“市盈率”看，中国一直高于国外。发达国家楼市的房租收益率一般要高出房贷利率 2~3 个百分点，因为租金还得扣除税费等，而目前中国一线城市的房租收益率不到 2%，如 2020 年 12 月，上海的二手房房价租金比为 66 倍，深圳为 78 倍，北京为 63 倍，重庆为 38 倍，远低于 5%（20 倍）的房贷利率（见图 8.1）。

同时，在过去 3 年里，除了重庆二手房房价租金比相对稳定外，上海、深圳和杭州的二手房房价租金比仍明显上升，意味着泡沫还在加大。

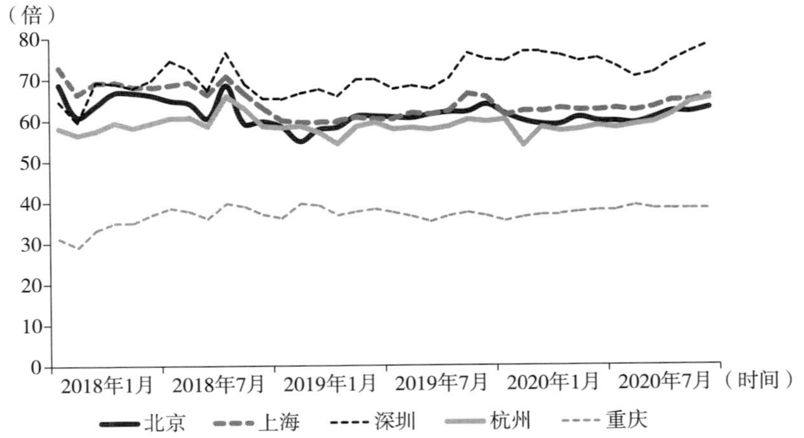

图 8.1　中国一线城市二手房房价租金比

资料来源：Wind，中泰证券研究所。

因此，就当前而言，投资房地产的盈利模式还是得靠价差收益，与中国早期的股市类似，所以中国房地产的泡沫还是明显的。窃以为，用“非理性繁荣”来形容当下楼市，应该是客观的，当然，“非理性繁荣”不意味着房价一定会下跌。

那么，反思一下，2009 年，当罗伯特·席勒认为深圳、上海的房价收入比高过纽约 2~3 倍的时候，是否也进入了“非理性繁荣”阶段呢？我认为应该还没有。因为他当时没有考虑到中国的城镇化进程如此之快，北上广深的人口大量流入，居民收入大幅增长，租金收入也水涨船高。那么，按照这个逻辑，再过 10 年看如今的深沪房价，是否还是属于理性繁荣呢？

那就得看未来 10 年我国超大城市的人口流量、收入增速和租金增长率了。就人口而言，全国的城镇化增速肯定会明显放缓，深圳和广州人口数量应该还会继续增长，上海、北京的户籍人口估计会呈现负增长（人口老龄化），就看人口限制政策会否取消了。收入增速与 GDP 相关，未来 10 年 GDP 增速继续下行；租金取决于供需关系，但总体涨幅也会趋缓。因此，我对目前中国楼市处于“非理性繁荣”阶段的结论不变。

“刚性泡沫”会不会破?

2016 年，罗伯特·席勒教授的学生、上海交通大学上海高级金融学院副院长朱宁教授送我一本书——《刚性泡沫》，英文版的书名为 *China's Guaranteed Bubble*（中国被担保的泡沫）。

朱宁在书中提出的“刚性泡沫”概念包含两层含义，第一层含义是，政府不断向企业和投资者提供担保，比如债券股就是显性担保，欠了债可以通过国有金融机构以股权方式还债，在过去 30 年这种担保形式对于中国经济高速发展做出非常大的贡献。但如果政府一直通过提供担保方式来刺激，或者吸引投资者，同时来扭曲经济金融体系中的风险和收益之间的关系，就很可能会导致“最后的泡沫”。

第二层含义是，如果按现有经济增长模式进一步走下去，可能会导致中国发生大规模金融泡沫和崩盘，因为在现有经济增长模式下，有一天债务增速一定会超过企业盈利增速，最终的结果一定是产生泡沫。在结果给定的前提下，拖延时间越长，这个泡沫吹得越大，很可能会带来更大的风险，而对于下一代人，对于整个中国经济今后 10 年、20 年的危机也就会越大。

事实上，从 2016 年开始，我国就大力推进供给侧结构性改革，金融和其他领域降杠杆的力度大幅提高。三大攻坚战中，首先就是防范经济风险，房住不炒成为所有逆周期政策的最大前提。

从供给侧结构性改革的执行效果看，应该还是比较显著的，尤其在金融领域，金融机构的杠杆率、表外业务、P2P 等都得到了较好的规范。试想一下，如果没有过去这些举措，遇到当前的疫情，恐怕金融风险就会大幅上升。

如今，我国经济面临的最大泡沫就数楼市了，毕竟我国楼市持续了20年的牛市，在全球任何一个国家，能持续10年的牛市就必然出现泡沫，国内A股市场持续两年的牛市，就会出现较大泡沫且泡沫会破灭，如2006—2007年，2015—2016年。而楼市泡沫之所以如此刚性，这与地方政府、金融机构等诸多部门的利益严重捆绑有关，正如朱宁教授一语道破的那样：中国被担保的泡沫。

疫情暴发初期，即2020年1—2月，房地产销售面积同比下降40%左右，3月只下降了14%，然后销量明显开始走强，而且房地产投资增速也出现了正增长，可谓一枝独秀。同时，2020年第一季度股市也比较火爆，交易量大幅上升，基金申购规模大幅增加。但看一下实体经济，2020年第一季度GDP增速下降6.8%，批发零售额下降17%，住宿、餐饮下降35%，建筑业下降17%。因此，必须再次关注中国经济的“脱实向虚”现象了。

2015年，央行多次降准降息，A股市场在上半年就上涨了近一倍，到5 000多点；随后则是房价攀升，这也是中央在2016年力推供给侧结构性改革、坚决去杠杆的原因。如果2015年脱实向虚主要是因为实体经济的投资回报率下降，在金融创新下资本市场比实体经济的诱惑力更大，那么此次疑似的脱实向虚，则是因为疫情之下，不仅实体经济的整体回报率大幅下降了，而且还缺乏投资机会。

从国家统计局公布的数据看，2020年3月，一、二、三线城市新建商品住宅销售价格环比涨幅略有扩大，二手住宅销售价格环比微涨，但杭州、深圳的房价涨幅较大，不少豪宅出现疯狂抢购现象。深圳中原公司的统计数据显示，2020年3月深圳新建商品住宅网签3 152套，环比上涨279.8%，网签面积32.38万平方米，环比上涨279.9%。据券商中国记者调查，深圳这一波买房的主力，很多来自一些企业主。企业主全款买了房之后，可以用来做抵押低息贷款。

而这一套利模式与《深圳市应对新型冠状病毒肺炎疫情中小微企业贷款贴息项目实施办法》有关。

当然，这只是某些城市的个案，不能把房价上涨的原因全部归结为“贴息套利”。我以为还有其他两大结构性的原因：一是与我国人口的流向与分化有关；二是与居民收入结构的变化有关。近年来，高收入阶层的收入增速大幅高于其他收入阶层的收入增长，例如，根据国家统计局的公报，2016—2019 年，高收入群体的人均可支配收入累计增长 29%，而中等收入群体的累计增长只有 19%，绝对收入和相对收入之间的差距均在扩大。

这仅仅是抽样调查的结果，实际差距还要大很多，例如，我估算的 2018 年我国居民可支配收入未纳入统计的隐性部分总额大约有 13 万亿元，其中大部分归属高收入群体。根据麦肯锡历年发布的基于银联奢侈品交易数据做参考的《中国奢侈品消费报告》，2000 年中国人买走了全球 1% 的奢侈品，2018 年则买走了全球 33% 的奢侈品。

这就是我不喜欢用房价收入比作为楼市估值指标的原因，因为官方数据大大低估了高收入群体的实际购买力。那么，此次疫情，究竟会缩小收入差距，还是扩大收入差距呢？从国内外过去的案例看，经济下行时实施宽松货币政策和积极财政政策的结果，通常都会扩大居民收入差距。

疫情期间，防控经济风险被放在首位，楼市的稳定是地方政府、开发商、金融机构和业主的共同利益所在，因此，我的结论是，疫情让泡沫更刚性。至于泡沫会否最终破灭，答案是肯定的，但“非理性繁荣”的延续时间则是不确定的。

因此，中央一再重申房住不炒。而在对策方面，今后可以通过如增加住宅用地的供给、大量空置的办公楼改建住宅楼等方式来实现，可参见《中共中央　国务院关于构建更加完善的要素市场化配置体制机制的意见》中的相关内容。

今后楼市会否追寻 A 股路线？*

2020 年中国经济增速为 2.3%，是全球主要经济体中唯一正增长的国家。分析增长的主要原因，可以发现主要靠房地产投资和出口，其中房地产投资增速达到 7%，房价也呈现局部疯涨的趋势；而 2020 年初大家所期盼的新基建似乎贡献很小。那么，未来楼市将如何变化呢？

分化是大势所趋：股市和楼市都不例外

国家统计局公布的商品住宅销售价格数据显示，2020 年，70 个大中城市中，有 43 个城市二手房价格上涨，1 个城市持平，26 个城市出现价格下跌。涨幅位居前十的城市分别是深圳、宁波、徐州、银川、唐山、成都、西宁、沈阳、广州、无锡。跌幅位居前十的城市为牡丹江、南充、天津、郑州、贵阳、北海、泸州、太原、哈尔滨、济南。

与 2019 年的数据相比较，70 个大中城市中有 54 个城市的二手房价格是上涨的，下跌的只有 16 个城市，说明 2020 年全国二手房

---

* 原文发表于 2021 年 1 月，本书对部分数据和内容做了更新。

市场的分化比 2019 年更加明显。尽管 2019 年房地产开发投资的增速要高于 2020 年。随着经济增速下行，存量经济特征日益明显，而分化正是存量经济的最显著特征。

相较于楼市，股市的分化则更加明显。例如，2020 年尽管股市呈现结构性牛市特征，交易量大幅攀升，但在 A 股市场所有的 4 000 多家上市公司中，上涨的占比为 52%，下跌的占比居然达到 48%。同时还发现，在中证 1000 指数中，上涨的股票占比为 59%，下跌的占比为 41%；在沪深 300 指数中，上涨的股票占比为 64%，下跌的占比为 36%。

这说明，样本越大，下跌股票占比越高，样本越精选，则下跌股票占比越低。70 个大中城市房价指数，相当于沪深 300 指数，2020 年房价下跌城市占比为 37%，与沪深 300 所包含的股票下跌比例相近。那么，全国 1 800 多个县（含县级市），估计房价下跌的比重会超过 40%。

新房市场则相当于新股发行的一级市场，由于存在不同程度的价格管控，如限购、限价等，所以下跌的比例不高，其参考意义也不大。如在 A 股市场中跌破发行价的股票的比例也很低，因为在核准制下，定价受到一定约束。即便在目前试点的注册制下，破发行价的股票还是很少的。

当资产膨胀成为“货币现象”

在过去 10 年里，每一次通胀预期的泛起，最终都被证伪。而人们对通胀的担忧，主要是基于对货币规模扩张速度过快的担忧，但事实上，这些年我们面临的主要经济压力却是通缩，于是，MMT（现代货币理论）就受到一些发达国家追捧，财政赤字货币化居然不会引发通胀，美国 2020 年新增的货币发行量居然相当于美元历史上所有年份新增发行规模总额的一半。

2020 年资本市场让大家学到的最生动的一课，即股市并没有成为经济的晴雨表，而美联储的货币政策却成为股市的晴雨表。美股从不断熔断下的技术性熊市，到屡创历史新高的牛市，并没有什么基本面的支撑，主要靠美联储的货币“放水”和财政给居民的补贴。于是，股市和楼市都出现了上涨局面。

A 股市场也是如此，在人民币升值背景下，外资不断流向国内资本市场，加上国内货币环境也比较宽松，使得 2020 年创业板指数涨幅达到 64%，名列全球第一，其他主要指数的涨幅也名列全球前茅。但是，我国的 GDP 增速却创下了过去 40 年的最低纪录。

创业板的成分股指数，是从创业板中选了 100 只股票作为样本所编制的指数，因此，创业板指数涨幅虽然第一，但在 2020 年创业板的近 900 只股票中，有 40% 的股票是下跌的，其中成分股指数涨幅排名前 20 的股票贡献了 90% 的涨幅。因此，无论是美国股市还是中国股市，在本轮疫情之下，都出现了所谓的结构性牛市，即股市与经济脱钩，股价指数与股市脱钩的奇特现象。

可见，这轮所谓的牛市，是非常分化的结构性牛市，与过去传统意义上的牛市不一样，即不再是普涨型的全面牛市。从表面看，在宽松的货币政策下流动性泛滥是直接诱因，但同时也发现，流动性是分层的，如我 2020 年写的一份报告《水往“高”处流》指出，高端消费品乃至奢侈品的销量增速都很好，豪华乘用车、高端白酒和进口奢侈品的销量增速都是两位数的，而全社会的消费增速却为负。

2020 年，涨幅最大的行业几乎都是高科技、高端制造业或新经济行业，在房地产市场上，一、二线城市单套面积越大的房屋越好卖，销量增速最快的是豪宅。美国也不例外，2020 年美国单套售价 100 万美元以上的豪宅（在中国价值 100 万美元的房子还不能算豪宅）与 10 万美元以下的独栋住宅的销量同比差达到 80%。

造成上述结果的原因是什么呢？当新增的货币转化为居民收入之后，高收入群体的收入增速要明显快于中低收入群体。根据国家统计局的数据，2020 年居民可支配收入名义平均增长 4.7%，但中位数只增长了 3.8%，说明全国超过一半的人收入“被平均”了。美国也是如此，在失业率上升阶段，从业人员的人均薪酬水平反而上升，说明失业人员多为低收入者。

既然货币当局创造的新增流动性是分层的，而且“水”往高处流，“灌水”所形成的牛市也是结构性的，研究货币流动的总量、结构和流向就显得尤为重要。

房价涨跌或将呈现“二八现象”

2017 年中期，我提出存量经济主导的概念。存量经济的特征之一是分化，即“蛋糕”做不大了，合理切分“蛋糕”显得很重要。2020 年我国商品房销售面积为 17.6 亿平方米，增长 2.6%，2019 年则是微跌 0.1%，2021 年估计也会维持在 17 亿平方米左右的销量。也就是说，销量可能已经见顶，关键在于结构如何变化。

尽管居民收入结构和资金流向对资产价格的影响比较明显，表现为一线城市或新一线城市的房价水平较高。由于楼市与股市相比，更具有区域性特征，所以区域之间人口的流向变化或许更能解释或预测各地房价的变化趋势。

随着分化的加剧，区域经济也将呈现“二八现象”。例如，2020 年永煤债违约事件发生之后，AAA 级企业的信用债都遇到了信任危机，今后，城投债的“信仰”还能持续多久？国内还有多少个省市的信用债可以放心配置？这似乎与房价无关，但实际上是有关的，因为如果一个城市的财力雄厚，说明当地经济比较健康，有利于吸引人才和资金流入；反过来，如果资不抵债，则经济堪忧，人才流失，房价能撑得住吗？

为什么广东省的企业发债规模不大？为什么浙江省政府或企业的发债利率那么低？为什么上海的房价最近出现跳升？其背后都是因为经济强盛、国内高收入者集聚，财政盈余，财力决定了信用度。

从未来看，北上广深的繁荣持续应该没有问题，广东和浙江两省的经济继续走强也是大概率事件，杭州、南京、宁波、厦门等新一线城市的前景仍可以看高一线。但那些债务沉重省份的三、四线城市呢？要维持一个低得离谱的租售比，必须满足三大条件之一：人口大量流入、资金大量流入、产业蓬勃发展，如果这三大条件都不具备，凭什么房价还能继续走高？

有人统计，中国的房地产总市值几乎等于美国、欧盟和日本三者房地产总市值之和，同时，中国的M2等于美国与欧盟之和，而我国的人均GDP却只有美国的1/6，所以泡沫是客观存在的，重要的是要研究结构将如何演变。哪些城市的房地产会随着经济衰落而下跌，哪些城市会因为经济繁荣而房价坚挺？我认为今后5年，房价下降城市的个数一定会超过上涨城市的个数，即“二八现象”将逐渐显现出来。

2020年开始，A股市场逐步走美股路线，复制美国的结构性牛市，随着注册制的推广，金融资产过剩成为必然；同样，房产的过剩也将成为必然，因此房地产追寻A股路线同样合乎逻辑。

房地产究竟有没有“后浪”——关注三条线*

2020年5月，携程网创始人梁建章的一篇《后浪没了怎么办——中国面临的少子化危机》非常火，2019年出生率跌至有记录以来历史最低水平，仅达10.48‰，2020年受新冠肺炎疫情的影响，出生率再创新低，我们对于人口老龄化的趋势，应该没有任何争议。那么，房地产未来的前景如何，究竟有没有“后浪”呢？

从五个维度考证房地产“后浪”

决定房价的因素有很多，人口变化确实是最重要的因素之一，因为房子主要是用来住的，人口老龄化、少子化会降低对房地产的需求，流动人口减少，会导致城镇化进程的放缓，进而减缓城镇房地产需求的增速（见图8.2）。

我之前也多次提到，判断中国城镇化率将达到什么水平，不能只看我国城镇化率与发达经济体的差距，还得考虑人口老龄化水平，人的年纪越大，越不愿意流动，中国经济的特征之一就是“未富先

* 原文发表于2020年5月，本书对部分数据和内容做了更新。

老”，因此，我对城镇化的发展空间并不太乐观，例如，从 2011 年起，城镇化速度明显放缓，过去城镇化率每年平均提高 1.4 个百分点，2018—2020 年的年均增幅就降到 1.05 个百分点。2021 年以后，我国将步入深度老龄化（见图 8.3）。

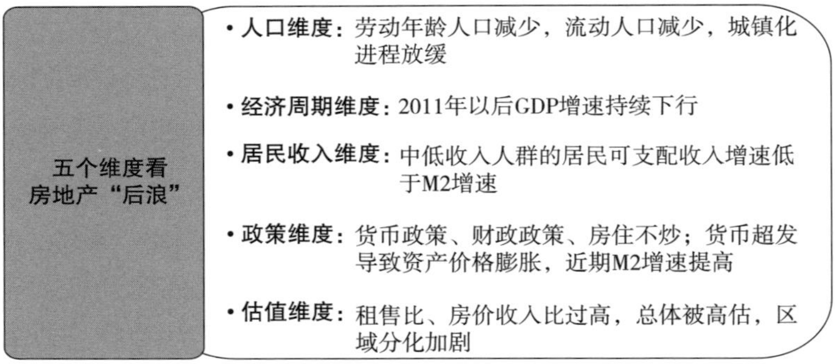

图 8.2　五个维度看房地产“后浪”

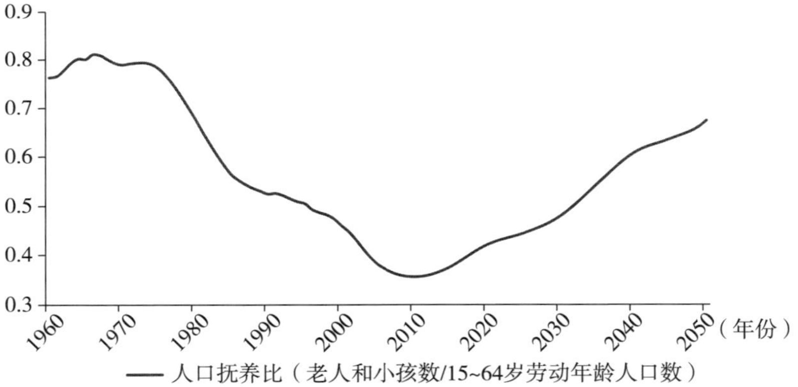

图 8.3　2021 年后我国将步入深度老龄化

资料来源：Wind，中泰证券研究所。

从经济周期看，我国 GDP 增速在 2010 年出现反弹高点后，便开始回落，明显是处在下行周期中。而房地产开发投资增速的回落也与 GDP 增速同步，在 2010 年达到 33% 的高点后，持续回落。但在 2015 年跌至接近零的水平后，2016 年开始反弹，不过幅度不大。

到 2020 年 12 月，房地产开发企业房屋施工面积为 92.7 亿平方米，房地产广义库存持续上升。GDP 增速与房地产开发投资完成额同比增长率均在 2011 年开始下行（见图 8.4）。

图 8.4　GDP 增速与房地产开发投资情况

资料来源：Wind，中泰证券研究所。

那么，为什么房地产开发投资增速回落而房价依然坚挺呢？因为影响房价的因素有很多，除了上文提及的五个维度外，还有消费升级、土地投资偏好等因素。此外，还有时滞效应，如美国房地产开发投资增速是在 2000 年见顶的，但房价是从 2006 年才开始下跌。

很多人看好房地产的一个重要理由是货币超发，但实际上，我国 M2 增速在 2009 年达到 27.7% 的高点后，一直在持续缓慢回落。尽管在回落，但增速还是不低，而且高于居民收入增速。当然，居民收入也出现了分化（见图 8.5）。

中等收入群体应该是刚需和改善型需求的主体，中等收入群体的收入增速持续下降，不仅低于 M2 增速，还低于 GDP 增速，这对于房地产的需求端而言，并不利好。例如，从新增房贷规模看，在 2016 年达到高点后，4 年多都没有超过 2016 年的水平（见图 8.6）。

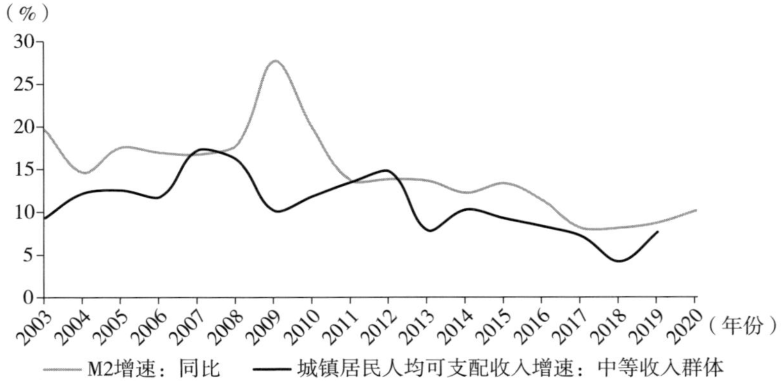

图 8.5　城镇中等收入群体可支配收入增速低于 M2 增速

资料来源：Wind，2013 年前城镇居民收支数据来源于国家统计局独立开展的城镇住户抽样调查。

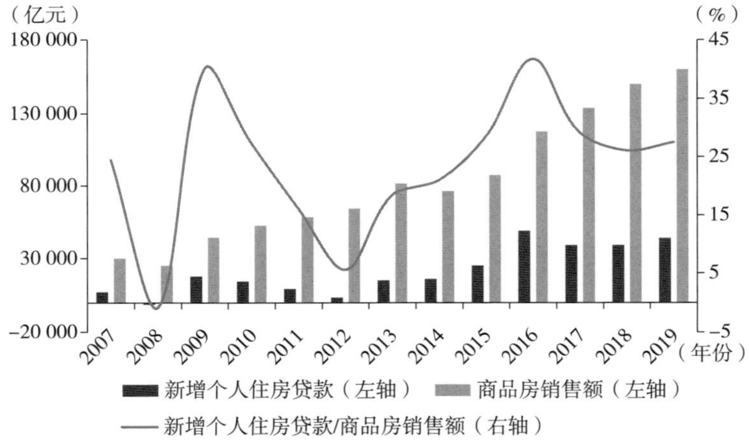

图 8.6　2016 年后居民新增房贷规模下降

资料来源：Wind，中泰证券研究所。

当然，2016 年以来高收入群体的收入增速显著提升，这也是支撑高端房产价格坚挺的重要因素。从投资角度看，大城市住房的租售比逼近 1%，租金回报率如此低，何言投资价值？从消费角度看，"95 后"每月租房支出要占到消费总支出近 50%，不堪重负。这种高房价与居民收入严重不匹配的扭曲现象，给未来经济发展带来很多弊端。

但不可否认的是，国内居民对于房地产的偏好胜过其他大部分国家和民族，这是否与中华民族的祖先为农耕民族有关？如根据央行的最新调查报告，拥有一套住房家庭的住房资产占比为 64.3%，拥有两套住房家庭的住房资产占比为 62.7%，拥有三套及以上住房家庭的住房资产占比为 51.0%。但我国城镇居民家庭金融资产占总资产的比重偏低，比美国低 22.1 的百分点。

此外，房地产市场经历了 20 年的上涨，实属全球罕见，这与我国经济模式依赖“土地财政”有较大相关性。房地产发展的直接贡献加上间接贡献，占 GDP 的比重在 20% 以上，对地方财政收入的贡献也很大。因此，防止房价大起大落已经成为国策，地方政府也希望借土地增值获得更多收入。

不过，这不改变房地产周期的下行趋势，也就是所谓的“后浪”不会比“前浪”更高，而是“一浪更比一浪低”。这不仅是因为少子化现象，更是由于家产传承，因为房子不是一次性消费品，也不像汽车那样需要更新，它属于不动产。当老人过世之后，把房子传给了下一代，代代相传，那么，“后浪”还得经受“前浪”的反扑，使得供大于求。

相较于国家管控较多的房地产市场，A 股市场更能反映投资者预期，从 A 股市场上房地产板块的估值水平看，其市盈率从 2007 年最高时的 90 多倍，下行至 2020 年底的 8.1 倍，这说明投资者对房地产板块的配置越来越少。配置同样大幅下降的是银行板块，2020 年底的平均市盈率也只有 6.6 倍。银行与房地产密不可分，这两大板块估值水平的大幅下降，还反映出投资者对于中国经济增速以及房地产前景的谨慎预期（见图 8.7）。相比之下，新兴行业板块的估值水平则处在历史高位，反映了投资者对这些行业的乐观预期。

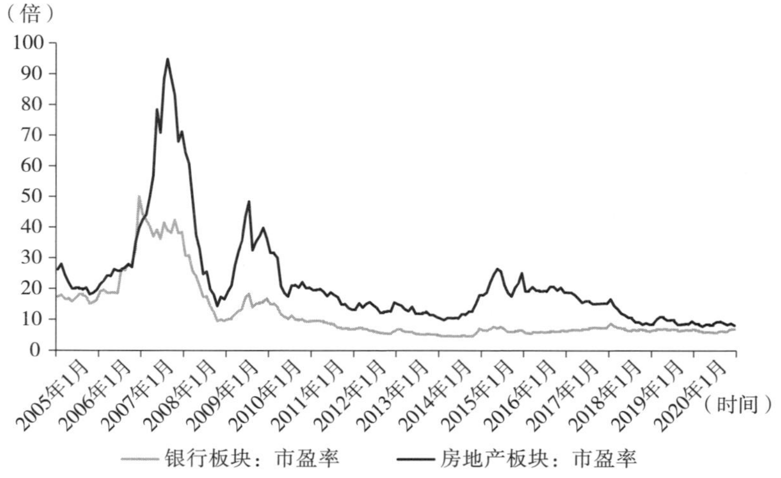

图 8.7　A 股市场房地产板块和银行板块的估值水平持续下移

资料来源：Wind，中泰证券研究所。

而作为必需消费品的食品饮料行业，虽然属于传统行业，但估值水平仍在抬升。在存量主导阶段，人口老龄化伴随消费升级，医疗卫生、文化教育、休闲娱乐等需求上升，与发达经济体的行业发展的差异化特性越来越同步。

结构分化：既是风险，也是机会

当房地产的牛市持续很长时间后，越来越多的人形成了对房地产的“信仰”，即相信房价只会涨不会跌，然后罗列房价上涨的理由：通胀、货币泛滥、改善型需求等。但为什么股市却总是“跌跌不休”呢？

1996 年我在深圳，当时我也想买房子，但很多人跟我说千万不要买房，为什么呢？因为深圳房价走势与香港一样，新房买了之后都是高开低走的，买了就会被套住。所以那时候买房的人很少，大家宁可租房也不买房。

从逻辑上讲，世界上没有只涨不跌的资产，也没有只跌不涨的资产，只要把时间拉长了，各种现象都会出现。但人们往往是根据过去和现在的套路来推演未来，这在行为学里叫“思维定式”。看看日本房地产泡沫的破灭，土地价格下跌了 26 年；看看美国房价下跌引发全球性的金融危机，说明凡事皆有可能。

但是，从 2018 年之后，日本的土地价格又开始上涨了，而美国房地产复苏得更快。因此，房地产行业随着周期起伏，机会总是存在的。对于中国而言，这些年来，经济增速依然名列全球各国前茅，但结构分化却在加速，人口流、资金流和信息流等的流向变化与产业集聚，都会对不同区域乃至同一区域不同地段的房价产生显著影响。

例如，我国东部沿海地区面积只占国土总面积的 20%，却创造了全国 54% 的 GDP，因此，规模经济的特性就是集聚。未来城市集中度会进一步提升。根据世界银行的案例归纳研究，经济密度每增加一倍，生产率提高 6%，而与中心城市的距离每扩大一倍，利润就下降 6%。如今，中国经济增速已经持续下行，粗放经营难以为继，需要通过集聚和产业配套来降低成本。因此，各类生产要素的集聚以寻求最佳配置是大趋势，人口有导向性地流动正是顺应了这一趋势。

从 2019 年的数据看，山东净流出人口为 20 万，河北为零增长，天津、北京也是净流出，辽宁人口继续为负增长，那么京津冀及周边区域还能继续看好吗？我认为，京津冀不同于长三角和珠三角，前者中北京在发挥虹吸效应，导致“环京落差”，后者则出现辐射效应、协同发展，形成城市群。

即便如此，在“一体化”的区域，也存在分化现象，如长三角地区 2019 年浙江人口净流入 85 万，江苏净流入 2.5 万，安徽净流入 4.5 万。珠三角各大城市中，只有深圳、广州、佛山、珠海、东莞等人口净流入较多，其他大部分城市人口净流出。而且，深圳净流入人口数量也首次被杭州超越。

因此，从人口流向看，应该相对更看好“线”而非“面”，即更看好三条线：粤港澳大湾区、杭州湾区域和长江经济带，因为人口是在向这三条线上的核心城市集中，而非向更大的“面”上弥散。

根据微信公众号“李迅雷金融与投资”的关注者的城市分布统计（截至 2021 年 2 月），按关注者数量排序，其中排名前 40 的城市中，属于杭州湾区域的有：上海、杭州、苏州、宁波、嘉兴；属于粤港湾大湾区的有：深圳、广州、佛山、东莞、珠海；属于长江经济带的有：成都、南京、武汉、郑州、重庆、长沙等。

在京津冀中，北京排名第二，而作为全国第三大直辖市的天津只排在第 13 名，北京是人口、资金和信息的集聚中心，肯定是值得关注的重点投资城市。但西部地区的成都排名第 6，重庆第 12，西安第 14，因此，这些“点”的房地产投资机会也非常值得关注。

而且，观察过去 1 年的变化，发现关注人数排名前十的城市的占比都显著上升，这是否也反映出“大城市化”的趋势，即人口向大城市集中？今后，人口也一定会朝着“新经济”发达的城市集中，2019 年浙江净流入人口数超过广东，杭州人口流入规模超过深圳，因为杭州信息产业发达，而成都、武汉、西安等高校资源集聚的中西部省会城市，在发展新经济方面也具有较强的竞争力，会吸纳更多的人口流入。*

以美国为例，19 世纪后期到 20 世纪初期，在货运主要依靠河流的年代，美国中西部和东北部（密歇根州、俄亥俄州等）地区因为交通便利、矿产资源丰富，成为重工业中心，是当时的“世界工厂”，涌现了诸如“汽车城”底特律、“钢都”匹兹堡和东北工业重镇代顿市等繁荣地带。但从 20 个世纪七八十年代开始，美国经济转

* 尽管广东的人口净流入量不及浙江，但广东的高端人才流入量大于浙江，因为珠三角进城务工人员的流出量超过百万，这意味着非进城务工人员的流入量接近 200 万。“腾笼换鸟”实现经济转型，可能也是近年来珠三角房价涨幅在全国名列前茅的原因。

型升级，新技术产业的兴起，这些地方的工厂被大规模废弃，蜕化为“铁锈地带”。

与传统产业形成鲜明对比的是，美国西海岸围绕着硅谷发展起来的那些高科技和信息产业所在城市，如圣地亚哥、洛杉矶和西雅图的房价位居美国各大城市前列。此外，近些年亚特兰大的房价涨幅也较高，已成为炙手可热的科技港湾，多元化的人口构成和以创新为动力的生态系统，吸引了很多高科技企业和人才流入该城市。

对中国而言，东北人口大量且持续地流出，其背后的原因还是在于中国重工业的繁荣期已过，我们似乎没有必要去过度反思东北的衰落，因为在存量经济下，此消彼长是“铁律”。或许正是由于东北的衰落，才给了珠三角制造业的崛起契机。总体看，中国人口的流向已经从过去的从西到东，演变为从北到南。东南、中南、西南的发展机会多于东北、华北和西北。

历史的演进都是伴随着科技发展和进步的，在工业革命之前，水运的便利性决定了城市发展前景；蒸汽机的发明和铁路建成，让矿产资源发达的地区出现大城市；如今，科技、金融和信息流越来越多地左右城市的命运，人口的集中度在提升，区域发展的不平衡性和差距都在拉大，房地产投资想必也要遵循这一逻辑展开。

从我国城市化进程的特征看，整体城镇化已经步入后期，而“大城市化”则方兴未艾，尤其要看好与时俱进的大城市。为什么新经济成分高的城市，或与时俱进的城市房价就能上涨呢？因为房价与居民收入水平相关，信息技术、高科技产业的从业人员平均收入水平高，而大部分传统产业由于出现产能过剩等情况，从业人员收入水平相对较低。例如，2020 年 4 月美国的失业率为 14.7%，而同期从业人员时薪同比增速却达 7.9%，因为失业人员大部分从事的是酒店、批发零售和建筑行业，薪酬水平较低。

国内也有类似案例，2020 年 4 月，我国土地市场量价齐升，300

城土地成交均价创 2018 年以来新高；40 个典型城市土地成交建筑面积和土地出让金收入环比涨幅均超 100%，同比涨幅超过 20%；宁波、南宁、厦门、昆明、福州、佛山、徐州、绍兴等城市平均成交溢价率超过 30%。

从逻辑上看，交易量飙升是因为 2020 年第一季度交易量小，属于报复性反弹；而成交均价创新高，不见得是土地拍出新地王，而是三、四线城市以及差的地段不好卖，“头部”土地反而好卖。这与白酒销量下降、品牌白酒销量上升是一个道理。疫情加速分化，穷者越来越穷，富者越来越富。刚需购房减少、改善型购房需求增加。

因此，今后恐怕要重点防范三、四、五线城市的房地产投资风险，从 2019 年数据看，三线及以下的大部分城市人口出现净流出情况，不少这类城市或许会面临住宅供给过剩而需求减少的风险，因为人口在流出、资金在流出、企业在迁出。通过这次疫情，不难发现，不少传统产业遭受了很大的打击，但新兴产业、高端制造业、品牌类产品（服务）厂商反而受益。

我们正经历当今这样一个分化时代，人口在分化、居民收入在分化、行业在分化、企业在分化，此次疫情则加速了分化，带来新的风险和契机。

房住不炒：理想与现实之差如何缩小*

让现实向左，请理想向右

前些年有部很火的电影叫《天下无贼》，如果真的没有贼了，就可以夜不闭户。因此“天下无贼”是理想，但贼的存在是现实，如果能够减少贼在总人口中的比重，那就是缩小了理想与现实之间的差距，也算是一种社会进步。

事实上，这些年来偷钱包的窃贼确实比以前少了很多，这可能主要归功于科技进步与金融创新。随着科技进步，高清摄像头被广泛应用，同时带来了摄像头制作成本的大幅下降，导致窃贼的“业务风险”加大。所谓金融创新，是指支付宝和微信支付等电子支付方式的普及，如今人们很少带现金甚至银行卡出行了，使窃贼陷入无钱可偷的窘境。

上述是通过改变现实的方式来缩小理想与现实之间的差距。此外，还可以通过“降低理想”的方式缩小理想与现实之间的差距。

不少人将中国功夫理想化为金庸、古龙笔下那些飞来飞去的绝世剑客的功夫，或者把当代众多武侠片中展示的中国武术视为战无

* 原文发表于 2019 年 9 月，本书对部分数据和内容做了更新。

不胜的“神功”。实际上，道学、中医、武术等都有一个共同的理论基础，那就是天人合一、精气学说和阴阳五行等。我们的思维特点是形象思维、辩证思维比较发达，形式逻辑思维偏弱。

东亚国家如日本、韩国的柔道、跆拳道都进入了奥运会比赛项目，但为什么泱泱大国的中华武术却始终进不去呢？说白了，能进去的都是比较明显的竞技项目，武术的竞技性较弱，但或许将来武术也能被列入奥运项目。

有人说，即便是“武林高手”也会被其他人打败。其实被打败符合常识，现代竞技比赛如拳击、举重、柔道等都是分不同重量级的，轻量级选手与重量级选手对抗很难取胜。拳击、格斗等可以用力学这一常识来解释，而天人合一属于哲学范畴，是一种理想状态。因此，要缩小理想与现实的差距，就不要太迷信，不要把影片中以一当十的镜头当成理想。

实现理想的方案要现实

把上述两个案例应用到经济领域，即对于理想（经济目标）与现实（经济现状）之间的差距，同样可以通过改变经济现状和降低经济目标两种方法来实现。

例如，房住不炒这一目标设定完全合理。根据我们的测算，中国房地产对 GDP 总量的直接和间接贡献率接近 30%，房地产的贷款已成为银行的重要资产之一，成为地方政府财政的主要支撑和居民的主要资产。正是因为房地产成为众多主体的共同利益，因此，甚至有人认为房价永远不会下跌。但是，中国房地产经历了 20 年牛市，积累了很大的泡沫、隐含了很大的风险，如果继续上涨，崩溃时的杀伤力就会更大。我国居民资产的配置构成如图 8.8 所示。

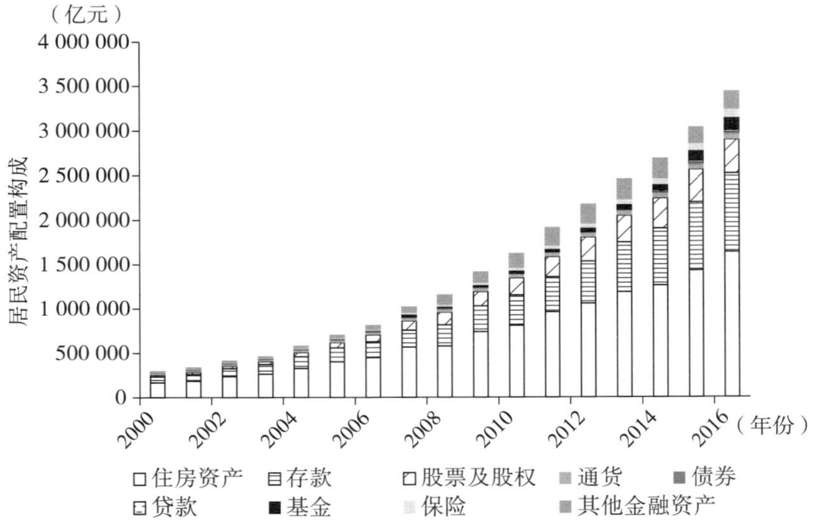

图 8.8　我国居民资产配置构成

资料来源：Wind，中国社会科学院。

问题在于，大家都觉得这一目标的设定是合理的，但为什么从 2016 年提出“去库存”政策至今，炒房之风难以抑制呢？显然存在执行方面的问题，如前所述，房价上涨是社会多方的共同利益所在，抑制炒房存在利益上的抵触，因此，执行力不足。

同时，现行的抑制房价的方法似乎也有问题。房价由供需关系决定，房价上涨说明需求大于供给，那就应该扩大供给，同时抑制需求。其他很多国家或地区的土地是私有的，因此，在扩大供给上有难度，如中国香港就是这类情况，特区政府靠填海来扩大土地供给，效果甚微。但我国的土地是公有制，如果真的想扩大供给，城市的工业用地、农村宅基地等都可以转化为城市住宅用地。更何况目前制造业产能过剩，很多工业用地效率低下，为什么不能转化为对住宅市场的土地供给呢？

从统计局提供的数据看，2019 年房地产开发企业土地购置面积为 25 822 万平方米，同比下降 11.4%，2020 年仅为 25 536 万平方米，反映出开发商对未来房地产市场的前景不是特别看好了。

中央反复强调“坚持房子是用来住的、不是用来炒的”定位，如 2019 年 7 月中央政治局会议提出，落实房地产长效管理机制，不将房地产作为短期刺激经济的手段：一是限制房地产信托融资，二是限制房企外债融资，三是严查资金违规进入房地产市场，四是控房地产开发贷，五是严控 P2P（很多 P2P 对应房地产资产），六是严格控制居民房贷。

不过，在这六项政策中，其中四项是抑制供给的，只有最后一项是抑制需求的，严控 P2P 似乎对供需两方面都有抑制作用。抑制供给的结果是导致供给减少，供给商的成本提高，最终使得房价上涨。而要让房住不炒，最有效的手段应该是让房价下降，就像股票指数下跌交易量就会萎缩一样。

因此，我觉得要实现房住不炒目标，缩小目标与现实之间的差距，就应该通过扩大供给抑制需求，而不是大力抑制供给，同时小力抑制需求。

当然，宏观调控往往是多目标的，抑制开发商投资房地产，应该是为了让信贷资金或社会资金脱虚向实，从房地产领域流向实体经济。但是，我们应该清楚，资本永远是逐利的，要让资金从房地产领域离开，如果没有其他投资方式比房地产投资有更高的收益风险比，谁愿意离开房地产领域呢？

由于当前及今后的房地产政策取向是防止房价大起大落，这至少意味着政策对于房地产行业已经采取了“提前保护”措施，即大而不能倒。既然如此，银行及社会资本依然还是青睐房地产行业的。相比之下，中小微企业、民营企业尽管从来都是政策扶持的对象，但收益风险比还是太低了。

进入存量经济时代：可替代房地产的产业难寻

经常听到这么一句话：当上帝给你关上了一扇门，同时也会为你打开一扇窗。要达到房住不炒，就意味着要关上房地产这扇门，那么，同时应该打开哪扇窗呢？当前，我国的基建投资增速已经很低（见图8.9），还能拉起来吗？某些高杠杆的地方政府已经不堪重负。制造业产能过剩，城镇化、工业化都已经到了后期，也拉不起来。

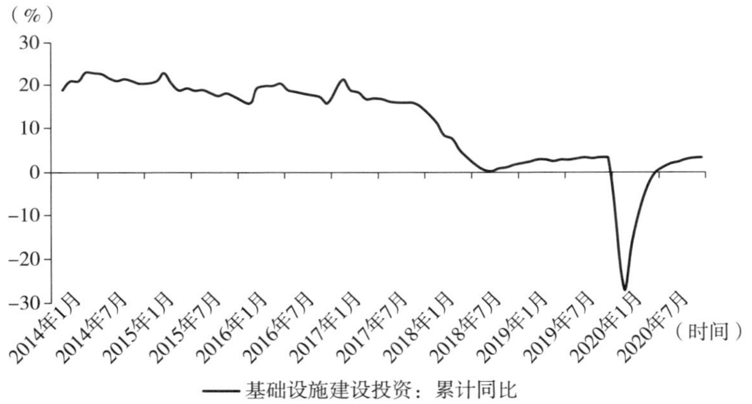

图 8.9　我国基建投资增速变化

资料来源：Wind，中泰证券研究所。

消费能起来吗？除了小众的奢侈品消费高增长，其他消费都是低增长。很明显，收入增速决定消费增速。因此，现在的问题是房地产这扇门太沉重，关上，有近忧，不关上，有远虑。发展新兴产业，开发硬科技，推广5G等，实施新旧动能转换，目前来看还只是一扇小窗。

实际上，我们当前所面临的问题主要是长期分配扭曲导致的结构性问题，如在中央政府与地方政府之间，存在前者低负债、后者高负债；在国企和民企之间，存在融资便利、产业进入壁垒等方面的不对称性；在居民部门，存在收入差距扩大问题。

我想，这些问题大家都已经看到了，关键是如何让扭曲的结构回归常态，这将触动既得利益阶层，因此，说易行难。

做到房住不炒——唯有结构性改革

2013年，我写过一篇文章《如何搅动中国经济这杯沉积的液体》，说明结构性问题在那个时候已经显现了，而且政策上也在试图去化解，如当时国务院出台《关于金融支持经济结构调整和转型升级的指导意见》（金融“国十条”），但从实际结果看，一些结构性问题已经固化，很难被撼动。

不过，2019年，由于减税降费带来的财政支出压力，国企直接向财政上缴的利润出现大幅增加，如2019年全国一般公共预算收入中，非税收入增长20%，达到3.2万亿元，比上一年增加5 000亿元左右，这其中很大一部分是国企上缴利润，这远远不足以弥补减税降费的缺口。2020年，由于疫情的冲击，全国一般公共预算收入18.3万亿元，同比下降3.9%；非税收入2.8万亿元，同比下降11.7%。尽管如此，我国国企的分红率还是太低，大约只有16%，在国际上，国企的平均分红率水平为50%。

因此，2021年以后国企改革推进有望加速，因为过去靠土地财政，如果房住不炒，则今后将更多地依靠“国企财政”，这不仅会要求国企多上缴利润（十八届三中全会要求到2020年把国企的利润上缴率提高至30%），而且要减少亏损，处置僵死企业等。地方政府卖地收入的变化情况如图8.10所示。

结构调整中最难撼动的是居民收入结构中高收入与低收入之间差距过大问题。虽然房产税、遗产税和资本利得税是很有效的缩小财产性收入差距的税改方案，但实际上却很难实施。如房产税已经试点很多年了，依然很难正式出台。

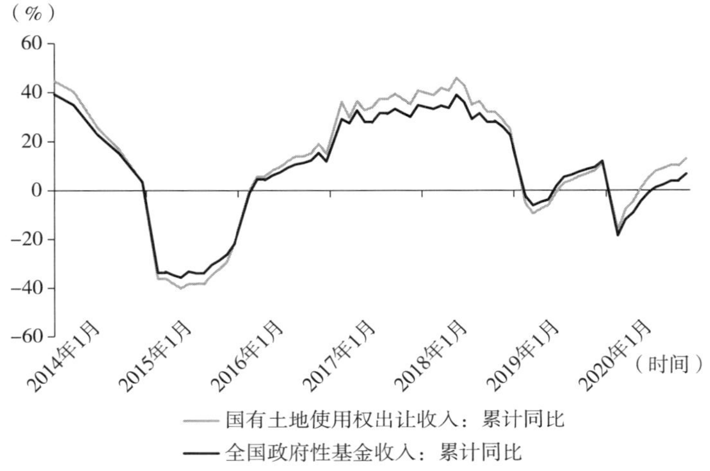

图 8.10　2019 年以来地方政府卖地收入减少

资料来源：Wind，中泰证券研究所。

我们的研究表明，房地产繁荣对消费的拉动作用还是比较明显的，因为房价上涨能带来“财富幻觉”，购房之后对家具、家装、家电的需求也会增加。因此，房价表现好的城市，消费也表现好；房价表现差的城市，消费也表现较差。

因此，如果真要实现房住不炒，那么，消费要维持稳定，必须要有相应举措，即如何给中低收入群体增加收入。比较现实的做法是扩大社保基金规模，毕竟可以通过国家的资源（国有股权划拨等）来弥补社保基金缺口，以化解老百姓消费的后顾之忧。

过去 40 年我国虽然实现了经济高增长，却弥补不了前 30 年经济高波动导致的未富先老局面，因此，如同现在的发达经济体一样，举债增长将是我国今后唯一的选择。

处置危机：流动性很重要

最后，再讨论一下对于房住不炒的定义理解。房住不炒应该是一个相对概念，如果是绝对的房住不炒，那将导致流动性枯竭，必然引发危机。不妨以股市为例，由于新三板入市门槛高，交易十分清淡，近万家上市公司中，目前大部分股票都缺乏流动性。流动性的不足，会导致估值水平大幅回落，从而引发股权质押融资风险。

如全球主流股市中，上市公司按市值排序，其中排名后 50% 的股票交易额只占全市场股票交易额的 5%，这也意味着，有一半的股票是很难交易的。我国 A 股市场过去是垃圾股交易活跃，未来，也将失去流动性。而在期货市场中，90% 的交易是投机的，如果没有这些投机交易，套期保值业务就没法开展了。

因此，对于房地产市场的未来，值得担心的并不是房价继续上涨，而是房价一旦大跌，流动性极度萎缩，缺乏接盘者，这才是处置危机的最大困难。

第九章

对话投资界大佬

我从事宏观经济和资本市场研究工作30多年，结识了不少投资界的精英，通过与他们的对话，发现他们的视野和思考深度都非常宽阔，并且入木三分。有很多老股民从事投资的时间很长了，却没有赚到什么钱，这是为什么呢？关键还是眼光和理念。

这些经历过多次“熊牛”的投资高手，他们的目光更加长远，在他们看来，经济波动和市场波动都是不可避免的，但把时间拉长了，便可以平滑一切风险。而要在历次资本市场的大起大落中屹立不倒，关键还是要构筑足够宽阔的“护城河”。那么，什么样的“护城河”才够宽阔呢？是低市盈率、高股息率的组合吗？很多人以为风险足够低才能构筑牢固的“护城河”。但在嘉实基金CIO（首席投资官）邵健看来，高成长才是最宽阔的“护城河”。那么，高成长总是在事后才能被印证的，万一企业经营失败了，如何规避风险？答案是可以通过构建高成长组合来规避风险，如选60只高成长股票，基本1/3失败了，依然可以获得正回报甚至高收益。

在与这些国内投资界大佬对话后，我发现他们都是非常务实的，从来不是坐而论道。他们去企业进行实地调研，与企业家交朋友，参加各类会议，不断充实自己的新知识和扩大眼界。不会因自身年龄而落伍于时代。这也许就是资本市场的魅力所在，参与投资才会走在时代前面。

而通过与国外的投资大师交流，我发现他们都无一例外地看好中国经济与未来的资本市场，中国经济正处于上升期，资本市场30周年，因为年轻，所以活力四射。当然，投资需要考虑的因素有很多，如经济周期、心理周期、金融周期……这些都会影响资本市场的走势和投资组合的业绩。不过，国内公募基金的年化收益率能够远远跑赢市场，却不是选时的结果，而是配置制胜。而我认识的这些投资高手，同样也都不是择时高手，而是选行业和公司的高手。作为个人投资者，要取得良好业绩，是否也应该借鉴一下他们的投资之道？

高成长是最宽阔的“护城河”
——对话嘉实基金首席投资官邵健 *

邵健曾是我在君安证券研究所和国泰君安证券研究所的同事，当年所内不少研究员如今都已成为著名投资大咖，而邵健就是当年诸多优秀研究员中的佼佼者。尽管他已经离开卖方分析师行业并成为一名基金经理多年，而且已是基金界长期业绩最佳的少数几位基金经理之一，但他一贯低调谦逊，很少接受媒体采访。这次肯与我对话，想必也是看在老所长的面子上。

如果说在体育竞技项目中有大满贯，那么，基金行业的大满贯是什么呢？或许是10年期、5年期、3年期、1年期业绩的业绩最佳吧。而这些邵健都得过。资本市场变幻莫测，各类风险防不胜防，而他的投资业绩为什么一直那么稳定呢？贯穿对话的全过程，发现他的核心观点就是追寻高成长的伟大而卓越企业，构建高成长组合，因为企业的高成长才是抵御系统性风险最宽阔的“护城河”。

我是从宏观维度研究大类资产配置的，但基于宏观视野构建的资产组合，充其量只能跑赢全社会的平均投资回报率，而邵健构建的组合目标似乎是冲着10年10倍的目标去的。从中国的名义GDP

---

* 原文发表于2020年7月，本书对部分数据和内容做了更新。

增速均值看，过去40年增长非常惊人，即便是最近10年也在10%以上。过去10年某些细分子行业的年均增速在20%~30%，乃至50%的不在少数，这也支持了邵健追寻高成长的逻辑。因此，从投资的“选择自由”角度看，我们的确有充足的理由对未来保持乐观。

如何选到伟大的企业

李迅雷：我经常看过往的基金经理的业绩，比如今年排名第一的可能到明年就不是第一或者连前十都不是了，然后再过一段时间又有新人出现。它不像体育竞技比赛，如当年的国际飞人刘易斯，他在很长时间里是100米跑的冠军保持者。又如110米栏的世界冠军刘翔，也经常拿第一名，体育竞技比赛在很长一段时间里总是只有几个人是常胜将军。而基金经理的业绩却是风水轮流转，市场风格也在不断切换，但是你能够拿到5年期和10年期金牛奖的第一，其中的秘诀在于什么？

邵健：谢谢李老师，这个问题大家都比较关心。我觉得有几个层面的因素，首先，我在很久之前就把投资的标准定得比较高，您也知道我当年在君安研究所的时候，曾经发掘的公司在一两年的时间里面市值大概涨了有几十倍。其次，我对投资有一个认知，即最卓越的投资源于对伟大公司的发掘。因此，这个认知成为我之后投资的基础。

而中国恰恰是在过去的20年里，处在人类历史少有的高速增长期，在这样一个经济高增长期，有大量的产业和企业的发展速度远远高于经济增速。所以我们能在20年里见到有相当一批企业的盈利增长了20倍、30倍、50倍，甚至100倍以上。

所以我对投资最主要的想法是，要捕捉市场中最卓越的百分之零点几，1% 的这些企业。如果我们的组合中有相当一批这样类型的企业，那么组合整体的绩效就会比较理想。所以投资的着力点是在证券市场中最卓越的那 1% 左右的公司，当然可能还有前 3% 优秀的公司。另外，中国证券市场为这些伟大的公司提供了一片沃土，也相当于时代给予了他们机会。

李迅雷：从 2010 年之后中国经济其实是在往下走了。到目前为止已经连续下行了 10 年。在经济下行的过程当中，有很多公司的业绩增速也都是在下滑的。你说中国产生了很多伟大的公司，那美国是不是产生的伟大公司比中国更多呢？但从宏观来讲，我看到更多的是一些系统性风险。比如经济在不断地下行，亏损公司所占的比重越来越大。而且很多传统产业当时看似辉煌，到后来也都慢慢地衰落了。所以如何选择伟大的公司，难度是不是很大？

邵健：一开始可能会觉得这是一件非常有挑战的事情。但是可能因为我们长期从事这样一个方向的工作，而整个经济有很多方向，还是应该有很多方式可以把握的。

首先我觉得理念很重要，您刚才提到中国的整体经济增速在 2010 年之后是下行的，所以在这样一个下行的经济体里边，大家可能会觉得寻找伟大的公司会比较困难，有畏难情绪，我觉得畏难情绪本身可能就是第一个需要克服的挑战。实际上经济增速在下行，但本身增速还是很快的，而且体量还很大。

过去名义 GDP 实际上还是有 10% 的增速，这已经是非常了不起了，可以创造大量伟大的公司。因为这 10% 的 GDP 增速可能是由一批不太增长，或者只增长三五个点的传统产业，然后加上一批每年增长二三十个点，甚至三四十个点的新兴的产业一起创造的。所以在 10% 名义 GDP 增速的生长环境里，也可以产生足够多的，复合增速在30~50倍的细分行业。而30%的增速，10年下来就是十几倍的增长。如果是50%的增速，应该是接近60倍的增长。所以这种环境对于我们投资来说，还是足够理想的，是可以寻找到卓越和伟大企业的投资环境。

成长股选择的独特方法论

李迅雷：所以从你的角度看，投资有很多机会。但是从现实来讲，很多个人投资者都在抱怨上证综指10年涨幅为0。即便这个指数存在很多问题，但过去10年还是有表现相对较好的部分，如沪深300指数、上证50指数，不少基金经理的业绩与之相比也不是特别的出色。你觉得是什么原因导致基金经理的业绩波动这么大且不尽如人意呢？

你的业绩波动小，是因为你发现了很多伟大的公司，我也承认这一点。但为什么你发现了而别人没有发现？市场也在不断切换风格，很多基民对很多基金经理都不是很满意吧？而且往往会出现这种情况：觉得今年业绩可能会比较好的基金，就非常热销，买都买不到，但买到该基金之后，它的业绩就又不怎么样了。我发现基民买卖基金也跟投资股票一样追涨杀跌，那么你觉得问题到底出在哪里？

邵健：这实际上有两方面的原因，第一个是“二八定律”，甚至是比“二八定律”还要残酷的“一九定律”，甚至是0.5∶9.5的概率。在证券市场里真正卓越的公司可能只占1%左右，假定过去20年实现了50倍、100倍或者更多上涨的公司，可能只占1%左右，也就是几十家公司。另外，优秀的公司可能占3%~5%，也就是百十家公司。大部分投资者，包括专业投资者的投资组合里面还是有很多其他类型的公司。

第二个是有时候我们把握了这些好的公司，但是可能并没有真正看透产业，看透赛道。可能买过一些近年来表现很好的公司，类似贵州茅台、格力电器等，但是能够真正长期持有这些公司的投资人，包括专业投资人，可能都是相对偏少的。

从横向上看，本身能把握到这些好公司的投资人，在组合的构成比例分配上不一定有多高。另外有时候在把握了之后，又可能没有能够长期坚守，而使得组合的表现难以持续战胜市场的指数，并产生您刚才提到的那类波动。

李迅雷：所以就是要寻找高成长的行业及股票，寻找优秀的企业。但是实际上我们在分析市场的时候会考虑很多因素，比如如何避免市场系统性风险；当宏观的数据如 CPI 、PMI 等数据出来了，市场又会出现什么样的波动等。我们每天都会被各种“噪声”所累，而且社会、经济、政治等各种各样的“噪声”特别多。

邵健：的确投资和证券市场的环境是比较复杂的。

李迅雷：在这种情况下，作为基金经理也不得不考虑多种因素。但我感觉你是选定了一种方向，就是只要成长，只要公司足够优秀。所以一些宏观数据对市场的波动，都可以被克服。你比较注重选股，很多人在投资时既要考虑选时，又要考虑市场的风格会不会切换。当市场热点切换之后，他所擅长的赛道没有了，就要再想办法去弥补，所以有时候给人的感觉就是，基金经理的业绩风水轮流转。

还有不少基金经理会有路径依赖，比如对某类股票很熟，所以在这类股票上涨的时候他的业绩就好。你说过要寻找一倍市盈率的股票，也就是要找“护城河”特别宽的企业，但在大部分基金经理的眼里，“护城河”主要是指这类股票的市盈率是不是很低，或股息率是不是很高，比如股息率为 5%，比市场的基准利率还要高很多，就代表获得了很宽的“护城河”。

“护城河”宽的第二层含义似乎是公司足够大，因为公司足够大业绩的确定性就很强。总之，讲稳定性的“护城河”，讲估值被低估了，大家都能接受。但我总在担心看似宽阔的“护城河”或带有太大的不确定性。你怎么从高成长的角度去寻找“护城河”？

邵健：李老师您刚才提的其实是几个问题，一是很多公募基金与业绩波动的问题，二是我们似乎没有去进行“择时”，三是关于如何选企业“护城河”的问题。

除了我们之外，很多基金经理也都很优秀，都形成了自己的投资方法论，且长期的业绩表现很不错。

我们在投资的过程中也试验过：每次宏观增速有变化、无风险利率有变化或风格有变化的时候，都去及时调整仓位。但后来发现，能把这几个体系兼容起来不太容易。就好像一个人，手里既拿着枪，又拿着刀，还拿着盾牌等，虽然你的武器更丰富了，但是协调的难度也更大了。

实际上不需要那么复杂的技巧，只要把握好一件事情，几乎就可以应对所有的市场变化。如找到足够多优异、卓越的企业，从组合的角度来实现足够高的阿尔法，比如年度的 30 个点、40 个点甚至 50 个点的阿尔法，就可以应付牛市、平衡市、熊市。

关于“护城河”，价值投资者通常很关注低估值品种（如低 P/E、P/B）和高竞争力等，这些当然很重要。另外，还有高 ROE、高现金流等，我们的估值体系也是如此，但是我们对于部分因素可能也会相对忽视，比如静态市盈率。

我们通常会考虑赛道的宽窄、企业竞争力强弱、团队文化、学习能力和商业模式不断优化的能力是不是很高，在行业里的竞争力是否在持续提升。

除此之外，我们也会看它的 ROE、P/E 和 P/B 这些因素，但我们看的 ROE 不是今天的 ROE，我们看的可能是一两年，甚至三五年之后的动态 ROE。这样可以把在传统的分析体系里很容易错失的企业给挖掘出来。如果按照传统的体系，大量的互联网公司实际上在很好的投资期都会被错过。因为那时候没有 ROE，没有盈利，也没有多少净资产，大量的科技公司会被错过。

大家都重视这些结合投资的相关指标，只不过重视的角度不一样，我们重视的是未来。

如何提高研究深度和保持独立性

邵健：李老师，看到您除了研究工作之外，还承担了大量的社会工作，包括向政府提出一些很重要的咨询建议，还参加了两次总理与专家和企业家座谈会。与此同时，您并没有像很多其他专业人士一样，在承担了这么多社会工作后，在学术上的产出就变少了。您的产出不但没有变少，反而越来越丰富，专业性和指导性都越来越强了。是什么因素驱动您能持续在研究上保持这种热情和深度？另外，感觉您的时间管理好像也很神奇，有时候白天在会场上还能遇见您，但是到了半夜一篇文章就已经写出来了，您对时间管理有什么秘诀，您是如何平衡这么多事项的？我想您的很多粉丝，包括我自己都很关心这件事。

李迅雷：确实有很多粉丝问我，这些文章是不是我自己写的，我微博上的这段话是不是我自己写的？其实确实都是我自己写的。对我来讲做投资充满了不确定性，驾驭投资有一定的难度，因此，我还是喜欢做研究。研究宏观往往是自上而下的，一会儿中美贸易摩擦加剧了，一会儿又发生地震了，这些情况都会给资本市场带来影响，但究竟是怎样的影响，逻辑链很长，不确定性因素很多，所以我基本上就没怎么去研究资产价格如何波动，那剩下的时间就是研究具有相对确定性的东西了。

从时间安排来讲，我每天晚上在睡着之前，常常在思考各类社会和经济问题，往往是想着想着就睡着了。在飞机上没人打扰，我基本也是在写报告。当然，高强度的脑力劳动，要维持一个比较好的体力，这就要经常运动。

邵健：听说您还是长跑高手，一次能跑 10 公里或者更多。

李迅雷：我的长跑习惯已经坚持 10 多年，这不失为健身的简便方式。人到了这个世界之后，我觉得有两大乐趣：一是思考，二是行动。思考有思考的乐趣，因为我们的活动范围和能力总是有限的，视野是有限的，体力和精力也是有限的。但无论是上天入地的问题，还是上下五千年的人类历史问题，你都可以思考，身边有很多有趣的现象也会引发你的思考。你思考得越多，可写的东西就越多。不会因为你已经写了那么多了，好像就没有东西可写了。在你写作的过程当中，或者在你思考过程当中，往往又发现了一些新的问题，新的问题又会衍生出一些新思考，十万个为什么变成千万个为什么，思考的乐趣就在于此。

此外，我与资本市场的分析师有一个显著的区别在于，在过去 10 多年中，我交流接触的面还是比他们广，如作为地方人大代表、人大常委和人大财经委委员，作为民主党派人士和国家多个部委咨询专家，下至社区的基层百姓、上至决策层，我与他们都有过很多交流。过去 12 年中我还参与了涉及社会、经济、文化、环境等各方面的上百项立法工作。

所有这些社会活动让我学到了很多知识，加深了我对很多问题的思考。而且研究的层面和范围越来越广，对经济学的理解也就比较全面。因此，我过去的研究往往从点入手，到线再到面。先是各种各样的点，看似都是无关的，但你经过长时间研究后，自然知道各个点之间的关联性，然后，随着研究的线越来越多，面也就自然而然地形成了。所以我长期从事研究，未来退休之后，还可以继续从事研究工作，这正是我的兴趣所在。

邵健：我发现了一些很有意思的现象：您的很多研究结论从当时的角度看好像是和我们大家的观点、直觉不太一致，但是事后看起来是很有前瞻性，很有道理的。

例如前些年您就写过一篇文章，是关于固定资产高投入的——《昨日推力是否会成为明日陷阱》，实际上这些观点您早在持续加杠杆推动经济的年代就已提出了。另外，关于社会债务杠杆的问题，我记得您很早也写过——《去杠杆、稳杠杆还是加杠杆》等文章，现在看来这些内容都是很有前瞻性的。

如在十四五年前，即股市最火爆的前后，您写过一篇文章专门探讨日、美在转型中如何脱虚向实的问题，具有非常强的独立思考的特性。很多时候国人都要融合在大集体里面，要保持一致，但感觉您的很多观点都与众不同，您是怎么做到这一点的？

李迅雷：其实也没有什么特别，我觉得这就与你讲投资是一个道理。通常大家一起聚会时，讨论资本市场的变化趋势，事后发现大家的一致预期常常是错的，只有当你的观点跟别人非常不一样时，才有可能胜券在握。投资上的真理往往掌握在少数人的手里。其实做研究也一样，因为大家的趋同性如羊群效应。同样，在股市里也有这种羊群效应，学术界有类似之处，大家在共同的环境、信息获得下，思维容易趋同。

当年在国泰君安研究所时，我多次提到，做管理要求同存异，让大家劲儿往一处使，做研究要“求异存同”。如果说研究方法和结论都跟别人是一样的，那研究就没有意义了，所以一定要找不一样的东西。当然找不一样的东西，并不说要刻意地去独树一帜，还是要以事实为依据。

比如在 2009 年，我觉得中国经济将步入负债式增长阶段，那时候国家出台了两年 4 万亿元的刺激政策，债务规模飞速扩大。然而，为什么 2009 年以后我们就认为举债是增长模式了呢？因为在过去那些年经济高速增长的时候，我们没有去补“缺口”。你擅长下围棋，我也是围棋爱好者，下围棋的时候，在攻击对方的同时，也要及时在自己的地盘上补一手。

邵健：对，您说的没错。

李迅雷：如果不补，这个缺陷就会被别人攻击，自身问题就会暴露出来。我国在 1980 年以后经济长期保持高增长，目的是为了缩小与西方的差距，拼命高投入，但欠账却越来越多了。所以我把 2009 年之前的经济增长，认为是“欠账式增长”。“欠账式增长”之后会出现很多问题，就要补；要补就又要负债。所以现阶段仍属于一个“负债式增长”的时期，我们的债务会不断增加。

我发现很多人在分析问题时，往往只考虑一个维度，如认为中国城镇化率水平只有 60%，未来还存在很大的提升空间。但为什么不能思考一下我们的人口老龄化率也很高，在老龄化率很高的时候，城镇化率的提升空间就不会太大了。因为人老的时候流动性也变差了。而西方城市化率水平之所以那么高，是因为他们在没有进入老龄化社会之前，就已经实现了高度城市化。所以要从多个维度来思考问题，否则往往就会得出一个看似正确的结论，这也是我多年来研究的一些心得。

成长股组合的秘诀在哪里

李迅雷：我们在 2002 年提出要选未来大蓝筹，看看未来哪些公司可以成为行业的龙头。如果确实是龙头企业，那么就可以获得很高的投资回报率。所以我们当时就定了 30 个行业，每个行业选 1 只股票。

邵健：就是您组织编写的《未来蓝筹：中国行业龙头研究》那本书？

李迅雷：对，就是《未来蓝筹：中国行业龙头研究》。在 15 年后的 2017 年，我复盘了一下当年的 30 只股票到底怎么样了，结果发现大概有 40% 的企业确实成为行业龙头，但即便是选中的那 40% 的企业，后来的发展逻辑也与当初选择时的逻辑很不一样，此外还有 60% 没选中的。看到这个结果之后，我又写了一篇文章——《你买的只是你想象中的未来》。

你前面讲到的要选最优异的、最有成长性的企业，大概只有 1% 的企业符合这一条件；或者说优秀的企业占比也就 5% 左右，如此低的比例，万一选错了怎么办？会不会对你的业绩产生消极影响？

邵健：这也是我们做成长型，尤其是做这种超长期的、成长型投资必须要面对的一个问题。针对这一问题，其实我们有几个处理的方法。首先，我们可能会尽量从基本面的角度和产业的角度出发，如借鉴中国的产业发展和国际的产业发展的经验，以及动态的竞争优势的变化，了解企业家团队，以及企业的一些最基本的要素，如从研发、成本管理、市场营销等几个方面去鉴别谁可能是未来长期的胜者和王者。

其次，我们的组合几乎都不是只在一两个行业内的企业，而是放在15个左右的细分赛道上，包含大概60家公司进行组合。在这种情况下，将来任何一个赛道由于政策、公司发展或者是新的技术挑战等原因出现了问题，或者其中任何一家，三五家，甚至十家八家公司出现了问题，都不会对我们的组合产生本质性的影响。

您刚才说到的《未来蓝筹：中国行业龙头研究》一书里面提到的60%的公司后来都没有成为龙头。我觉得可能还有一个维度，我们可以再去统计一下，就是这批公司所构成的这个组合，它的整体收益和沪深300指数（对比）如何？我觉得如果里边有40%成了后来的龙头，那么这一组合的收益就已经非常可怕了，我不知道李老师有没有统计过那里边的组合收益？

李迅雷：统计过，跑赢大盘好几倍。

邵健：对，说白了真正寻找以未来的卓越和伟大的公司为目标的组合，实际上是不需要逐个兑现的，它只需要有相当的部分兑现就行了。就好像我们去采矿，可以采金矿或者采油矿。采油矿最明显，会在几百平方公里的土地上打出成千上万口井，每一个井口在打的时候都是上千万的成本，很多都是浪费钱的；但是话说回来，如果有30%的井打出油来，这已经是一笔非常可观的投资了，所以做成长型投资，寻找这些伟大的企业也是一样的道理。

李迅雷：我发现，即便选中了行业龙头，但持有它的回报率不一定就很高。比如，我们当年也认为钢铁行业是夕阳产业，但夕阳产业的行业集中度会提高；那么行业中的龙头企业应该值得投资，如当初我们在钢铁行业选的就是宝钢股份，后来宝钢股份确实成为行业龙头了，但回报率不见得比其他行业的非龙头企业高——当时在食品饮料行业中我们没有选贵州茅台而是选了五粮液，但五粮液的投资回报率也是非常惊人的，远超很多行业的龙头企业。

邵健：五粮液从 2002 年到现在应该有 60 多倍的增长了。

李迅雷：事后会发现，即便没有选中行业龙头，但选择一个相对龙头或者处在头部的企业也行。关键在于这些行业的成长性还是非常好的。事实证明，周期性行业与必需品、可选消费品行业相比，就大大逊色了。

邵健：是，当初有两个现象还是值得我们去总结的。一个现象是工业品和消费品之间的比例，工业在那时候占经济的比重还是很高的，消费还没有得到充分的发展，所以后面两者的空间是不一样的。另一个现象是钢铁属于大宗商品，大宗商品的 B2B（企业与企业之间开展交易活动的商业模式）壁垒低，带有这种特质的产业竞争性非常强，盈利性逐步被侵蚀，我们在投资时，对于这种大众的、偏周期性的包括可能偏工业品的行业，都会相对谨慎一点。

李迅雷：对，此外，经济发展各个阶段对公司业绩影响也非常大，这也有数据来证明。比如，2000—2007 年这一阶段是重化工业化时代，这些行业表现得都非常好。

邵健：如当年的“五朵金花”。

李迅雷：对，所以那时大家认为未来周期性行业应该仍然表现很好。但实际上我发现到了 2010 年以后，周期性行业的普遍业绩开始往下走了，盈利增速也在往下走了。但消费类公司的成长就快了起来，当然你选择了更快的赛道，如科技类和互联网的。

邵健：我们在科技、消费、医药生物等方面都进行了选择，对传统领域的一些新的商业模式也很关注。它们从表面上看好像是传统产业，但实际上是非常新颖的产业模式。

如何应对系统性风险：高成长是最宽的“护城河”

李迅雷：经常有人说：投资是反人性的游戏。你觉得该怎么去面对人性的弱点？你从 2003 年离开国泰君安研究所到现在，也有 17 年时间了。在这么长的时间里，资本市场波澜起伏，多次出现股灾，甚至熔断，怎么去应对这种变化？对你来说在系统性风险来临之后，到底是风险还是机会？在大家都拼命在卖出，落荒而逃的时候，你是怎么应对的？

邵健：有段时间我也挺迷茫的，一开始什么情绪都有。涨的时候很激动，跌的时候很恐慌。慢慢地掌握了方法体系之后，思维就清晰了起来。

首先，最重要的还是要对产业和企业的价值有明晰的判断。如果你明确知道这家公司值 1 000 亿的市值，它有可能会从 100 亿市值下跌到 70 亿，你不会太恐慌，你只会继续去研究和考证，跌到 50 亿时，你可能还是不会太紧张，跌到 30 亿时你可能会更加兴奋。

此外，方法体系体现在宏观层面，在出现很大的波动时需要掌握一些宏观的背景知识，如 2008 年爆发的全球金融危机，我们当时的判断是，在纸币时代，危机的解决会比以前更容易，因为印钞或者量化宽松，很有可能是一个帕累托优化。帕累托优化就是使破产的机构得到救助，富裕的机构持有的证券、房产等资产会增值。因此，在纸币时代危机的应对比以前要容易得多。

其次，要改善我们的工具。当年我做公募基金时，有一个产品是有下限仓位的，基本上是硬抗，但现在我管理的是高端专户，它是带对冲的，既要保留表现非常优秀的股票，长期持有，不把它卖掉，同时又可以通过股指期货去对冲一部分风险，所以说这就是工具的应对。

再次，可以通过组合管理来应对。假设我们组合里有 15 个细分行业，里边既有四五十倍估值的股票，甚至更高估值的成长股，也有十几倍到二十几倍的成长股，甚至还有只有几倍市盈率的成长股，但我认为只要是成长性的公司，都可以通过一些工具去缓解所遇到的情况，所以说是一个综合性的方式。

最后，就是要有好心态了。当你真的碰到这种超级的经济波动和股灾的时候，所有工具都用上了，还是跌了。在市场跌了 40%~60% 时，你只跌了 10%~20%，就不用捶胸顿足。所以有时候即使到了最后一刻，自己还是要有一个好心态，当然也要有好身体。

对稀缺资产的判别至关重要

邵健：记得 2006 年的时候大家都很困惑，考虑要不要买房，因为房价已经涨了很多，但手上的钱还不够。我记得您写了一篇很有名的文章《买自己买不起的东西》。

那时候很多人的理念就是不要借钱，借钱买东西很丢人，风险很大。那个时候您给的建议是借钱买房子。甚至原本要买公寓的，是不是可以贷款买栋别墅。您觉得最贵的和最买不起的东西也许是最好的。实际上我记得当时最贵的就是茅台酒，大家觉得价格最离谱的也是茅台酒。这些金玉良言，让我们这些证券行业的从业者，以及读过您文章的很多读者都买了房。

我觉得这也是一种与传统经济学不是特别一致的理念，您似乎很早就开始把经济学和我们日常的生活、投资结合起来，这是怎样的原始动力？

李迅雷：我记得张五常写过一篇文章，说有一次他的导师领着学生们到一座无人的小岛，让每个学生捡起一块石头，测量它的体积究竟是多大？但他们没有任何测量工具，没有带尺子，什么都没有，怎么能计算出石头的体积？其实，世界上原本不存在任何计量单位，它们都是我们杜撰出来的。你的体重是多少？现在可以用公斤或磅来表示，其实你也可以人为设置很多计量单位。因此，我们需要学习理论，但不要去套用理论，因为有些理论是过时的，它在这个阶段适合，在下一个阶段就不太适合了。

当初写《买自己买不起的东西》前，我就曾与上海的一位收藏家交流，他说宋朝的瓷器价格还得涨，因为2005年，韩国与宋朝相同年份出产的瓷器的价格是中国同年代瓷器价格的4倍左右。但在同样的生产年份下，宋瓷是全球最有名的。他说，中国富人会越来越多，富人买了别墅之后，里面得放点有价值的东西，所以对瓷器的需求肯定会大幅增加。我受此启发，认为2000年以后，中国进入高速成长阶段，有一大批人会富起来，肯定要配置资产。再查一下恩格尔系数，居然高达40%。即在2006年的时候，居民收入中的40%是用来吃的，但未来吃的方面所占的收入比例会越来越低，而用于投资方面的比重会不断上升。

2006年我国的M2余额是35万亿元，中国经济体量以后是要超过美国的，因为当时中国有13亿人口，美国只有3亿人口，所以

M2 将来肯定还有五六倍的增长空间，钱会越来越多，配什么呢？在当时，大家的收入都差不多，还有人刚刚准备“下海”，大家那时都是同质化的，以后肯定会差异化。要超越别人，就要加杠杆了。买不起房子的人借钱买房子；买得起房子的人，借钱买别墅。现在还有在深圳的人跟我说，那篇文章让他获得了财务自由了，他当时就是咬咬牙买了一栋别墅。

邵健：我当年是咬咬牙，然后借钱买了一套公寓，也很感谢李老师。

李迅雷：所以，我们对未来还是要乐观的，为什么？政府的作用是什么？政府要维持经济运行，就要不断印钞。1971 年布雷顿森林会议解体之后，黄金与美元脱钩，全世界就拼命印钞，只有印钞才能活下去，才能够把经济运转起来。结果就是钱多资产少，尤其是好资产越来越少。但在 2006 年时还是好资产多，因为好多人都没有房子住，建一栋房子就是创造好资产，大家对消费品的需求量也会越来越大。但我当时想，中国肯定会到一个钱多资产少的时代。

于是 2018 年，我又写了一篇文章《买自己买不到的东西》，因为 2018 年就已经变成了好资产少而钱多。这个时候你的钱多了，就没有必要借钱了，但是好资产少了。我在 2006 年提到了茅台酒，在我 2018 年又提到了茅台酒，因为赤水河在中国就只有一条，独特的地理环境，别的地方没法复制。但是我们的钱可以无限量复制，过去 10 年有钱人多了多少？与此同时，某些产品的集中度也大幅提高了，更受市场追捧。在买不到的东西中，与你的观点比较呼应的，就是像“技术秘诀”之类的，那种资源稀缺性、行业独占性强的企业总是特别少的。

邵健：对，这也属于稀缺资源。

李迅雷：但是你不可能获得所有优秀公司的前期股权投资机会，往往 PE 也轮不到你投，专利也不可能转让给你，我们也不懂这些技术，但我们可以配置相应的权益资产。在好资产少钱多的时代就更应该选择好公司，当然这是需要眼光的。我的眼光一直不行，因为我总是习惯于自上而下的宏观思维，但你对于投资的选择往往是自下而上的。那么宏观分析在你的投资职业生涯当中到底起到多少帮助作用?

邵健：宏观分析，我觉得至少有两个维度。一个是总量的维度，另一个是结构的维度。我还是很重视宏观分析的，只不过我所重视的并不在总量层面。因为在总量层面，政府的调控手段太多。过去 20 年美国 GDP 增速就在 2% 左右，应该说是一个很慢的增速，缺乏亮点。

李迅雷：对，存量经济特征是很明显的。

邵健：但是就在这样一个 2% 增速的经济体中，大概产生了 30 多家涨幅 100 倍以上的公司，以及 130 家涨幅 30 倍以上的公司。所以我更关注的是宏观结构性的变化。有哪些领域在未来的占比会大幅度上升，有哪些可能是比较平稳的，哪些是下降的，哪些是刚刚显露出集中趋势的，哪些是集中的趋势已经结束的？我可能更多学习的是从宏观到中观层面的东西，这些对投资来说还是有相当帮助的。所以宏观是整个经济附着资本市场运行的一个母体，它肯定是很重要的。作为一个整体的变化，它就是一个慢变量，但结构的变化就很快。

李迅雷：对，所以从宏观结构看，仍是精彩纷呈的。就像在美国经济中，苹果公司崛起，然后出现了一条苹果产业链，有很多中国企业从中受益。后来特斯拉又崛起了，形成了一条特斯拉的产业链。

看好生命科技领域的投资机会

李迅雷：你认为未来有哪些行业的公司可能会大发展起来，比如我前面讲到有美国的苹果产业链、特斯拉产业链，中国现在的华为产业链等。那么，哪个行业更有可能出现像腾讯、阿里巴巴这样大的公司？

邵健：腾讯、阿里巴巴大概率不是未来20年、30年或40年最大的公司。现在这些公司的市值只是几千亿美元，未来在生命科技领域非常有可能产生比腾讯、阿里巴巴更大的公司。

从生命技术的角度看，未来10~20年可能会有突破性进步，如生命的延长技术，不能说永生，但是生命的延长技术和很多传统绝症的治疗技术都会有突破性的进展。如果将来有公司在这方面率先突破并商业化，并能得到伦理上的认同，届时公司的市值会大得可怕。

对于很多富人群体来说，将来茅台酒不知道还是不是必需品。但是延长生命可能成为高消费领域。如果个人延长5年寿命需要100万美元，1万人的销售额就是100亿美元。10万人的销售额就是1 000亿美元。1 000亿美元，如果有40个点的净利率就是400亿美元，这种公司怎么着也得有四五十倍的市盈率，也就是1.6万亿美元的市值，而且这才只是有10万个客户的公司。我相信未来20年技术进步会非常快，还会有比苹果、甲骨文、特斯拉等更伟大的公司出现。所以我在投资领域还是乐观主义者。

配置稀缺性资产：楼市与股市皆如此

邵健：疫情之下全球流动性都开始泛滥了，对经济的刺激力度空前，包括地方政府房地产的政策又开始松动，您怎么看待房地产这种传统的投资手段？如果房地产行，我们可能接着配置，如果房地产不行，我们的资产应该怎么配置？

李迅雷：关于这个问题，我是从宏观层面自上而下思考的。首先，房子是“死”的，股票是“活”的。就是说，有些股票是越活越好的，有些是越活越差的。因此，买股票就会涉及公司治理、赛道等诸多问题。而对房地产而言，你买了就属于你，不用考虑这个房子的“治理”怎么样。所以房地产投资的确定性还是比较大的，相对来讲，它比好股票可能要差一些，但肯定是比一般或者差股票要好。

我认为在货币泛滥的今天，房地产很难出现大幅下跌，配置房产主要涉及一个区域选择问题，就是要买什么地方的房子会更好一些。虽然说中国的人口流动性在放慢，但还是在流动的，而且我国的流动性比起美国还是要大很多。现在人口流入的主要区域还是在长三角和珠三角，其中浙江是长三角的主要流入地。2019 年，浙江的人口净流入规模比广东都要大，杭州的人口净流入比深圳还要多。

2019 年江苏的人口净流入只有 2.5 万人，浙江达到 85 万人，相差了数十倍。但就江苏来讲，南京人口还是在净流入。因此，投资房地产更多要考虑如何进行区域选择的问题。

另一个是稀缺性的选择，就像股票一样，你要选的是优异的。现在是全球“大放水”，货币泛滥，从而出现“资产荒”。但货币之水是往“高”处流的，很少流到平民百姓的口袋里面去，这就需要选择好相对稀缺的标的。

邵健：您说的稀缺的资产、买不到的资产，它会更加稀缺，资金会向那些方向流吗？

李迅雷：对，比如咱们前面的桌子是圆的，圆的面积等于 πr^2，即圆周率乘以半径的平方，“平方”特性表明，离圆心越近，面积越小，半径缩短一半，面积缩小至原来的 1/4。所以说，核心地段的房地产肯定还是稀缺的。

此外，我们现在收入的结构还是在分化。李克强总理说，中国有 6 亿中低收入及以下人群，他们的月收入才 1 000 元左右，剩下的那么多钱流到哪里去了？流向“高”处去了，因此，我们可以看到很多豪宅在涨价，核心地段的房价也在涨。这一趋势还是很难改变的，即便是美国也没法改变。看看最近美国房价都是什么地方涨幅比较大？亚特兰大，然后西海岸的那些城市，如西雅图、洛杉矶、旧金山等，而东部那些金融发达城市的房价倒没怎么上涨，说明美国也是新兴产业很兴旺。

邵健：这就与美股的表现相类似，如纳斯达克指数创新高，尤其是那几家大型科技公司的涨幅最好。

李迅雷：是的。过去 11 年，就是在美国次贷危机之后的 2008—2019 年，2 800 多只纳斯达克股票的中位数只上涨了百分之三十几，而涨幅排名前 10% 的股票，即 280 多家上市公司 11 年的涨幅接近 20 倍，市值占到整个纳斯达克市值的一半。

这就是集聚和分化现象，所以现在就是一个分化时代，分化程度比过去 10 年更加严重，差异越来越大。在投资的具体选择上，需要有很多的草根调研，在研究方法上我基本是看流动性，我指的是广义流动性，就是人口的流动性、货币的流动性，还有物流，如交通运输物流，还有信息流，哪些地方信息流特别强劲，对应这些地方的投资规模也比较大。

因此，把思维发散一下，房地产投资和股票、产业投资其实有很大的一致性，只要是代表未来的新兴行业的股票以及流动性好的产业，可能发展都会比较好，就与你前面讲到企业现金流的充裕性一样。

时代变迁对投资产生哪些影响

邵健：所以无论是投资房地产还是股票，都要向未来可能成为核心，能够持续吸引更多投资者或者更多居住者的这样一个方向去选择。现在很多人有这样的担忧，就是在过去的一两年，我们看到过去发展所依赖的很多因素可能都在发生一些悄然的变化，甚至是挑战。比如我们说驱动中国过去 20 年增长的因素有城镇化。而城镇化可能面临着速度放缓，这可能与老龄化有关系，包括工业化速度也在放缓。此外，美国开始对中国进行一些高技术的限制。

以前在全球化趋势下我们加入了世界贸易组织，现在似乎也存在一个逆全球化的因素，会不会成为我们未来投资的一大挑战？很想请教您一下。

李迅雷：我们都活在这个忧患之中。有人说中美关系再也回不到过去了。很多事情每走一步，既可能是机会，也可能是陷阱，这个风险是始终存在的。那么，在这样一个逆全球化或者“去中国化”的时代，对中国的影响不可谓不大。为什么美国要对中国进行限制，因为中国发展得太快了，中国还是处在一个上升势头当中的。

2020 年中国的 GDP 增速乐观估计是 2%~3%，美国可能是 –4% 以下，中美 GDP 的差距进一步缩小。这样就好理解了，是因为中国发展得太快，让美国感受到了威胁，所以美国要限制中国，虽然它可以改变中国发展的斜率，但改变不了中国的发展势头。

从过去300年的历史来看，1700—1820年的120年，作为农业大国的中国经济处在一个上升势头，在全球GDP的占比持续上升；之后的160年，中国GDP在全球的份额进入一个下行期，直到1980年；1980年至今这40年，中国GDP在全球的份额不断提高，又进入了一个上行期。因此，如果你只看细节可能会很悲观，会觉得我们遇到的瓶颈越来越多，改革难度越来越大。但是，如果我们把时间拉长，还是可以乐观一点，我们的发展空间也很大。

你刚才谈到的选择逻辑，还是很有道理的。考虑的因素越多，越是无从下手。

未来确定性成长的行业有哪些

李迅雷：你觉得未来哪些行业、哪些赛道是比较好的？我记得你曾说过看好光伏产业，除此之外，还希望邵总能讲讲比如在大健康医疗医药行业、芯片或者其他的科技领域中有哪些是你觉得相对来说确定性、成长性比较好的？

邵健：关于成长性好的领域，我们一般要求它既要有较强的竞争力，同时还要有动态估值，而且必须是有吸引力的上市公司。否则的确有很多领域赛道很好，但是没有上市公司，容易对大家产生误导。我个人目前看得比较多的，第一类是食品饮料，如高端白酒，新型饮料和新型食品，新型食品和新型饮料的健康添加剂。

李迅雷：那就是要细分行业了。

邵健：对，线条太粗，就不可能有什么快速增长的领域，因为最粗的线条就回到 GDP 上了。一定要稍微细一点才能够找到与众不同之处。

第二类是在 TMT 的领域，也就是科技互联网领域。这个领域我们投的基本上都是云软件的提供商，因为云软件是对传统软件的大幅替代，并且能够通过这种低进入成本获得大批长尾客户，使得原来很多非本产业的用户变成产业用户，从长期来说它具有更高的黏性和针对客户的议价能力，所以这也是我们看好的领域。

另外，我们还投一些应用型的软件，中国不仅硬件要自强，要提高自主可控，未来对很多的软件我们也要自主可控，否则即便实现了芯片替代，但结果是“有心无魂”，就像一个人只有躯壳，但没有思想。

李迅雷：现在这种核心软件都是美国掌控的，荷兰阿斯麦尔公司则是光刻机的绝对巨头，中国在这方面怎么形成竞争力？

邵健：这没有关系，还可以投其他很多软件，如金融软件、地理软件、财务软件，各个行业都有它自己的相关软件，但我们更关注的，一类是这种“云”化比较成功的软件，另一类是正在对国外软件进行低成本、高效率替代的软件。

此外，还有一些和硬件相关的，如半导体领域的极少数公司。再有像医疗生物技术方面，我们投了很多新药的研发平台，很多投资人喜欢投新药品种。但我们投的更多是新药的研发平台，我可以承担这些平台中 5 种药、10 种药，甚至 50 种药都研发失败的风险，因为只要有一部分成功就可以覆盖这些成本。我们对一些高端器械也很关注，对自身研发能力很强但不是平台型的企业，也比较关注。

我们同样不拒绝投资传统领域的细分行业，例如，钢铁行业看似很传统，但有一些类型的特种钢铁，到目前为止定价高得惊人，这类公司的利润率会让你觉得它不是在卖钢，而是在卖金子。

因为我们实际上是以组合的方式进行投资的，这里有很多公司的估值是比较高的，但即便某些公司股价跌掉一半甚至80%，对于我们的组合来说影响都是非常有限的。因为我们通常持有60只股票，只要成功选对40只甚至30只，我们的组合就会有非常高的复合收益。但对于个人投资者来说，他们往往不会选择太多的股票做组合，一旦有几只个股出现下跌，他的资产就可能会遭受很大的损失。

市场深度广度都在大幅提升

邵健：2017年之后，中国的市场与以前相比有了很大变化。2014—2016年股票市场的开放力度不断加大，如陆港通开通，QFII、QDII规模扩大等。中国股市国际化、专业化、机构化程度迅速提升。

李迅雷：对，2017年大家都在说新的价值投资时代开始了，就是因为在过去那么长的时间里，大家都喜欢“炒概念”、炒小市值股票，后来，开放程度提高之后，那些境外的投资者进来了。

邵健：2017年之后市场的深度、广度，还有你博弈对手的能力急剧提高，这有点相当于你不是在游泳池、小江、小河里游泳，而是到大海里去游泳，你要时刻做好应对巨浪的准备。这个“浪”有可能不是由宏观的巨大波动，或市场的巨大波动造成的，它很可能就是局部的“浪”。

当你对某家公司研究得不够缜密，它在治理，或者竞争能力方面出现问题，这家公司的股价可能就会迅速下跌50%、70%甚至

90%，这种情况在中国以前是很少发生的。以前跌就大家一起跌，只是跌多跌少不同而已，涨的时候就绝大部分公司一起涨，甚至差的公司还涨得多点。

2017 年之后，市场的专业性、规范性更高了，一个很大原因就是市场更有效了，投资者更专业了。当你发掘到投资机会之后，后面的投资者会迅速跟进，也就是说在你发掘到机会后，股价上涨的速度比以前更快了。

这倒是对专业投资者相对有利的环境。但普通投资者会觉得这个过程比较辛苦。您刚才提到过中位数，中位数实际上是一个非常有意思的概念，也反映出这个阶段的挑战。我没有细看 2018 年、2019 年之后的数据，2017 年市场指数是上涨的，但那一年股票的中位数跌幅超过 15 个点。就是说指数涨，但大部分股票是下跌的，而且是显著下跌的。2018 年指数跌了二十几个点吧，但中位数下跌了 33 个点。即大部分投资者在前一年指数不挣钱的情况下，第二年赔得又比指数多得多。所以资本市场的确迎来一个新的阶段、新的挑战。

存量经济时代：利率下行是大趋势

邵健：大家管对某个行业比较谙熟的人叫“老司机”，投资和研究也是这样。老司机开车都是往前看的，但是财务指标中的很多东西是往后看的，它是反映历史的数据，当然也很重要，也要看，开车也不能完全不看后视镜，但是我想往前看更重要。您刚才问到我有哪些比较看好的方向和细分领域，从您的角度也跟大家聊聊，您大概看好哪些方向？您有一个经济分析的六个维度体系，也能带给我们一点您的看法和启示吧。

李迅雷：我觉得做宏观研究要多维度、立体地看问题，不能平面地看问题，更不能线性地看问题，我看到好多人的逻辑演绎过程就是一条线，由此及彼，太简单了。我曾讲的六个维度看问题是指人口流动的维度、居民收入分化的维度、产业集中的维度、货物流动的维度、资金的流量和流向维度、信息流量的维度，也就是说，要多维度地把研究对象形成一个交集，在这个交集上寻找点的机会。此外，我更多是在考虑大类资产的配置问题，比如怎么应对全球纸币超发，我在这一阶段比较看好黄金，但与你的赛道比的话，黄金的涨幅可能要差很多。

邵健：黄金股表现很好，尤其是前一段时间。

李迅雷：从大类资产配置来看，某个阶段黄金投资的确获得了超额收益率。此外，这个品种对于一般投资者来讲也是能够拿得住的，因为全球货币泛滥，如从 1929 年至今，美元规模翻了 330 倍，而美国经济实际增长了 16 倍，黄金存量只增长了 6.7 倍。

第二类可配置的资产是债券，随着经济减速，整个市场的投资回报率在下降，利率从长期看也是在下降，因此，利率债还是可以配置的。虽然最近这段时间市场一致预期是宽信用，大家对于央行降息不抱希望，觉得央行不会再“大放水”了，债券收益率上行，债券大跌，但看得更长远一点，利率下行是一个大趋势。

邵健：到了高杠杆的时代，尤其是高收益的资产边际的产出下降的时候，其实长期的收益率下行是个趋势，对吧？

李迅雷：对，这是个大的趋势。例如对于房地产，我觉得只存在结构性机会，因为现在处于一个分化时代，存量经济主导下的分化时代，可以去寻找并配置一些核心资产。如观察富人的消费行为就是一件很有意思的事。2000 年，中国的奢侈品消费只占到全球奢侈品消费总量的 1%，到 2010 年，要占到全球的 20%，2019 年，居然占到全球的 35%。高端消费火爆的背后，反映出收入差距扩大化，与消费者的收入结构变化有很大的关系。结构分化的趋势实际上还在延续。因此，无论投资权益资产也好，投资房地产也好，在配置上其实是可以从宏观线索自上而下地找到优质资产的。中国经济发展过程中产业转型以及结构分化会继续下去，从这方面入手，可以找到投资机会。

目前我们所处的时代，仍是一个全球化的时代，虽然现在大家开始讲逆全球化，但大的趋势还是全球化，最终还是会回归理性选择的。经济全球化符合提高效率、降低成本这么一个资源更有效配置的要求，因此，我们要把握好的就是大的方向、大的趋势。

选择从事研究还是投资：先认识自己

邵健：您觉得这些从科班毕业的小朋友，怎样在现实环境下，比较好地从事这个领域的研究工作？毕竟您在这领域负责了 30 多年。

李迅雷：大部分人会认为研究不是他们终极的职业生涯，估计不少卖方分析师也是这么想的，觉得自己做到有一定知名度和影响力之后，可以转而从事更有乘数效应的职业。因为做同样的事情，花同样的精力，都是希望能够创造更大的价值，这是可以理解的。但是，你是否具备这样的能力？还是要对自己有一个准确的评估，毕竟认识别人很容易，认识自己很难。自己到底适合做什么工作，到底适合不适合做投资，或者适合不适合做研究，其实都是需要有一个对自我的认识，需要一段很长时间的认知。

在我看来，恐怕大部分个人投资者都不适合做投资，为什么？因为人天性有些弱点，比如贪婪和恐惧，始终是存在的。因此，我经常会跟研究员说，我喜欢招那些围棋下得好的人来做分析师，但不是所有围棋下得好的人都适合做研究，或者所有围棋下得好的人都适合做投资，专业属性还是有区别的，擅长围棋不是研究或投资的必要条件，它可能是个充分条件。例如，围棋的布局非常重要，或可以比喻为基金中的投资组合，因为任何一只股票的业绩都带有不确定性，投资组合未来有多少回报率？不是每只股票都能成长，假设组合中有 30% 的股票业绩如你所愿，那已经是非常好了。

下围棋给我的第二个启示是，弃子很重要。当你发现选择错误之后，就要及时割舍。选择做研究员，就要判断自己到底适不适合，什么时候觉得自己不适合，就要思量是否要放弃研究职业。对做投资来讲，就要有这种敢于认错的勇气，这一点非常重要。

下围棋给我的第三启示，就是要通过对每一种可能性的演绎，预知未来。投资就是买未来，所以一定要往未来看，一定要一步一步地计算下去，围棋在很大程度上，就是比拼谁算的变化和步数多。我当初在上海财经大学的时候，特别喜欢下围棋，我经常跟曹大元的弟弟下围棋，虽然我下得不好，但感受到了专业棋手的惊人计算能力。因此，“买股票就是买未来”这句话中的未来，是需要通过“计算”来预知的，而不是靠算命和拍脑袋。

如何度过煎熬时刻

邵健：您在职业生涯中有没有遇到觉得非常有挑战的时刻？像我们也都遇到过这样的时刻，您遇到这种挑战时怎么去克服？因为我感觉现在各行各业的压力都很大，不单单是我们做投资或研究的。

李迅雷：1996 年我到君安研究所从事固定收益研究工作，从进入君安研究所开始就很顺利，几乎每篇研究报告都得到了上级的认可，自己很快就被提为所长助理、副所长，后来又做了所长。那个时候没有《新财富》的评选，没有市场化薪酬定价，“官本位”时代，大家想做管理工作只有这么一个路径——用职位提升来证明自己职业生涯成功。

对我来讲，我大概是从 2006 年的时候开始产生困惑了。我觉得如果按照这样下去做管理的话，到后来我的专长可能会被废掉。因为做了管理后写研究报告的时间就很少了。人的精力总是有限的，你要做一头，就得放弃另一头。因此，2006 年我就跟《新财富》杂志的总编辑说，想开一个专栏，然后我要逼自己每个月写一篇文章。

邵健：所以从那个时候起，我们就见到了您的很多很有影响力的文章，《买自己买不起的东西》等佳作都是从那个阶段开始写的。

李迅雷：对，这让我重新回到研究工作，还要把文章写得有深度。首先，研究一定要贴近现实，我不能把某人的理论拿来再讲一遍，然后再做一个诠释。还是应该脚踏实地，寻找市场机会到底在哪里，用自己的思维方式去证明这个可能的机会所在。

除此之外，我也写过很通俗的报告，比如《跟着温州人赚钱》，这也是一种观察和思考，梳理出温州人是怎么一步一步外出打工，作为人力资本出卖劳动力；到后来有了一点原始积累，便开厂设店，进入产业资本；再到后来，投资买房，形成金融资本，最终居然影响了中国的房地产走势。

邵健：包括还有一篇我很有印象的文章《太重视眼前就没有未来》。

李迅雷：不能太注重眼前，我现在还能够跟大家在一起交流，能够接受很多媒体的采访，这跟假设我一直做管理工作后的职业路径有很大的区别。如果我过去仅从事管理工作，我将来到了一定年龄就是退休，一眼就看到头了。因此，那时候我选择从事研究工作，逼自己写研究报告，我选择把研究当作我一生的职业，这个职业正是我自己的兴趣爱好，所以我在 2006 年做了个决定，重新开始研究宏观经济，终于熬到 2008 年，我卸任所长，成为首席经济学家了，我在三家券商都做过首席经济学家，可能今后也还是一样专业做研究，把钱交给专业的投资人去打理，这是一个很好的方式，也能够提升生活质量。

邵健：其实我也经历过这样一个阶段。之前偏重做成长股。2010—2011 年开始把行业轮动和资产轮动等品种加到我的组合里面。大概探索了一两年，这个阶段真是好辛苦，学了非常多的东西。

李迅雷：你要有很大的宏观背景，学习大量的宏观经济理论，却未必有用。

邵健：学到最后的结果就是那两年是我业绩最低谷的阶段，后面也是很煎熬的。觉得是不是自己的专业能力下降了，最后，痛定思痛，发现实际上这个方法是试图把枪、匕首、盾牌同时挥舞起来，反倒不如您“一样”精了。

大概在 2014 年之后，我就重新回到非常专注地去寻找卓越的公司上面，2014—2015 年，我对企业的阿尔法要求比以前更高了，因为我知道我们会面临很大的市场挑战。只有做出巨大的阿尔法，才可以应对市场的巨大涨跌。我感觉这是我经历过的一个特别痛苦、特别迷茫的过程。

李迅雷：每个人都有其所长，有其所短，若能够发挥自己的长项，对于提升自身业绩也好，增强人生乐趣也好，都是有好处的。

邵健：我觉得的确如此，很多人在投资领域都有爱好，但是术业有专攻，我们可以把一些自己的这些经验、方法、流程、标准、思考跟大家分享，帮助大家提升认知水平。但坦率地说，投资的确充满挑战。我曾开玩笑说，做投资不难，就像你开车一样不难；但是你要做好投资业绩，就好像夜里在悬崖边上开赛车一样充满挑战，一不小心可能就会掉下去，因此，大部分投资者还是要依赖于专业人士的帮助进行理财。

全球展望与 A 股机遇
——对话高毅资产首席投资官邓晓峰 *

2020 年 4 月 16 日，我受《中国基金报》“对话 2020”栏目邀请，与高毅资产首席投资官邓晓峰进行对话，共同探讨全球经济环境以及当前的投资思考。

李迅雷：大家好！非常高兴能在这里跟邓总一起交流和探讨这次疫情对于全球经济、中国资本市场的影响以及有关的投资机会。先问邓总，面对当前疫情带来的不确定性，例如，不知道疫情会持续多长时间，也不知道疫情对经济乃至全球金融、社会、政治最终会产生怎样的后果，是否会出现如瑞 · 达利欧等人预测的重大系统性风险（比如战争），作为专业从事投资的机构投资者应该如何应对此次疫情？

邓晓峰：谢谢李老师。因为这次疫情，大家被迫在家办公，有了很多不一样的感受，不经意间，世界也发生了很大变化。我们观察到一些行业内非常有见解的人士或者社会上的行业专家都认为世

---

* 原文发表于 2020 年 4 月，本书对部分数据和内容做了更新。

界会因这次疫情而发生重大变化，甚至会产生系统性风险。比较遗憾的是，到目前为止，在这次疫情中中美两国还没有能够很好地展开合作，面对这一灾难，反而有一些不和谐的冲突在不断演化，这也给大家对未来世界的变化和经济走势平添了很多担忧。

我相信人类有足够的智慧应对这些新的挑战，因为这次疫情，大家都要适应巨大的变化，中美关系遇到巨大挑战，大国竞争可能成为无法回避的现实，甚至全球产业链也会发生一定变化，各个国家都要适应这一现状。对各国而言，热战发生的概率很低，不管是中国还是美国，这样的冲突都不符合大多数人的利益。大国竞争更像是一场发展的竞赛，形成系统性风险的概率很低。

这个大环境之下，对我们来说，需要有接受环境剧烈变化的心理准备，和平与发展是这个世界过去 40 年的主流，未来发展和竞争可能会交替发生，这是环境的重大变化。

李迅雷：您认为发生直接对抗式竞争的可能性不大，但两国之间要寻找平衡点，无论竞争还是合作，在疫情之下，总归要选择对自己相对有利的方面。您觉得这会给资本市场带来哪些影响？欧美股市一个月内出现历史罕见的巨幅下跌，什么时候能显现低点？A 股市场肯定也会受到相应影响，我们能否独善其身？相对来说，A 股的跌幅不是特别大，作为投资者，应该采取哪些对策？有人说做投资要长期乐观，目前亮点还是有的，比如科技进步、政策利好、美联储推出无限量宽松政策，这些会为资本市场带来哪些影响？

邓晓峰：这次欧美股市短期之内调整幅度历史罕见，从美国发展历史来看，金融市场一直保持高度稳定性，分析背后的原因，实际上是多重原因共同形成了这次的极端现象。

疫情导致社会经济活动停摆和全球各国“封关锁国”，确实对经济形成巨大的负面冲击，而以服务业为主导的发达国家受到的冲击尤其巨大。在负面冲击之下，资本市场必然会产生剧烈反应。美国资本市场因为过去长期牛市，积累了一些历史问题，比如美国上市公司因为低利率环境，通过发行债券、融资的方式回购股份，以更好地回报股东，这种方式在2008年全球金融危机之后被持续采取了近10年时间，逐渐积累了一些问题。面对资本市场的剧烈波动，通过回购提高美股盈利的方式必然会受到市场的反作用，历史上美股因为盈利增长、回购共同推动的长期牛市，有可能会被外力影响所打断，这是长期累积的负面因素造成的根本影响。

这次市场产生如此大波动的一个重要原因，也在于石油价格突然发生剧烈波动。在美国这样一个高度发达且精密的资本市场，因为石油价格波动，一些风险中性的对冲基金受到巨大影响，进而加大市场短期波动，短期原因和长期制度性变化共同形成这次巨大冲击。

美国金融监管当局反应非常迅速，美联储和财政部对于经济下行压力的反应也十分果断，相对2008年有很大变化，这也导致美国市场短期疾风骤雨般的调整，但一个月之内就呈现了稳定迹象。往后看，还需要继续观察。

美国市场在全球的主导作用也会影响全球资本市场。中国市场这次同样受到外部力量的冲击，2020年初A股市场还是资金推动的结构性牛市，尤其集中在科技、医疗等板块，但是外力打断了国内资本市场第一季度的格局，市场出现明显调整。

面临经济衰退，A股市场短期会受冲击，但仍是机会最大的地方

邓晓峰：面对巨大的波动和不确定性，您觉得疫情发展的时间

线会是怎样的？这样的外部冲击会导致经济和国家秩序发生什么变化？是全球性经济衰退还是发展成重大经济危机？这次与1929年的经济大萧条和2008年的全球金融危机有什么不同？

李迅雷：这次疫情突如其来，我们目前的看法已与1月和2月时的看法产生了很大的变化，当时我们对这个病毒的认识还不够，所以那个时候我们还在拿这次疫情跟“非典”做比较，只是认为这次疫情比“非典”厉害。到了3月，突然发现疫情已在全球蔓延开来，就想到这次疫情的影响是不是类似于次贷危机？现在看来，美联储采取的举措比次贷危机时还要宽松，让人难免不想到1929年经济大萧条。

这次新冠肺炎疫情肯定比“非典”严重得多，就影响力来看，比次贷危机要大，至于能不能跟大萧条比，现在还不能下结论。但有一点可以肯定，就是衰退的级别比大萧条时期低一点。经济周期分为四个阶段，大萧条是最惨的阶段，大萧条之后是复苏，现在我们还不能得出大萧条的结论。未来在疫情被控制住后经济出现反弹，之后再出现经济增速回落也是确定的，而且持续时间可能会比我们想象的要长。

1月和2月时，我们认为到了5月国内疫情可能就差不多结束了，没想到海外疫情会失控。疫情的发展可分为三个阶段，第一是攀升阶段，第二是平台阶段，第三是下行阶段，目前，疫情在欧美的发展已进入平台阶段，进入平台阶段后就基本可控了。然而，印度、非洲等国家的疫情会否大暴发？这些国家的医疗卫生条件差、检测水平低，大家都很担忧疫情在这些国家暴发所带来的影响。另外，大家还很担忧境外输入型病例增加会不会让中国出现第二波疫情高峰。大家都在预测各国各阶段的GDP，美国第二季度基调环比的GDP增速预测可能在–30%，但所有这些预测都没有确切数据作为依据，一切还是取决于疫情的发展和所产生的影响、各国采取的财政货币政策，以及疫苗、特效药的研制情况。

邓晓峰：李老师，关于刚才您提到A股市场在这次疫情中受到的影响，我想补充一下。从中国这次受到的影响来看，可以分为两个阶段：第一阶段是受国内疫情的影响，随着中国疫情逐步被控制住，这个影响在国内资本市场层面和经济层面都已逐渐被消化。下一阶段我们会面临外部压力和挑战，各个国家为应对疫情都采取了“封关锁国”的措施，中国是一个大经济体，外贸和世界联系紧密，肯定会受到很多负面影响。

展望第二季度，有可能迎来中国外需压力最大的阶段，在国内公司层面、企业盈利层面可能会迎来压力最大的阶段，这个过程也会反映到资本市场层面。我国今年有非常好的流动性环境，国内对资本市场的流动性相对宽松和宽裕，年初以来，不管是共同基金的发行，还是社会对资本市场资源配置能力的提高，融资更活跃，资本市场处于资金面相对过去几年非常好的状态，其中不仅有国内流动性的支持，还有海外流动性的支持。这次受到外部冲击，会阶段性打断节奏，但不会改变国内资本市场总体流动性偏宽裕的大环境。只不过从年初大家假设“经济受到短暂冲击”转变为“有可能需要面对持续相当长时间的经济下行压力”，这一过程反馈到企业盈利层面不是短期影响，可能会有长期影响。

从投资角度观察，我们首先要把预期降下来。您刚才提到做投资长期要乐观，目前需要关注的可能是科技进步和资本市场相互促进的逻辑还存不存在。中国资本市场某种程度上客观反映了经济体的变迁，也反映了产业发展的变化，不管是十几年前“五朵金花”代表的重化工业化阶段，还是这几年消费、医药生物、互联网行业的发展，往后看，全球技术进步带来的社会进步还没有停止。互联网行业在改变这个社会，也在改变企业的经营方式，这次疫情某种程度上强化了中国企业线上办公的进化过程，也强化了消费者通过线上实现娱乐和购买的过程，技术推动的产业和经济发展没有止步的迹象。不仅是互联网行业，很多其他行业也在发生持续的变化，比如近几年汽车行业从传统内燃机向电动化、智能化产业过渡，全球已达成共识，汽车行业作为最大的耐用消费品行业，会实现巨大的产业变迁，但目前仍处于产业发展的早期阶段。资本市场客观反映行业发生的变化，会有很多公司涌现出来，也会有很多公司受损于产业变迁。从产业发展和科技进步的角度，我们还是持乐观看法的。

受益于过去的全球化进程，中国深入参与到全球主要产业的发展当中。现在大家开始探讨全球化是否面临巨大挑战，因为竞争的存在，中国的公司、中国的产业仍然会深入参与这一过程，不管是互联网行业，还是汽车电动化行业，抑或是中国主导的以太阳能为代表的能源行业，都正在发生着变化和变迁，企业家积极参与这一过程，资本市场也同样深入参与这一过程。资本市场的主要功能是推动社会资源分配，提升社会经济效率，大政府更能解决全社会的公平问题，这两股力量共同推动中国一直往前走。我们对资本市场推动的产业发展以及产业发展在资本市场表现出来的公司起落、行业变迁一直充满信心。从这个角度来说，我们认为资本市场短期会受到经济和外部环境的冲击，但仍然是最有活力、最有机会的地方。

配置科技股的大方向正确，但资本市场容易在正确的方向上走过头

李迅雷：我也同意您的观点，关于资本市场的变化，新旧动能转换以及结构性机会，尤其是 5G、智能汽车、新基建、新消费、医

药生物等都非常活跃，线上办公、线上消费、线上娱乐活动越来越丰富，大家对线上的适应性也在提高。

对于您前面提到的流动性比较宽松和资金推动，我有一点担忧，如果市场活跃，资金宽裕，这当中会不会存在估值泡沫问题？ 2 月炒的创业板、科技股，之后又出现回落，大家原先看好的科技推动、新消费驱动等基础还存不存在？如果您觉得有机会的话，机会到底存在于哪些方面？

邓晓峰：李老师，您提到 2020 年以来一些热点行业起起落落，其实我们也做了数据分析和统计，2020 年行业 ETF 有了很大的发展，尤以 5G、芯片、半导体为代表的 ETF 基金规模迅速扩大。这种被动投资的出现，某种程度上强化了资本市场的短期风格和趋势，2020 年 1—4 月，申购最多的 ETF，如 5G ETF，规模增量超过 250 亿元。

李迅雷：但我们同时也看到 5G 手机销量大幅下降，资本市场的表现跟现实中的差距如何解释？

邓晓峰：我把它当作社会达成的共识，资本市场比较关注短期热点的行为，甚至是资本市场部分投资者和参与者在这个阶段忽视了生意模式属性，也忽视了盈利质量和盈利持续性，更多地关注短期收入和利润增长。尤其在特定领域，比如中美在科技领域的竞争，这是在社会达成共识之后的资本市场反映。从投资角度客观评估、观察，很多公司无法持续为股东实现这么多回报，这当中相当大比例的公司可能有短期收入利润增长，但无法持续，只不过因为良好的社会共识叠加短期盈利增长驱动，形成共振，但是从长时间来看，会面临相当大的压力。这是大浪淘沙的过程，这个领域内的很多公司未来无法持续为投资者实现大家预期的回报。

从历史经验来看，资本市场一段时间内达成共识，容易出现对一个行业过度偏好。事实上，从过去的经验来看，每次出现泡沫往往都是方向正确，但程度上走过了头，这是资本市场发展的规律。我们认为科技行业、半导体行业，包括5G的发展，对很多相关产业有着巨大的产业带动作用，方向上没有问题，但资本市场的特性是容易在正确的方向上走过头，我把它当作资本市场本身的属性和特点，资本市场从来不会严格按照计算公式反映经济情况，往往是乐观时过于乐观，悲观时过于悲观，这是资本市场的内生特点，尤其是在中国这样一个个人投资者参与度更高以及我们对社会的某些行业有更多偏好的大环境中。

机构投资要区分两个阶段：需求增长驱动的阶段和供给、竞争决定的阶段

李迅雷：市场有时方向是对的，但会做过头，要么过于乐观，要么过于悲观。我做过统计，美国纳斯达克市场过去11年基本呈现“二八现象”，此外，纳斯达克市场先后有超过20%的公司退市，剩余股票中，涨幅排名前10%的股票市值占总市值将近一半，过去11年上涨了20倍左右。其他股票也在上涨，但平均涨幅只有2.5倍。作为投资来讲，怎么从数千家上市公司中选出20%表现非常好的公司？比如在科技、5G、互联网、新消费、医药生物等领域，这20%怎么选出来？自下而上选择的理念是什么？

邓晓峰：我觉得资本市场是一面镜子，正好反映了竞争的结果，就像您提到的，20%的公司的增长远超80%的公司，如果当作一个生态系统来看的话，这是自然选择和生存竞赛的过程。全社会有众多企业参与推动技术进步和产业发展，通过一轮一轮的竞争和个体

学习，最后出现少数赢家，这些赢家不管是商业模式、管理水平还是技术能力，都有超出行业平均的部分，然后他们以更高的生产率继续往前发展，这确实是大多数产业发展的自然规律。行业发展的早期是百舸争流，当产业逐渐走向成熟阶段，往往相对少数的优秀领军企业会获得更多份额，更大的价值增量。

从需求和供给来看这个问题，我们讲成长性，往往是从需求层面观察，如果一个行业处于生命周期的早期阶段，渗透率很低，这时需求是决定因素，供给是为了满足需求，各种企业或者各个参与者在快速增长阶段都有机会，这个阶段不一定要求企业管理做得更好，可能企业胆子更大、更具有冒险精神，就容易成为这个阶段的赢家。过去 30 年，中国经济快速发展，大多数行业都处于这样的阶段。20 世纪 80 年代初期到 2010 年之前是需求拉动的阶段，增长是最重要的属性，企业家的冒险精神是更重要的因素。

当行业逐渐走向成熟阶段，供给成为决定性因素，行业内竞争结构会出现巨大分化，不一定是最有冒险精神的企业或者企业家能胜出，可能是管理水平最好、商业模式最独特、技术水平和效率最高的企业逐渐胜出。产业发展的不同阶段会有不同的赢家，这是经济从快速发展到成熟阶段都会经历的过程。

最近 10 年来，中国经济发生了比较大的变化，在快速往成熟经济体过渡，很多行业出现了这个情况，少数赢家获得了越来越多市场份额，逐渐跟美国的产业结构有更多相似性，不只是传统行业，新兴行业也出现了这种情况。

如果从投资的角度做决策，你可以从两个角度判断，什么时候是增长驱动的阶段，什么时候是供给和竞争决定的阶段，如果在不同阶段使用了错误的办法，很可能得到完全不同的结果。比如第一个阶段是时代给大家的机遇，这个时候投资往往最容易，你可以分享时代的红利。当经济体走向成熟，竞争走向更加激烈、供给过于密集的阶段，往往要采取不同的策略，你需要看竞争结构，是不是有很好的商业模式，可能增速不会像历史上那样快，但有更好的持续性，也可能有更好的股东回报和盈利增长，2016 年供给侧结构性改革之后，市场更多表现为供给和竞争决定阶段。中国大多数行业正在进入供给侧改革，或者说是供给和竞争结构作为更重要决定因素的阶段，这是产业走向成熟的必然规律。

李迅雷：同意您的观点，确实如此，2017 年中期我写了一篇宏观报告，提出中国已经从增量经济时代步入存量经济主导时代，过去经济增长快，大小企业都能赚钱，因为那个时候经济主要是由需求驱动的；存量经济主导阶段，经济增速慢下来，很多行业进入成熟阶段，需求相对稳定，由供给驱动，就看谁厉害了，谁有好的商业模式、好的公司治理结构、好的产品、好的技术、好的企业家，谁就能胜出。经济进入分化时代，这次疫情使得经济结构与产业分化更加显著，不但总需求没有增长，反而还在下降，比如受疫情影响，第一季度房地产行业销量比去年同期下降 40% 左右，但销量排名前 10 的房地产公司比去年同期只下降 10%。对投资来讲，这确实是很大的挑战，买什么行业好？即便选中行业之后，恐怕你看好的这个行业没有令你满意的个股，“二八现象”在各个行业都会越来越普遍。因此，存量经济时代做投资很有难度，既要看到现在跟过去的不同，又要看到未来的变化到底是怎样的。

疫情加速全球产业链重构，中国企业的优势和机会

李迅雷：这次疫情会加大全球产业链重构，最近关于逆全球化的提法比较多，甚至有人提出“去中国化”。未来经济结构怎么变化，这是我在研究的问题，到底哪些产业风险大一点，哪些产业机

会多一点，转型过程中怎样寻找行业机会，怎样寻找产业链重构带来的风险和机会，邓总在这方面有没有研究？

邓晓峰：这次疫情肯定会让全球化在短期受到非常大的挫折，最近一两个月，全世界大多数国家都处于“封关锁国”的状态，事实上这也是让全世界做了一次短暂中止全球化的试验，疫情过后，很多企业会重新思考自己过去高度全球化的经营和竞争策略，国家层面也会有新的思考。如法国提出面向居民的关键行业是不是应该由国家重新调整，美国和日本的政界也有一些新的提法。以讲究效率优先和互相信任为前提才能让全球化得到真正的大发展，经过这次疫情，毫无疑问全世界都需要更多保险，需要关注自己的经济安全和国家安全。从这个角度看，疫情过后，全球化会做出一定的调整和修正，尤其是发达国家层面，然后企业层面也会进行重新调整，至少要让供应链变得更加安全。

过去中国作为全球制造业重要基地，特别受益于全球化，未来阶段性一定会受损于发达国家调整供应链的过程，我们要接受这个现实，努力应对这一变化。当然，这需要花不少时间，企业要把原来定位为全球供应链的部分变成自己在很多产业、很多领域参与全球化。中国过去是作为制造环节，未来要把制造作为基础，在不同国家实现本地化，更广泛地参与当地经济的发展，借助中国母国市场形成的良好基础，开拓海外市场。这是未来中国的产业和企业面临的挑战，我们不能只是作为制造基地参与全球化，分享全球化红利，我们需要做很多艰难的事情，中国的企业也要像早年欧美发达国家的企业一样，把自己的业务更深一步全球化，依托母国市场带来的巨大基础和基地，开拓海外市场，以自有品牌和本地化实现全球运营去适应这一新的阶段。

简单来说，我们过去更多是作为被动参与者，未来可能需要更多的主动性行为来适应环境的变化。只有更广泛地参与全球市场，才能实现效率的不断提升和在全球竞争的大环境、大格局之下保持持续的总需求扩张，对中国来说，非常重要的一点是我们需要自己去创造总需求扩张的环境，这里面既有内需市场，也有外需市场，跟过去有着很大的差别，需要更多的主动行为。中国的企业真正走出去的还不是太多，未来很多企业都会面临更有挑战的时刻，需要在企业层面和经济层面进行调整，以适应新的世界经济竞争格局和产业分布挑战。

这是我对于全球化对中国冲击的观察，少数成功企业已经做到了，但大多数企业仍处于起步阶段，如同改革开放早年一样，未来几年是需要艰苦奋斗，适应新环境的阶段。

李迅雷：中国改革开放 40 年来确实取得了很大进步，20 世纪 80 年代全球三大产业供应链中心是美国、德国、日本，中国经过这些年的改革和开放，基本把日本挤出去了，目前全球三大产业供应链中心是中国、德国和美国，美国和德国处于产业链中心的高端，中国处在中低端。这轮疫情应该说是危中有机，首先是部分供应链被打断了，接下来要重构，但我也不认为是逆全球化的，核心是产业链将面临重构的机会，如果中国能把握住这个机会，力争上游，应该还是有一些企业能走出去，成为跨国企业的。中国的优势就在于经济在全球的份额处在上升阶段，国内的巨大市场也为企业做强、做大提供了基础，比如华为依托国内的巨大市场，将从国内市场赚到的钱投在研发、拓展海外市场上，在海外市场拓展的过程中又赢得技术、资本等资源。

所以我们不能过于悲观，需要在全球产业链重构的过程中把握主动权。您觉得我们在哪些方面更有机会？比如 5G、智能汽车等。家电行业的整合结果是三大巨头（格力、美的、海尔），中国在汽车领域能不能出现特斯拉这样的巨头？中国汽车销量全球第一，中国的新能源汽车销量占全球一半，那么中国的汽车业有没有可能像家电行业一样形成行业巨头？还有哪些行业的集中度会进一步提升？中国的投资者更喜欢讲故事，更喜欢憧憬成长，在这个过程中是不是还有一些更理性的选择？目前那些被看好的公司估值水平都不低，如果公司成长性真的非常好，现在看起来高的估值，在未来看来还是很低的。邓总在这方面有什么经验可以分享？您有怎样的选股逻辑？

邓晓峰：您刚才提到汽车行业的变化，我觉得全球汽车行业都面临巨大变化，从过去的内燃机向现在的电动车和智能汽车过渡，这个巨大的转变过程在不同阶段会有不同的发展窗口。在汽车电动化方面，全球产业链可以重新组合，由供应链决定，相互之间的差距没有那么大，但在汽车智能化方面，我们也在观察这个差距未来几年是增加还是缩小。如果传统汽车企业和新造车势力能在智能化方面更快改进，竞争有可能更加激烈。

豪华乘用车是一个比较小的市场，电动车发展的最大机会是大众市场，这个市场如果让普通人消费得起，还需要从供应链角度不断改进。我们也观察到，过去几年中国更多是通过补贴启动大众市场，中国培育了较为完善的关键供应链体系和供应商。电动汽车行业从一开始就是少数玩家的全球竞争行业，与传统内燃机不同，电动车的供应链体系在某种程度上是重新建立的过程，让供应商可以从头开始，如果在早期先导市场能做得好，未来走向成熟、走向全球，在产业铺开时会处于更有利的位置。从这个角度来讲，中国电动汽车领域的零部件企业处于比较好的竞争位置，我们在很多细分领域已经是非常有竞争力的全球供应商了，相当于在产业重新洗牌时获得了比较好的首发位置。未来这个产业在从一年只有一两百万元的市场份额向千万级市场过渡时，如果能保持住这个优势，中国的供应链会比历史上传统汽油车产业供应链具有更好的话语权和发展机会。

汽车行业的投资机会可能在两端：首先，零部件行业在中国会出现许多有竞争力的全球供应商，电池、材料以及专门面向电动车的系统和器件领域都会出现。其次，整车目前的竞争结构还是“一马当先，万马追赶”的状态，很多公司还处在摸索阶段。资本市场也反映了这一竞争结构，中国资本市场关注这个产业链，目前更多的机会是在供应链领域，整车领域还处于产业继续探索的阶段。这是我们对电动汽车行业的初步画像。

李迅雷：讲得非常清晰，看来您对智能汽车非常有研究。

政策解读：底线思维防风险，不为短期保增长而过度刺激

邓晓峰：李老师，我也想跟您请教一下，美国政府这次的刺激方案非常果断，而且力度很大，欧洲和日本同样如此，中国到目前为止出台的经济刺激政策或者对冲政策好像都比较克制，最近中央政治局会议提出经济形势发生新的重要变化，要做长期打算。您觉得这一提法意味着中国会怎样应对这次经济下行？是有比较大的刺激力度，还是对经济下行容忍度更高的决策判断？

李迅雷：中国目前政策有比较大的主动性，一般而言，救助政策就是逆周期政策，主要是针对总需求。过去，无论是 1997 年应对亚洲金融危机，还是 2009 年应对美国次贷危机，我们都是采取强有力的总需求刺激政策，这类政策虽然在短期内解决了问题，保持了经济平稳，但从长期来看也带来一定的后患，比如债务水平大幅提升。如果这次的疫情是短期的，只在中国暴发，没有扩散到全球，我想应该会出台逆周期总量调控政策。但是后来疫情扩散到了全球，这就给中国的宏观调控带来复杂性、多变性。

过去中国经济的政策重心是稳增长，如保持 6% 以上的经济增速，尤其 2020 年是非常特殊的年份，是全面建成小康社会的收官之年，要实现人均收入翻番，需要更鲜明的逆周期。但现在看来，保增长的宏观调控政策可能要缓一缓，变成底线思维。所谓底线思维，就是要稳就业，防止系统性金融风险发生，防止经济发生重大波动。所以目前在政策上会比较谨慎，虽然刺激需求的政策还是会出台，但力度或许会比我们预期低。比如 2020 年 3 月 27 日中央政治局会议提出四个方面的政策方案，发行特别国债、适度提高财政赤字率、增加地方政府专项债等财政政策，货币政策主要是降低贷款利率，说明接下来肯定会发一定规模的特别国债，肯定会把财政赤字率从 2019 年的 2.8% 提高到 3% 以上，也肯定会增发地方政府专项债，以支持基建投资，但力度肯定不会像美国、欧盟那么大。我们可能采取的政策应该是需求端适度发力，供给端更多推进改革，如生产要素市场化改革方面有：城镇及农村土地制度的改革、户籍制度的改革、金融改革等，这些方面是治本，不是治标，反映出我国改革和开放的稳健性。

另一方面，我们要充分预估疫情可能对经济带来的负面影响，疫情从 1 月末暴发到现在已接近 3 个月了，如果持续 1 年甚至更长时间，所产生的负面影响恐怕不能低估。我们现在面对的现实问题是第一季有多少公司会出现盈利负增长，这对大家的投资预期会产生什么样的影响？由于不少企业停工或倒闭，会影响多少人的就业，给社会稳定带来哪些负面影响，居民收入下降会给消费带来多大影响？如果政策利好出来了，后面还要怎么应对？就像习近平总书记所说，我们应该从更加长远的角度考虑疫情带来的问题，闪电战肯定不适用，现在要用持久战，政策出台要更加慎重，更加考虑国内国际环境的多变因素，这是我对当前以及今后政策的理解。

邓晓峰：底线思维是这次经济对冲政策的根本出发点，不是为了短期经济反弹，是从更长期的角度适应外部环境的巨大变化。资本市场某种程度上也在逐渐认识到经济对冲政策的变化，第一季度疫情刚开始时，资本市场对中央政府对冲经济下行压力、应对疫情的刺激力度和方法预期比较高，但目前大家逐渐认识到全球经济走弱压力是更持续的挑战，中国应该不会出台像 2008 年那样的政策了。

李迅雷：对，动作应该不会那么大，但也不会无所作为，我们要在经济发展观念、国家治理理念上紧跟中央的政策节奏。作为投资者，我建议大家要摸透政策的着眼点，有人说经济不行了，要大搞基建，基建投资规模要达到多少，GDP 才能增长多少，最后实在不行，再搞房地产，把房价拉上去，房地产投资增长了，经济就能稳住，经济增长目标就能完成了。我觉得我们不能再像过去那样只考虑短期指标的修复，而要更多考虑长期指标的改善，比如中央反复强调两句话，一是“房住不炒”，二是防止大水漫灌。如果把房价拉上去，最后还是会导致房价过高或产生房地产泡沫的，今后化解各类资产泡沫所付出的代价又会更大，为求得短期经济增长，导致长期问题更加严重，更加拖累经济长期发展。另一方面，有不少人也在抱怨为什么人家都大幅度降息，采取量化宽松的货币政策，我们的降息幅度怎么这么小？我想这也是为了防止大水漫灌。如果货币投放幅度过大，会导致资金空转，或者引发通胀，因为经济下行时，实体经济的投资回报率在下降，社会总需求在下降，如果大量增加供给，会引起产能过剩的问题，投下去的基建项目最终形成不了现金流。现在的政策出台比过去更加成熟、更加明智，更需要观察其效果，比如 3 月社会融资规模增加这么多，有多少钱流到实体经济，又有多少钱在金融体制内空转，过度空转肯定不利于资本效率的提升，因此，目前政策调控已经进入比较精准的阶段。

邓晓峰：对于这次中央政府应对经济下行压力的方向，我们俩还是有共识的。这次国家采取的是有长期打算的底线思维的做法，不是为了短期保增长进行的过度经济刺激，跟西方应对疫情的做法有明显差别。

李迅雷：对，西方社会的体制跟中国有着明显的区别，为什么这次疫情在西方失控，在中国能得到比较好的控制？其实主要还是我国大政府下的制度优势，我们的社会执行能力、管控能力相对较强，西方政府在这方面犹豫再三，一会儿想通过“群体免疫”来解决问题，一会儿又觉得“群体免疫”导致医疗资源缺失，最终还是要求全民戴上口罩。中国应对疫情虽然一开始有点迟缓，但最终还是把疫情控制得比较好。西方社会在政府层面主要考虑能不能连任，能不能短期内给民众一个交代，让民众的不满情绪下降，支持率提高，反而导致很多行为短期化。而我们考虑问题更加长远，是从治本的角度去考虑。

对于资本市场来说，更要着眼于长远因素，而不是短期投资炒一把，“炒概念”“炒题材”搞得好能获得投机性盈利，搞不好就一地鸡毛。我一直觉得邓总的投资理念比较好，看重长远，看重价值投资，注重对于真正优秀的企业、有长期投资价值企业的选择。这方面恐怕是很多投资者需要反省的，我们不应该追求几个月甚至几天的高收益，而忽视长期的、非常可观的投资总回报。

投资找三类机会：价值增长、价值转移和错误定价

邓晓峰：我们对资本市场的认识和理解有很多相似之处，资本市场是一个讲究效率的市场，它是推动产业发展和产业进化的平台，能让社会资源有效配置，最终在资本市场得到充分体现，资本市场更多的功能是提高经济运行效率。中华文化有着大政府的传统，更

多是解决社会公平的问题，提供社会保障。这么多人广泛参与资本市场，企业高度竞争，有起有落，最终出现赢家，带来持续增长和最后的价值创造，这个过程当中会有很多反复，但把时间拉长来看，资本市场长期持续竞争都是在最有竞争力的公司上，它们为社会创造的增长和价值让作为股东的投资人得以分享。

作为主动投资人，我们会找三类机会：

第一类是大家都有共识的增长和价值创造机会，增长永远有最多机会。

第二类是产业变迁和价值转移的机会，它不一定是增量，更多是替代、存量重新分配的过程。比如智能手机替代功能手机，既是增长的机会，也是价值转移的机会，汽车行业未来也会出现产业变迁和价值转移的过程，可能传统公司价值受损，而新的公司会价值受益，如果产品定义能重新激发消费者更大的需求，就是价值创造的机会。

第三类是从我自身来说，我非常喜欢站在市场的反面寻找那些存在市场偏见的领域，是不是有市场定价错误的机会，可能不一定是市场热门，也不一定是市场最喜欢的领域。作为投资经理，为了争取在市场上实现超额收益，需要从广泛的方向进行持续观察和对比。中国资本市场短期压力非常大，既有某些行业过去一段时间过度反映投资者乐观预期的估值压力，也有面对经济下行环境的压力。但这对我们做投资的来说反而会迎来非常好的窗口，下行周期往往更容易辨别谁是真正赢家，它是自然的自我淘汰和选择的过程。同时，在下行周期中很多公司的利益会受损，资本市场短期可能会反映其阶段性受损情况，作为投资人，如果能从逆向角度思考并寻找出短期利益受损，但长期竞争力在下行周期中反而得到提高的公司，这可能是很好的投资机会。

我们要有底线思维，要充分认识目前经济的困难和调整的压力，同时也要更乐观、更主动地发现优秀公司，发现在市场下行周期中跑出来的赢家，然后进行更主动的投资。

研究者周期探讨
——对话橡树资本创始人霍华德·马克斯*

2019年5月8日，橡树资本创始人、投资大师霍华德·马克斯来到中国，参加由华尔街见闻组织的“见面”活动。在大咖对话环节，我与霍华德·马克斯就周期运用、A股投资和房地产市场展开了深度交流。

如何把握市场周期

李迅雷：谈到宏观方面的周期问题，“美林时钟”是一个能够用来回答问题的方案。但问题是，“美林时钟”在美国次贷危机之后就走得不太准了。有人说（周期太短）“美林时钟”转得太快。

这可能主要因为，“美林时钟”重点考察两个指标：通胀和GDP增加值（这个维度可能不够），而美国次贷危机之后，美国政府采取了大量的逆周期政策。

我非常认同马克斯讲到的政策周期，正是因为有这个力量存在（改变了周期）。而且我感觉，在中国，政策的力量更强大。所以到

* 原文发表于2019年5月，刘华为本文撰稿人，本书对部分数据和内容做了更新。

中泰证券之后，我组织金融工程团队设计“中泰时钟”，在因子变量中加入了政策的因素。

您提过的周期有很多，既有信贷周期，又有心理周期，既有政策周期，又有市场周期。在这么多的周期里，我们到底用哪个周期来确定买入卖出的时机会更加合适，具体怎么运用?

霍华德·马克斯：我觉得变化最大的周期就是心理周期，和人类的表现有关，主导短期市场波动最重要的因素就是情绪和心理。

如果我们看经济的长期走势，其实还是一个波幅状的形态，它有上有下，波动还是比较稳定和温和的。在美国，如果经济好的时候 GDP 一年会有 4% 的增长，不好的时候则会下降到 2%。

可是如果你看企业的发展周期，波动性会更强一些。企业的盈利水平从长期来看会上升，但是波动性是更强的，因为企业会通过一些借贷和杠杆的方法，来提高自己的销量增长。这会导致更大的波动性。

如果看市场的周期，就更加夸张了。我的笔记中曾经写到过，真实世界中的周期是在“较好”和“一般”之间波动的，而市场的周期是在“很好”和“很不好”两个极端中摆动的。如果你们想在短期内在市场当中游刃有余，一定很好把握人类的本性和人类的心理。

李迅雷：从投资的角度来讲，投资心理确实非常重要，所以也有了行为金融学、行为经济学的问世。对投资来说，关键在于你要找出哪些指标是最有效的。最近这段时间，中国很多投资者比较恐慌，都在卖出股票，这种情况是否代表市场见底了呢？怎么来理解现在这样的情况呢?

霍华德·马克斯：我对中国股市其实并不了解，也不是专家。

但格雷厄姆说过，股市长期来说是称重机，短期来说是投票器。

格雷厄姆说的是，如果资产非常热门，受到追逐，它的价格短期内就会涨得较快，反之也会跌得较快。我们做投资，还是要很好地把握内在价值，同时分析到底是过热还是过冷，要去找到那些不被人重视、内在价值被低估的股票。

我觉得只是看什么东西便宜就买，是不够的。有时候，我们更要买那些没有过多溢价的向好的资产。一位著名的学者曾经说过，市场不是完美的机器，不是你想要什么就给你什么，你每次都想捞到最好的便宜货是很难的。

看好中国经济长期走势

李迅雷：中国的 A 股市场存在的时间不长，其中 2/3 的时间是熊市，1/3 的时间是牛市，确实不好做。

我也分析了一下 A 股市场估值的驱动因素，过去 20 多年主要是靠盈利增长来驱动的，最大的问题在于中国股市开创之初的估值水平过高，所以平均每年估值都要下调，使得每年要做2.58%的跌价准备。

但也是因为每年的市盈率估值都在往下走，A 股市场确实比以前便宜了。不过，我们还是有很多 50 倍以上市盈率的股票。当然我相信，以后 A 股市场会像马克斯先生所预料的那样，会好起来的。

霍华德·马克斯：我个人非常看好中国经济长期的走势。我当然会做多中国股市，我愿意成为其长期的投资者。

中国的股市当然还是比较年轻的，历时很短，所以波动也大。这就如同家庭里的小朋友，当小朋友处于青春期时，情绪波动是很大的。各位也肯定会说，年轻人的未来是非常美好的。市场也是这个道理。

对美国一线城市房产的谨慎态度

李迅雷：怎样去解读房地产周期？中国居民家庭的资产配置大部分都在房地产上面，投资收益率也比较可观，因为中国房地产好像就没有过熊市。

美国上一轮次贷危机是因为房地产周期的结束，但最近10年，美国房地产好像也是持续上涨，我们对接下来的房地产周期到底怎么看？

霍华德·马克斯：其实房地产市场里还有很多不同的细分市场，像美国的一线城市，比如纽约、旧金山、波士顿的房价很高。我们有一个指标叫资本回报指标，能够计算出租地产带来的回报和投资在地产上的资本的比值是多少。现在资本回报大概只有2.5%~3.5%，是比较低的，比美国股市或者债市还低。

橡树资本没有投资美国一线城市的房地产市场，但我们投资美国二线城市的房地产市场。二线城市的经济增长或房价涨幅没有一线这么快，但是价格比较低，未来成长走势也比较好，而且更安全。

美国的住宅市场在危机结束后恢复得比较好，主要是因为新建住房项目停止了，所以说新的供应没有跟上，如果需求继续往上涨，而供应没有变化价格当然会推高。所以我觉得现在已经达到了供求平衡点。对于美国一线城市的房地产我的看法是比较谨慎的。

全球金融危机爆发几年之后奢侈的高端地产市场走势特别好，我发现一个现象：因为高端房地产市场情况特别好，就会有很多新的项目开工，之后几年可能会是新项目投入市场的高峰期，可能会对价格造成一定的压力。

宏观重要吗
——与东方资管前董事长王国斌等交流*

2019年3月21日上午，我担任《中国基金报》组织的一场针对机构投资者的投资论坛的主持人。在主持过程中，我发现包括东方资管前董事长、君和资本创始合伙人王国斌等在内的国内最优秀的机构投资者在交流投资心得的时候，也很少谈及宏观分析，或者说他们的兴趣点也不在宏观或政策研判上面。我发现大部分宏观研究都着眼于对高频宏观数据的研究，也就是用显微镜来推测未来，这显然与机构投资者的投资周期不吻合。如果用望远镜来告诉投资者未来的趋势，这或许就很重要了。

时间拉长了，就可以平滑掉波动

A股市场是以一个散户为主体的市场，因此大部分投资者是做短线的。短线以获取利差收益为目的，通常根据“噪声”交易，而宏观数据就是“噪声”的重要来源，于是宏观分析师相比行业分析师就更能制造“噪声”，如每个月都会公布月度数据，甚至还有很多

---

* 原文发表于2019年3月，本书对部分数据和内容做了更新。

期限更短的高频数据可以作为买卖的依据。因此，宏观首席经济学家通常都是卖方研究中的“头牌”，宏观最佳分析师的桂冠，也是历来各种最佳分析师评选中含金量最高的一个单项奖。

在东方资管前董事长王国斌先生看来，投资非常重要的一点是不能短视。香港炒作“仙股”就是短期的侥幸行为，认为自己不会接最后一棒。金融行业的人更倾向于短期，认为当年拿奖金就行了，至于明年或后年还做不做这个行业没关系。资本市场从来都是只注重短期效应的名利场，因此，企业家容易把昙花一现的好消息跟市场竞争优势混为一谈。这样的短期行为会给企业家带来巨大风险。

因此，短线投资者一定是非常关注宏观或其他相关信息的，希望能在充满不确定性的市场中找到具有确定性的答案。但问题在于，市场很少有确定性的答案，否则市场就难以存在下去。例如，2018年A股市场就是一个深受中美贸易摩擦影响的市场，谁知道确定性的答案呢？时至今日，也只能说是和解的概率增大了而已。因此，很多宏观问题，再怎么研究，也很难获得确定性的答案，只能说概率大小而已。

但如果不去在意这些短期看似乎重大的东西，而是去把握大方向和大趋势，就容易获得超额收益。例如，相信天不会塌下来，中国最终能够渡过难关，那就敢于在别人恐慌的时候投资加码。

高毅资产的首席投资官邓晓峰在演讲中提供了图9.1，表明海外资金流入A股市场的数量在不断增加，“陆股通、北上资金占A股流通市值的比例持续上升，如果加上QFII持股，根据Wind（金融数据和分析工具服务商）的数据统计，则为接近A股流通市值的3%。国内公募基金持有A股流通市值的比例不到5%，海外机构投资者已经成为中国资本市场一个重要的参与力量”。

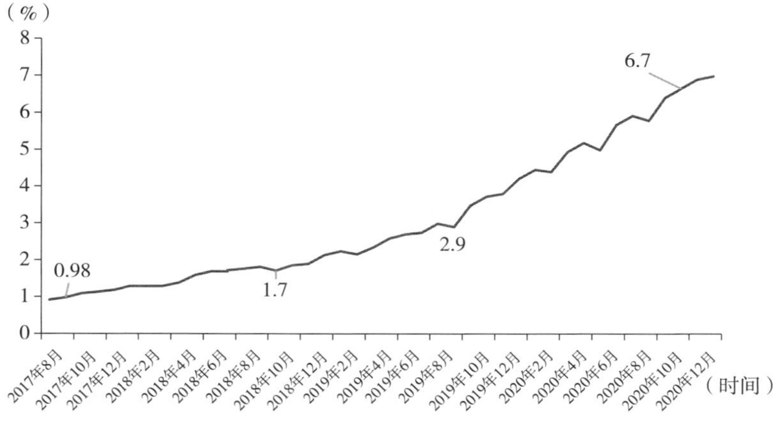

图 9.1　陆股通占 A 股流通市值比例

目前，A 股市场海外投资者的市值占比差不多只有中国台湾股市外资持股占比的 10% 左右，开放了这么多年，比重依然非常低，这或许意味着今后随着金融开放度的不断提高，更多的外资将流入 A 股市场。所以国内股市存在较大的估值体系修复机会，即大蓝筹估值水平还有提升空间，头部企业或优秀企业的估值水平仍会不断提升。

邓晓峰认为，“因为海外机构的这些行动，事实上一些头部公司的估值水平跟历史相比，已经出现了明显的上升。即使在 2018 年国内经济出现下行压力，在资本市场出现系统性、超过 20% 的调整的大环境之下，这些头部公司的调整幅度明显小于历史的调整幅度”。

也就是说，今后“白马股”的估值水平不再由国内散户决定，由于海外机构投资者的进入，它们的估值水平会进一步抬升，这不是靠宏观经济的变化决定的。而且，随着外资流入量的继续扩大，在未来中国资本市场上，会有一个巨大的阿尔法存在，因为海外机构摘取了低垂的消费和医疗等领域的头部企业果实之后，会关注更高处的果实，而国内的价值投资者，则具有捷足先登的优势。

因此，在认清趋势和大方向之后，通胀、经济增速乃至危机都不那么重要了，危机总会过去，最终会有方法解决贸易摩擦，通胀无法避免，经济周期也会始终存在。睿远基金董事长陈光明分析说，1802—2014 年，美国权益投资的累积回报是 103 万倍。说明买到优秀公司躺着也能赚钱，死了也能把不断增值的财富留给下一代。

大幅增值的一个重要因素，是因为通胀在持续上升，从 1 美元增值至 103 万美元的过程，实际上具体到每一年的增长，除去通货膨胀的影响，权益投资的年化回报率只有 6.7%，复利的影响巨大，而现金则从 1 美元变成了 5 美分。

我们中泰总量团队也曾经研究过美国标普 500 指数过去 146 年的回报率，发现在 8.98% 的年化回报率中，通胀贡献了 2.05%，而且只有两个 10 年股指没有跑赢通胀。这说明时间拉长了，一切都趋于平淡，因此，根本用不着过度关注每个月的宏观数据。

A 股市场的投资回报率其实也差不多，尽管我们一直指责上证综指的疲弱走势（我一直主张重新编制这一严重失真的指数）。以季度数据来看，万得全 A 指数在 2005 年第四季度至 2018 年第三季度期间的年化收益率为 9.9%，其中，EPS（每股收益）年化增速为 10.8%（8.8% 的实际增速 +2% 的通货膨胀），股息收益率为 1.4%，而估值贡献率为负值，经历 53 个季度之后，万得全 A 指数平均市盈率已经从 21 倍降至 13.7 倍。

眼光越长远，越能让收益“飞”起来

睿远基金董事长陈光明在演讲中说，据基金业协会数据，自开放式基金成立以来，截至 2017 年底，权益类公募基金年化收益率平均为 16.18%。说明公募基金经理的投资回报率也远超了市场指数的表现。

全国社会保障基金自 2000 年成立以来年均投资收益率为 8.44%，

也大大跑赢通胀，上万亿的规模主要投资于固定收益领域，居然还能够获得这么高的长期回报率，可见其成功的秘诀主要在于长期投资和配置得当。

据说一级厨师只负责配料，徒弟才负责炒菜，配料如同资产配置，炒菜要掌握火候，如同投资选时。高手都是擅长做配置的，社保把它的资金分配给几家公募基金等投资机构，让他们去择时选股。

相比公募基金，保险资产应该是更长期的机构投资者，长期从事险资管理的泰康资产总经理兼 CEO（首席执行官）段国圣是一个典型的资产配置高手，他的资产组合中不仅包括权益资产和固定收益资产，还有另类投资及股权投资基金等。

他认为投资存在六大机会，如科技创新会成为未来 10 年引领中国经济发展的主引擎；以生物技术和信息技术相结合为特征的新一轮科技革命和产业变革将带动新兴行业的发展。此外，房地产、基建、家电、服装、纺织、汽车等成熟产业领域都有大量的新增需求和更新需求。未来，消费升级、进口替代等都存在巨大机会。

他认为头部企业值得配置——“2018 年 A 股市场约有 3 500 家公司，美股市场约有 4 000 家公司，但各自市场上本土的大市值公司数量却存在巨大差异：市值超千亿美元的公司中国只有 9 家，而美国有 55 家；市值超过千亿元的公司中国有 48 家，美国有 350 家。中国 GDP 总量相当于美国的 2/3，在超越的征途上，相信会伴随着大市值公司队伍的壮大，这就是长期投资的方向所在。”

实际上，机会与风险都是相伴相随的。对于这几位投资高手而言，逆市场投资或许是他们获得高回报的秘诀所在。未来经济一定还会出现波动，一些成长型企业的现金流一定还会出现困难，这便是低价吸纳的好时机。

在我主持的这场由 5 位嘉宾组成的投资论坛上，居然有两位（王国斌和陈光明）出自东方资管。为什么一家券商资管机构能出现两位全国级的投资高手呢？恐怕与业绩考核机制有一定相关性。公募基金应该集中了国内最多的投资精英，但由于考核偏短期，业绩排名成为评判的主要标准，就导致了投资行为的短期化。这倒是一件值得证券市场决策者反思的事情。

就在2019年3月21日我主持投资论坛的当天，睿远基金发行第一只公募基金的申购资金额就达到了700亿元这样的惊人规模。非常巧合的是，该只公募基金的基金经理叫傅鹏博，也出自东方资管，而且他曾经是陈光明的领导。更为巧合的是，傅鹏博和我都曾当过大学教师，且同住一个寝室。

在大学的日子里，我经常下围棋，傅鹏博则不会下围棋，却总是要和我下五子棋。而他下五子棋的特点是围而不攻，把对方的棋子慢慢锁在里圈，他的棋子在外围，这样就游刃有余、不战而胜了。或许他优异的投资业绩也源于这种不急不躁、追求最佳配置的风格。

本人从事卖方研究很多年，也认识很多投资高手，发现他们有一个共同特征，就是眼光很长远，分析问题入木三分，投资富有耐心，能够克服普通投资人经常出现的心理障碍。

数字经济时代，宏观研究如何变革

记得20多年前，我看过美国《读者文摘》中的一篇文章，印象很深：一批非常知名的医学专家会定期到一个很私密的地方开闭门会议，会议上每位专家都会讲述自己过去一段时间以来出现过的误诊或手术失败案例，然后大家集体剖析讨论，深刻总结经验教训。这说明什么呢？人人都会犯错，但需要认真反思，认识到错在哪里。尤其是人命关天的事情，容不得半点马虎。

同样，宏观研究也需要反思，很多古老的经济结论都是基于当初的有限数据，用归纳法得出的，归纳法本身就有缺陷，再加上数据量不足，就更容易出错了。例如，库兹涅茨的“倒U曲线”，就是以有限的历史数据得出随着经济发展到了充分的阶段后，各行业或各居民阶层的收入差距将由大到小的结论。如今这一理论变得缺乏普遍的事实来证明。

此外，传统的经济周期理论存在很大问题，核心原因还是时间没有拉得足够长，样本数量偏少。而且，经济发展至今，政府所获得的信息量早已今非昔比，逆周期调控成为惯例，所以经济的周期性特征越来越弱。用技术分析来预测股市的方法早已成为非主流了，为什么那么多宏观分析师还热衷于周期分析法呢？

例如，我就犯过把挖掘机当成周期性行业的错误，认为既然不存在新周期，那么，挖掘机销量就应该回落，结果挖掘机销量到现在还在增长，基建和房地产投资的持续刺激平滑了周期。

在讨论宏观经济时，往往会陷入对短期经济走势的争议中，如对2019年GDP增速到底是前高后低还是前低后高的论证，或有人断言经济将在下半年见底。但过去8年来，GDP增速总体下行的趋势未变，未来10年呢？GDP增速肯定还是下行。

就像如今体检验血的项目要比10年前多很多一样，我们也应该可以去创设更多的经济指标，因为技术手段越来越多，信息量变得越来越大了。如果还是10年不变地去点评CPI、PPI、PMI、M2–M1，我觉得就落伍了。

中泰研究所的金融工程团队已经创设了不少指标，把财政和货币政策进行量化，可以衡量大水漫灌的量究竟是多少，可以用多个维度去刻画。今后，对政策效应的评估也会越来越简单，根本不用写传统的调研报告。

为什么19世纪工人要砸机器，因为机器导致他们失业；为什么如今的机器数量已经有了几千倍的增加，失业率却创了新低呢？经济学理论从来都是解释过去的，但这些理论对过去的历史解释是否能做到客观精准呢？估计不能全面做到客观精准，因为这些理论诞生的时候，社会信息量没有足够大，历史案例也没有足够多，而且还没有云计算和人工智能。

如今，菜市场支付工具的标配都已经是支付宝和微信支付了，人们的兜里再也不用揣油腻或皱巴巴的零钱了，互联网改变了金融业态。

因此，宏观研究需要变革，我非常希望让搞金融工程或AI的分析师来从事宏观研究，不需要学太多的经济学理论，只要把经济运行的基本原理搞清楚了，或许就能用新的算法来颠覆传统经济学，就像AlphaGo（阿尔法围棋）一样，战胜了被称为棋类中变化最为复杂的围棋的顶级高手。

世界在日新月异地不断改变，如果不去紧跟，那就坐等被改变。

后 记

我真正开始研究宏观经济还是在1993年，当时是为了对国债期货品种进行估值而去预测保值贴补率。而要测算保值贴补率，就需要了解财政政策和货币政策对于物价和利率的影响机制，以及经济周期的变化特征。这些虽然都属于浅层次的研究，但在结合了期货市场的真实案例后，让我体验到了人性强化趋势演变的共振过程：从价格发现到价格实现，再到价格超越。

在资本市场上，要预测准确几乎是一件不可能的事情。例如在20世纪90年代末的君安研究所，但斌是执着于技术分析并坚信以此可以准确预测市场涨跌的少数派。我曾为此与他争论，提出预测结果分为四种情况：预测方法正确，结论正确；预测方法正确，结论错误；预测方法错误，结论正确；预测方法错误，结论错误。所以即便在你预测正确的情况下，也存在预测方法错误的可能性。

转眼到了2007年，但斌托人给我送来他的新书《时间的玫瑰》，我知道他终于放弃了技术分析理论，成为巴菲特的虔诚拥护者。而他之后取得的骄人投资业绩，实际上正是因为找准了中国经济和资本市场的大趋势。

巴菲特之所以选择长期投资，是因为他发现经济的总趋势是在增长的，更何况政府为了维持经济增长和防止危机发生，就得超发货币，这更提升了资产估值水平。而对于新兴市场，经济增速更快，经济分化趋势下头部企业的获利更多，金融开放趋势下的外资流入空间更大，价值投资理念下估值体系的修正机会更多，在这些趋势的合力作用下，A股市场获得超额收益比其他市场更为容易。

例如，我在2002年就组织行业研究员选择30个行业中的龙头企业，推出了《未来蓝筹：中国行业龙头研究》这本书。事实证明，过去20年来我国行业集中度的提升速度非常明显，头部公司不仅盈利增速超过行业平均水平，而且估值水平也相对提升。又如，在20世纪90年代末，我研究发现，国内所有券商总资产之和，不足美林证券的10%，这是否意味着中国的投资银行业作为新崛起的行业，存在很大的提升空间呢？重阳投资董事长裘国根先生是我的好友，他早就敏锐地发现了市场对券商的估值过低问题，而且也取得了从发现价值到实现价值的辉煌业绩。

本书是基于自上而下的演绎方法，从宏观政策到微观投资，来展望资本市场的未来和预见各种趋势。但这并非唯一的方法，例如东方资管前董事长王国斌的研究方法基本上就是自下而上的，他所挖掘的那些被市场称道的大牛股，与宏观经济的波动似乎关系不大。这说明，获得高投资回报的路径有很多，只要方法得当，调研深入，都可以创造巨大价值。

中国资本市场过去30年所走过的路，与成熟市场的走法存在很多惊人的相似之处，这实际上就是市场发展的趋势。同样，中国经济增长模式也正在从投资主导向消费主导迈进，带来了分化和集聚效应，又与美国从过去到现在的模式非常相似。而且，趋势一旦形成，就会不断强化。然而，趋势形成之后，并不是一成不变的。例如，在2010年之前的重化工业化时代，“五朵金花”是机构投资者的最爱，其行业龙头也被视为最具投资价值的。但 2012 年以后，周期性行业开始走弱，大消费行业随之崛起。又如，2016 年之前，市场奉行“小的就是美的”，2017 年开始则进入强者恒强的“确定性溢价”时代。

尽管趋势会发生改变，例如，数码相机的诞生，让胶片行业遭遇了灭顶之灾，而智能手机的普及，又让摄影器材行业需求大减。但寻找拐点则往往徒劳无益，太多的人喜欢寻找拐点、划分历史阶段，动不动就是“新周期”“后时代”，但是，我们的生命太短暂了，经历不了太多的拐点，这就注定生命的大部分时间都处在趋势中。记得 2006 年上半年，A 股市场一轮久旱逢甘霖般的牛市启动，大盘很快就涨了 60% 多，接下来市场开始大幅回落，不少人以为牛市结束了，又会回到 1 000 点。我当时在泸州飞往北京的飞机上，写下了《探寻拐点还是追随趋势》一文，认为如果预测的思维是理性的，但市场的行为却是带有情绪的，其推导的结果显然会有误差。后来大家都知道，这轮牛市涨到了 6 000 多点。

既然追随趋势的风险要小于寻找拐点，所以巴菲特就选择了一条看似最容易走的路：买入并持有。例如，2008 年他买入且持有比亚迪的股份，至今回报 25 倍，其间也曾跌破成本价，但从未卖出，这也需要定力，毕竟贪婪与恐惧是人的天性。巴菲特在给股东的信中说，永远不要做空美国，其讲的就是一种长期大趋势。在确信这种大趋势的背景下，再选择有投资价值的品种，是否更具有把握呢？例如，裘国根认为可持续且具有确定性的盈利增长和高股息率是一条安全的“护城河”，而邵健则认为高成长才是最宽阔的“护城河”。我觉得都对，前提是先要认可中国经济继续增长、转型升级不断推进、中国开放之门越来越大的大趋势。

2021 年与未来，中国资本市场是否依旧充满机会呢？尽管第一季度市场跌宕起伏，迷雾重重，但我却感觉未来之路越来越明朗，未来的资本市场是一个让理性投资者更容易赚钱的时代，是一个机构投资者规模和数量加速增加的时代，是一个存量经济特征愈加明显、分化之下强者恒强的时代。

当然，股市存在的前提就是不确定性，或不可预知性，否则就不存在博弈了。即便是巴菲特管理的伯克希尔·哈撒韦公司，也出现过很多次股价暴跌，其中 2000 年网络股泡沫破灭时，跌幅达到 50%。巴菲特说，不要向人借钱炒股，否则遇到这样的暴跌，就血本无归了。两年前，我见到《活着》的作者余华时，真诚地和他说，投资资本市场势必会浓缩人生，同样会遭受很多精神上的磨难和煎熬，需要忍耐，只有活下去才有未来。因此，本书并不是“致富手册”，而是希望它有助于大家对经济社会和资本市场的深度思考。

十分感谢李峰董事长为我写下情真意切的推荐序。本书是根据我最近 3 年所写的报告进行数据更新和编纂的，其中有 5 篇报告的共同作者分别是唐军、王仕进和李倩云。在这次稿件修改的过程中得到李倩云、唐军、张文宇、徐驰、肖雨、周岳、李俊、张晗等同事的帮助，尤其是李琛同学承担了大量编辑事务，此外，中信出版集团的主编寇艺明也给予我悉心帮助，在此，一并表示感谢。

李迅雷

2021 年 4 月于上海